TOPIK
쓰기의
모든것

TOPIK 쓰기의 모든것

초판 1쇄 발행 2019년 9월 25일
초판 12쇄 발행 2024년 12월 16일

지 은 이   박미경, 권제은
펴 낸 이   박찬익
책 임 편 집   디자인마루

펴 낸 곳   (주)**박이정**
주   소   경기도 하남시 조정대로45 미사센텀비즈 8층 F827호
전   화   (031)792-1193, 1195
팩   스   (02)928-4683
홈 페 이 지   www.pijbook.com
이 메 일   pijbook@naver.com
등   록   2014년 8월 22일 제2020-000029호

I S B N   979-11-5848-435-4 13710

가   격   18,000원

ALL ABOUT KOREAN TOPIK WRITING

TOPIK 쓰기의 모든것

박미경 · 권제은 지음

(주)박이정

"TOPIK 쓰기 시험을 어떻게 준비해야 할까요?" 시험을 잘 보고 싶은 학생들이 자주 하는 질문입니다. 각자의 목적은 다르지만 TOPIK은 한국어를 배우는 학습자들이 통과해야 하는 관문이자 자신의 한국어 수준을 확인하는 기준이 된 지 오래입니다. 그 시간만큼 시험을 준비하는 학습자들의 방법도 다양해졌습니다. 그렇지만 쓰기 시험에 대비하는 좋은 방법을 찾기가 쉽지 않다는 사실을 학습자들의 경험을 통해 확인할 수 있었습니다. 이런 점 때문에 한국어 교육현장에서도 많은 선생님들이 쓰기 지도를 위해 노력해 왔습니다. 이 책 또한 그러한 노력의 한 부분이며 TOPIK 쓰기에 어려움을 겪는 학습자를 위한 길잡이로 제 몫을 다했으면 합니다.

'어떻게 하면 TOPIK 쓰기를 잘할 수 있을까'에 대한 질문 속에는 '어떻게 하면 글을 잘 쓸 수 있을까'에 대한 질문이 들어 있습니다. 글쓰기 자체에 어려움을 느끼는 학생이라면 TOPIK 쓰기라고 해서 다를 것이 없습니다. 문제는, 피하고 싶지만 써야 한다는 것입니다. 그것도 정해진 시간에, 시험 점수를 의식하면서 쓴다는 것은 부담스러운 일입니다. 그 마음을 알기에 조금이라도 쉬운 방법과 내용이 없을지 고민하고 또 고민했습니다.

그래서 이 책은 조금씩, 서서히 시험용 쓰기에 익숙해지도록 구성했습니다. 'TOPIK 쓰기'라는 큰 덩어리를 잘게 쪼개어 최대한 소화하기 쉽도록 만든 후에 보기 좋게 잘 담아 놓았습니다. 먼저 쓰기 시험에 출제되는 네 가지 유형의 문제를 내용별 또는 형식별로 분류했습니다. 분류의 기준은 글쓰기의 기초적인 조건이 되는 명확성과 논리성, 통일성입니다. 기계적인 표현이나 짜여진 틀을 그대로 받아들이는 것이 아니라, 논리적인 글의 흐름을 이해하고 거기에 맞는 표현을 쓸 수 있도록 세심하게 배려했습니다. 또한 이 책의 가장 큰 장점은 각 유형별로 풍부한 연습문제를 제공하고 있다는 것입니다. 연습 문제를 풀다 보면 자연스럽게 네 가지 유형의 쓰기에 익숙해질 수 있을 것이라고 생각합니다.

이 책에서 가장 중점을 둔 54번 유형은 일종의 '주장하는 글쓰기'로 자신의 견해를 쓰는 문제입니다. 그러나 일반적인 '주장하는 글쓰기'나 '논설문 쓰기'와는 조금 다르다고 할 수 있습니다. 시험용 글쓰기이기 때문에 제시한 과제를 충실하게 수행하는 것이 중요합니다. 따라서 과제 중심의 글쓰기 연습으로 이루어져 있습니다. 먼저 다양한 과제를 유형별로 나누고 예시 글을 제시함으로써 글쓰기의 방향을 잡을 수 있도록 했습니다. 또한 단락 연습을 통해 짧은 글을 충분히 연습해 볼 수 있도록 구성했습니다. 700자 쓰기도 200~300자부터 시작하면 그리 어렵게 느껴지지 않을 것입니다.

글을 쓰는 일은 누구에게나 쉽지 않은 일입니다. 글을 쓴다는 것은 풍부한 배경 지식과 사고력, 상상력, 표현력을 끌어내어 이 모든 것이 하나의 주제를 향해 자연스럽게 어우러지도록 만드는 일입니다. 그래서 이 책은 'TOPIK 쓰기'를 위한 책이지만 글쓰기의 기본과 구조를 이해하는 데 필요한 내용도 일부 포함되어 있습니다. 이런 부분들이 어렵다고 느낄 수도 있지만 자신에게 부족한 부분을 찾아 연습한다면 글쓰기에 대한 막연한 두려움은 사라질 것입니다. 사실, 두려워하고 피하지만 않는다면 길은 늘 열려 있다고 생각합니다. 이 책이 TOPIK 쓰기를 준비하는 한국어 학습자들에게 유용한 지침서이자 연습책이 되기를 바랍니다. 또한 현장에서 늘 애쓰고 계시는 한국어 선생님들에게도 도움이 되었으면 합니다.

쓰기의 시작은 자신을 깊이 들여다보되 객관적으로 보는 일이 아닐까 합니다. 지은이들 역시 이 책이 나올 때까지 수없이 부족함을 느끼고 그것을 채우기 위해 노력하는 과정들을 반복했습니다. 그동안 용기와 힘을 주었던 우리의 학생들, 그리고 한국어 선생님들께 진심으로 감사의 마음을 전합니다. 또한 출판을 맡아주신 박이정 출판사에도 깊은 감사를 드립니다. 우리는 이후에도 더 좋은 책으로 만날 수 있도록, 지금 이 자리에서 열심히 가르치고 또 고민하겠습니다. 감사합니다.

지은이를 대표하여
박미경 씀.

■ 이 책은 한국어를 배우는 학습자들이 한국어능력시험(TOPIK) 쓰기 영역에서 좋은 결과를 얻을 수 있도록 돕는 데 목적이 있습니다.

■ 이 책은 한국어능력시험(TOPIK) 쓰기 영역에서 출제되는 4문제(51~54번)를 유형별로 분류하고, 각 유형별로 예시 문제와 답안을 제시했습니다. 그리고 유형별 특성에 맞게 단계별 연습 문제를 충분히 제시하여 문제 유형에 익숙해지도록 구성했습니다.

■ 이 책에서 다루는 51~54번까지 유형은 모두 [준비하기] 단계로 시작되지만 세부 구성에서는 각각의 문제 특성에 따라 단계를 달리했습니다.

■ 준비하기

• 이 장에서는 〈유형 정리〉를 통해 가능한 문제 유형을 전체적으로 볼 수 있도록 했습니다. 그리고 〈문제 분석〉, 〈답안 작성법〉에서 시험에 대한 구체적인 유의 사항을 확인할 수 있도록 했습니다.

■ 51번 유형: 실용문 완성하기

• 유형별로 예시와 주요 표현을 확인한 후 연습 문제를 풀도록 구성했습니다.

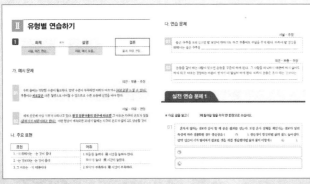

■ 52번 유형: 짧은 글 완성하기

• 유형별로 예시와 주요 표현을 확인한 후 연습 문제를 풀도록 구성했습니다.

■ 53번 유형: 조사 결과 설명하기

- 조사 개요와 그래프 분석, 조사 결과를 300자 이내로 풀어 쓰는 문제입니다. 먼저 조사 개요에 대한 예시를 확인한 후 쓰기 연습을 합니다.

- 다음으로 그래프를 읽고 쓰는 연습을 합니다. 유형별로 분류해 놓은 그래프를 확인한 후 각 유형에 맞게 쓰기 연습을 할 수 있도록 구성했습니다.

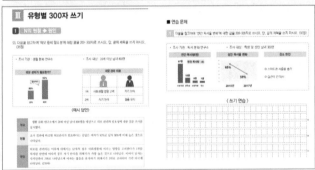

- 그리고 조사 결과를 설명하는 연습을 합니다. 조사 결과는 내용별로 분류해서 각 내용에 맞는 표현을 쓸 수 있도록 했습니다. 이때 표현의 정확성을 높이기 위해 〈쓰기 전 연습〉을 제시하였습니다.

- 이어 〈유형별 300자 쓰기〉에서는 53번 문제의 예시를 확인한 후 쓰기 연습을 해 볼 수 있도록 구성했습니다.

■ 54번 유형: 자기 생각 쓰기

- 주어진 주제에 대한 자기 생각을 700자 이내로 써 보는 문제입니다. 먼저 글쓰기에 필요한 〈문어체〉, 〈연결 및 지시 표현〉을 확인하고 간단한 연습을 합니다.

- 다음으로 〈한 단락 쓰기〉에서 다양한 주제로 단락 쓰기를 합니다. 〈생각 모으기〉, 〈표현하기〉, 〈한 단락 쓰기〉의 순으로 단락쓰기를 좀 더 쉽게 할 수 있도록 구성했습니다.

- 마지막으로 〈유형별 700자 쓰기〉에서는 54번 문제의 유형별 예시를 확인하고 과제 내용에 맞게 단락을 완성해 한 편의 글을 써 볼 수 있도록 했습니다.

54번 유형 자기 생각 쓰기

실용문 완성하기

I 준비하기

1 유형 정리

	내용		상세 구조		주요 표현
1	광고와 공지	배경	⇄	알림, 의도 조건, 바람 정보 제공	그래서 -(으)려고 합니다 -(으)ㄹ 생각입니다 -(으)십시오 -기 바랍니다 누구나 -(으)실 수 있습니다
2	문의와 답변	배경	⇄	질문, 답변 계획, 문제 상세 설명	-(으)ㄹ 수 있습니까? N이/가 어떻게 됩니까? -아/어 드릴 수 있습니다 [없습니다] 언제[어떻게...] -(으)ㄴ/는지 알고 싶습니다
3	요청과 금지	배경	⇄	요청, 금지 바람	-아/어 주십시오 -아/어 주시기 바랍니다 -지 마시기 바랍니다 -지 마십시오 -(으)면 안 됩니다
4	양해 구함	배경	⇄	양해의 말 이유, 약속 결정	-더라도 이해해 [양해해] 주시기 바랍니다 -아/어 주시면 감사하겠습니다 -게 되었습니다 -기가 어려울 것 같습니다
5	변경과 취소	배경	⇄	취소, 변경 교환, 요구	그래서 N으로 취소[변경]하려고 합니다 N을/를 바꾸고 [교환하고] 싶습니다 어떻게 해야 하는지 알려주시면 감사하겠습니다
6	부탁과 거절	배경	⇄	부탁, 거절 조건, 바람	혹시 저 대신 -아/어 주실 수 있으십니까? -아/어 주시면 감사하겠습니다 -기가 어려울 것 같습니다 [안 될 것 같습니다]
7	초대와 축하	배경	⇄	알림, 인사 기대, 바람, 안내	먼저 진심으로 N을/를 축하드립니다 -다(라)는 소식을 들었습니다 N에게 물어보니 -다(라)고 합니다
8	감사와 사과	배경	⇄	감사, 사과 설명, 약속	-아/어서 죄송합니다 -아/어 주셔서 감사합니다 [감사 드립니다] N 덕분에 [N 때문에] -게 되었습니다 앞으로는 -도록 하겠습니다
9	소감과 추천	배경	⇄	추천, 이유 좋은 점 불편한 점	-(으)ㄹ 거라고 생각했는데 생각보다 ~ -아/어서 좋았습니다 [좋지 않았습니다] 그래서 N을/를 추천하고 싶습니다 한번 -아/어 보십시오
10	조언과 건의	배경	⇄	조언, 건의 설명, 이유	-는 것이 좋습니다 -았/었으면 좋겠습니다 -(으)ㄹ 필요가 없습니다

2 문제 분석

가. 예시 문제

※ 다음을 읽고 ㉠과 ㉡에 들어갈 말을 각각 한 문장으로 쓰시오.

51

초대합니다

한 달 전에 이사를 했습니다.

그동안 집안 정리를 하느라 바빴는데 이제 정리가 다 끝났습니다.

그래서 저희 집에서 (　　㉠　　).

혹시 이번 주 (　　㉡　　)? 주말에는 다들 바쁘실 것 같아서

그 전날 저녁 6시로 잡았는데 참석 가능하신지 연락 주시면 감사하겠습니다.

㉠ 집들이를 하려고 합니다
㉡ 금요일 저녁 6시에 시간이 되십니까

나. 답안 분석

내용	상세 구조	주요 표현
초대하기	1. 배경 - 계획 2. 정보 질문 - 배경	1. 그래서 -(으)려고 합니다 2. N에 시간이 되십니까?

배경	① 한 달 전에 이사를 했습니다. ② 그동안 집안 정리를 하느라 바빴는데 이제 정리가 다 끝났습니다.

계획	③ 그래서 저희 집에서 (집들이를 하려고 합니다).

집들이, 돌잔치,
송별회, 송년회, 회식,
모임 등

질문	④ 혹시 이번 주 (금요일 저녁 6시에 시간이 되십니까)?

배경	⑤ 주말에는 다들 바쁘실 것 같아서 그 전날 저녁 6시로 잡았는데 참석 가능하신지 연락 주시면 감사하겠습니다.

3 답안 작성법

가. 문제 개요

– 이 유형은 일상생활에서 흔히 볼 수 있는 실용문의 특징을 이해하고 앞, 뒤 내용과 자연스럽게 어울리는 표현을 사용해서 문장을 완성하는 문제입니다. 안내문, 광고문, 이메일, 메시지 등을 읽고 글의 목적과 의도를 파악한 다음, 어떤 어휘와 표현이 적당한지 잘 생각해보고 써야 합니다.

나. 채점 기준

구분	채점 근거	점수
내용	1. 제목이나 주제와 잘 어울리는가? 2. 앞, 뒤 내용과 자연스럽게 이어지는가?	0–5점
언어	1. 적합한 문법을 사용했는가? 2. 적합한 어휘를 사용했는가? 3. 격식에 맞게 썼는가?	

출처 : TOPIK 한국어 능력 시험

감점 요인

※ 꼭 확인하세요!

1. (   )에 꼭 필요한 표현만 써야 합니다.

   ※ (   )바로 앞, 뒤에 있는 내용을 (   )안에 정답과 같이 쓰면 감점이 됩니다.

2. 필요 없는 내용을 추가해서 연결이 어색해지면 감점이 됩니다.

3. 철자를 잘못 쓰거나 알아볼 수 없도록 쓰면 감점이 됩니다.

4. 중요한 조사를 잘못 써서 문장이 어색해지면 감점이 됩니다.

5. 문법을 정확하게 사용하지 않으면 감점이 됩니다.

6. 답안을 두 개 쓰면 점수를 받을 수 없습니다. ☑

7. 답안을 한 문장 이상 쓰면 감점이 됩니다. ☑

다. 답안 작성 시 유의할 점

시간
- 쓰기 시간은 총 50분이다. 이 문제는 5분 안에 써야 한다.

    ※ 잘 모르면 자신 있는 문제부터 먼저 쓰는 것이 좋다.

내용
- 먼저 제목을 보고 실용문의 전체적인 의도를 이해해야 한다.

- 반드시 앞, 뒤 내용을 잘 살펴보고 자연스럽게 이어지는 내용을 써야 한다.

    ※ 그 내용에 대한 자신의 생각을 마음대로 쓰면 안 된다.

- 앞, 뒤 내용 중에서 (접속사)(그리고, 그런데, 그러니까 등)를 잘 봐야 한다.

언어
- 3급 수준의 어휘와 문법을 사용해서 글을 쓰는 것이 좋다.

    ※ 그렇지만 일부러 어려운 표현을 쓸 필요는 없다.

- 실용문에서 자주 사용하는 표현을 사용하는 것이 좋다.

- (   ) 앞, 뒤에 있는 어휘나 표현을 잘 보고 적절히 이용하는 것이 좋다.

- 글의 격식에 맞게 '-습니다', '~습니까?', '-십시오'로 쓰는 것이 좋다.

    ※ '-아/어요', '-(으)세요', '-다'로 문장을 쓰면 안 된다.

주의
- (   ) 뒤에 마침표(.)가 있는지 물음표(?)가 있는지 확인해야 한다.

    ① (   ). - 마침표가 있으면 '-ㅂ니다/습니다'로 써야 한다.
      예 필요한 것이 있으면 (전화해 주시기 바랍니다).
    ② (   )? - 물음표가 있으면 '-ㅂ니까?/습니까?'로 써야 한다.
      예 필요한 것이 있으면 (전화해도 됩니까)?
    ③ (   ) - 마침표가 없으면 종결형(습니다. / 습니까?)으로 쓰면 안 된다.
      예 (필요한 것이 있으면) 전화해 주시기 바랍니다.

Ⅱ 유형별 연습하기

1 광고와 공지

배경 ⇔ 알림 / 조건 / 바람 / 의도 / 정보제공

- 배경 + 그런데~
- 배경 + 그래서~
- 배경 + 그러니까~

가. 예시 문제

01 제가 갑자기 이사를 가게 되었습니다. 그래서 *(책상을 팔려고 합니다)*. <u>책상이 필요하신 분에게 아주 싼 값에 드리겠습니다.</u> 연락 주십시오.

배경

02 그런데 책상을 원하시는 분은 직접 책상을 *(가지고 가셔야 합니다)*. <u>제가 차가 없어서 배달해 드릴 수 없습니다.</u>

배경

03 이 책상은 산 지 *(일 년밖에 안 됐습니다)*. <u>일 년 동안 쓰기는 했지만</u> 깨끗하게 관리해서 새 거나 다름없습니다. 그러니까 걱정하지 마십시오.

배경

나. 주요 표현

목적	• -(으)려고 합니다 • -(으)ㄹ 생각입니다 • -고자 합니다 • -(으)ㄹ까 합니다 • -(으)ㄹ 예정입니다 • -(으)ㄹ 계획입니다

바람	• -기 바랍니다 • -아/어 주십시오 • -고 싶습니다 • -아/어 주시면 감사하겠습니다 • N이/가 좋을 것 같습니다 • -(으)ㄹ지도 모르니까 -기 바랍니다

기타	• -(으)면 누구나 -(으)실 수 있습니다 • -(으)ㄴ 지 N밖에 안 됐습니다 • N(이)나 마찬가지입니다 • N(이)나 다름없습니다 • -(으)셔도 됩니다 • -(으)려면 -(으)셔야 합니다

다. 연습 문제

01. 지난주 학생 식당에서 _____. 혹시 지갑을
    보시거나 주우신 분은 아래 연락처로 연락 주시기 바랍니다.

02. '사진사랑' 동호회 회원들은 그동안 좋은 사진을 많이 찍었습니다. 그래서 이번에 _____
    _____. 전시회에 많은 관심 가져 주시면 감사하겠습니다.

03. 우리 시에서는 매주 토요일 '알뜰 시장'이 열립니다. 이 시장에는 우리 동네 주민이면 누구나
    _____. 여러분의 참여와 관심을 부탁드립니다.

04. 다음 주에 우리 모임에서 스키를 타러 갑니다. 스키복은 각자 준비해 오셔도 되고 스키장 대여점
    에서 _____. 빌리는 비용은 홈페이지를 보시기 바랍니다.

05. 학생 식당 앞에서 _____. 지갑을 잃어버리신 분은 카운터에 와서
    _____. 제가 거기에 지갑을 맡겨 두었습니다.

06. 다음 주말에 봉사 모임에서 몸이 불편하신 어른들을 위해 집을 _____.
    그런데 밖에서 청소할 때는 추우니까 옷을 _____.

07. 내일 우리 모임에서 여행을 떠납니다. 즐거운 여행을 위해 몇 가지 부탁드립니다.
    많이 걸어야 하니까 구두보다는 _____.
    그리고 혹시 _____ 우산을 준비하시기 바랍니다.

08. 이 구두는 산 지 _____. 한 달 동안 몇 번 신기는 했지만
    새 거나 마찬가지입니다. 그런데 좀 작아서 필요하신 분께 무료로 _____.

09. 이번 명절 기간에 김치 판매와 김치 담그기 체험 행사가 열립니다. 이번 행사에 오시면 맛있는 김
    치도 살 수 있고 직접 김치를 _____.

10. 잃어버린 _____. 주위에서 흰색에 까만 점이 있는
    강아지를 보신 분은 아래 전화번호로 꼭 연락 주시기 바랍니다. 사례하겠습니다.

2 문의와 답변

배경 ⇔ 계획 / 질문 / 답변 / 문제 / 상세 설명

- 배경 ↔ 그러면 ~
- 배경 ↔ 그래서 ~
- 배경 ↔ 그런데 ~

가. 예시 문제

01 저희 딸이 지금 3살인데 내년에 어린이집에 보내려고 합니다. 그런데 제가 일을 하기 때문에 하루 종일 *(아이를 맡겨야 합니다)*. 종일반에 **아이를 맡기려면** 어떤 *(조건이 필요합니까)* ? **필요한 조건을** 미리 알려주시면 감사하겠습니다.
배경 　　 배경

02 고객님, 물건을 구입한 지 한 달이 지나서 *(반품해 드리기가 어렵습니다)*. 죄송합니다. 저희 쇼핑몰에서는 제품을 구입한 지 **14일 이내에 신청을 하셔야 반품을 해 드릴 수 있습니다.**
배경

03 어제 노트북을 구입한 사람입니다. 휴가 기간이라서 늦게 배달된다는 메시지를 받았습니다. 그러면 제가 언제쯤 *(받을 수 있습니까?)* **배달 가능한 날짜를 알려 주십시오.** 가능하면 빨리 받을 수 있었으면 좋겠습니다.
배경

나. 주요 표현

질문	• -(으)ㄹ 수 있습니까?　　　　• -아/어 주시겠습니까? • 어떤 N이/가 필요합니까?　　• N이/가 어떻게 됩니까? • 언제 [얼마나, 언제, 누가, 어떤...] -(으)ㄴ지/는지 알고 싶습니다
답변	• -기가 어렵습니다　　• -아/어도 괜찮습니다　　• -아/어 주십시오 • -(으)셔야 합니다　　• -는 것이 좋습니다
기타	• N에 따라 N이/가 다릅니다

다. 연습 문제

01. **문의**: 이번 주말에 행복 펜션 203호를 예약한 사람입니다. 그런데 저는 차가 없어서 버스를 타려고 하는데 버스로 가는 방법을 좀 _____ ?

02. **답변**: 버스 시간은 홈페이지에 자세히 _____. 그런데 짐이 많으면 버스 터미널에 내려서 저에게 _____. 전화 받고 출발하면 20분 내에 모시러 갈 수 있습니다.

03. **문의**: 전통 문화 프로그램에 관심이 많은 외국인입니다. 그런데 저는 영어는 잘하지만 한국말은 아직 _____. 그래도 괜찮으면 신청하고 싶습니다.

04. **답변**: 저희는 프로그램에 참여하시는 외국인들에게 영어로 _____. 안내를 하시는 분도 모두 외국인이라서 불편하지 않으실 겁니다.

05. **문의**: 이번에 시청에서 다문화 강사를 모집한다고 들었습니다. 저는 외국인인데 어떤 _____? 또 서류는 언제까지 접수해야 합니까?

06. **문의**: 저는 직장인입니다. 혼자 운동하기가 너무 힘들어서 개인적으로 지도를 받고 싶은데 비용이 _____ 알고 싶습니다.

07. **답변**: 요금은 시간에 따라 다릅니다. 기본은 1회당 50,000원 입니다. 자세한 내용은 따로 _____. 상담 후에 자신에게 맞는 프로그램을 결정하시면 됩니다.

08. **문의**: 일주일 전에 전기밥솥 수리를 맡겼는데 연락이 없어서 문의 드립니다. 언제쯤 수리를 _____ ? 수리가 끝나면 바로 연락 주십시오.

09. **답변**: 고객님, 현재 여름 휴가기간이라서 수리가 늦어지고 있습니다. 불편하시더라도 1주일만 더 _____. 기다리게 해서 정말 죄송합니다.

10. **문의**: 테니스 동호회에 가입하고 싶습니다. 가입 조건이 _____? 가입 조건과 회비에 대한 자세한 안내 부탁드립니다.

※ 다음 글을 읽고 (   )에 들어갈 말을 각각 한 문장으로 쓰십시오.

01

제목	원룸 문의
Q	안녕하세요? 원룸을 찾고 있는데 원하는 조건이 있습니다. 우선 지하철 역에서 (㉠). 그런데 역 근처라도 너무 시끄럽지 않아야 합니다.
A	햇빛이 잘 들지 않아서 좀 어둡기는 하지만 손님이 원하시는 방이 하나 있습니다. 마침 지금 그 방이 (㉡). 그래서 언제든지 바로 들어가서 살 수 있습니다. 원하시면 빨리 연락 주십시오.

㉠

㉡

02

바자회 안내

우리 학생회에서는 연말을 맞아 바자회를 열려고 합니다.
자세한 일정은 게시판을 보고 (㉠   ).
확인 후에도 문의사항이 있으시면 전화 주십시오.
그리고 바자회 장소에는 주차할 공간이 부족합니다.
불편하시더라도 대중교통을 (㉡   ).
그럼, 협조 부탁드립니다.

㉠

㉡

03	제목	분실물 문의
	Q	제가 오전에 기차에다가 가방을 (㉠). 혹시 찾을 수 있습니까? 확인 좀 부탁드립니다.
	A	고객님, 분실물을 확인해 보니 가방이 두 개 있습니다. 까만색과 회색 가방이 있는데 오셔서 확인해 주시기 바랍니다. 그리고 저희 센터는 5시에 문을 닫습니다. 그러니까 (㉡). 감사합니다.

㉠

㉡

04

남자 옷 팝니다

남자 옷이 필요하신 분들께 알립니다.
사이즈가 안 맞아서 제가 입던 (㉠   ).
이 코트는 소재도 좋고 따뜻합니다.
그리고 그동안 옷 관리에 신경을 많이 썼기 때문에
중고 옷이지만 (㉡   ).
새 옷 같은 중고를 아주 저렴하게 드립니다.
아래 사진을 보시고 연락 주십시오.

㉠

㉡

3 요청과 금지

• 배경 ↔ 그러니까
• 배경 ↔ −아/어 주십시오
• 배경 ↔ −지 마십시오

가. 예시 문제

01 이 화장실에는 휴지통이 없습니다. *그러니까* **사용한 휴지는** 변기 안에 *(버려 주십시오).* 또한 이 화장실은 '**금연 구역**'입니다. 절대 담배를 *(피우지 마시기 바랍니다).*

배경

02 도서관은 우리 모두가 함께 이용하는 공간입니다. 대화나 전화는 **안에서 하지 말고** *(밖에서 해 주시기 바랍니다).* 그리고 책상에 *(낙서를 하지 마십시오).* 낙서는 지우기가 어려울 뿐만 아니라 다른 이용자들을 불편하게 합니다.

배경

03 문이 고장 난 것 같습니다. **밖에서는 열 수 있는데 안에서는 문이** *(안 열립니다).* 그리고 **문이 잘 안 잠깁니다.** 문을 *(잠글 수 없어서)* 정말 불편합니다. 빨리 수리해 주시면 감사하겠습니다.

배경

나. 주요 표현

요청	• −(으)십시오 • −아/어 주십시오 • −아/어 주시기 바랍니다 • 가능하면 −았/었으면 좋겠습니다. • −아/어 주시면 감사하겠습니다

금지	• −지 마십시오 • −지 마시기 바랍니다 • −(으)면 안 됩니다 • −지 말아 주십시오

기타	• −더라도 −기 바랍니다 • −(으)니까 −기 바랍니다 • −아/어서 불편합니다 • −아/어서 다른 사람을 불편하게 합니다

다. 연습 문제

01. 이번 시험 기간에 학생회에서 샌드위치를 무료로 나눠 드립니다. 오실 때에는 반드시 학생증을
    ＿＿＿＿＿＿＿＿＿＿＿＿＿＿＿＿＿＿＿＿＿. 죄송하지만 학생증이 없으면 드릴 수 없습니다.

02. 이번 노래 자랑 대회에는 선착순으로 입장할 수 있습니다. 그리고 오시는 순서대로 자리에 ＿＿＿＿＿
    ＿＿＿＿＿＿＿＿＿＿＿＿＿＿＿＿＿. 자리가 없는 분은 서서 관람하셔도 됩니다.

03. 밤에는 세탁기나 청소기를 ＿＿＿＿＿＿＿＿＿＿＿＿＿. 시끄러워서 다른 이웃들이 잠을
    잘 수 없습니다. 특히 밤에는 낮보다 소리가 ＿＿＿＿＿＿＿＿＿＿＿. 주의해 주시기 바랍니다.

04. 이곳에 쓰레기를 ＿＿＿＿＿＿＿＿＿＿＿＿＿＿＿＿＿. 여기는 쓰레기를
    버리는 곳이 아닙니다. CCTV가 설치되어 있으니 주의하시기 바랍니다.

05. 공연장 안에 음료를 ＿＿＿＿＿＿＿＿＿＿＿＿＿＿＿＿＿＿＿. 반드시
    공연장 밖에서 다 드시고 빈 컵은 휴지통에 버려 주시기 바랍니다.

06. 공연 시작 5분 전에는 모두 ＿＿＿＿＿＿＿＿＿＿＿＿＿＿＿＿＿＿＿. 공연 시작
    이후에는 절대 입장할 수 없습니다. 이 점 유의하시기 바랍니다.

07. 이 북 카페에서는 자유롭게 책을 볼 수 있습니다. 하지만 보신 책은 반드시 제자리에 ＿＿＿＿＿＿＿＿
    ＿＿＿＿＿＿＿＿＿＿＿＿＿＿＿. 아무 데나 꽂아 놓으면 다른 사람이 찾기 어렵습니다.

08. 비밀 번호를 정하실 때 아직도 ＿＿＿＿＿＿＿＿＿＿＿＿＿? 숫자만 있는 비밀번호는
    위험합니다. 숫자와 영문자, 특수문자를 같이 사용해야 개인 정보 보호에 좋습니다.

09. 이 강아지는 카페에서 키우는 강아지입니다. 그냥 눈으로만 보고 ＿＿＿＿＿＿＿＿＿＿＿＿＿＿＿.
    모르는 사람이 만지면 스트레스를 받습니다. 그리고 강아지에게 아무 음식이나 ＿＿＿＿＿＿＿＿＿＿
    ＿＿＿＿＿＿＿＿＿＿＿. 음식을 잘못 먹으면 강아지가 힘들어 합니다.

10. 에어컨을 켜실 때에는 냉방 온도를 24도로 ＿＿＿＿＿＿＿＿＿＿＿＿＿＿＿＿＿＿＿＿＿.
    24도보다 높거나 낮으면 건강에도 좋지 않고 에너지도 낭비하게 됩니다. 그리고 냉방 중에는 가능
    하면 ＿＿＿＿＿＿＿＿＿＿＿＿＿. 문이 열려 있으면 냉방 효과가 떨어집니다.

4 양해 구함

- 배경 ↔ -기로 했습니다
- 배경 ↔ -게 되었습니다
- 배경 ↔ -겠습니다

가. 예시 문제

01 다음 주 문화 체험 활동에서 점심 메뉴를 *(비빔밥으로 결정했습니다).* 비빔밥은 고기를 못 드시는 분들도 드실 수 있어서 그렇게 결정했습니다. 혹시 비빔밥을 **좋아하지 않는 분이 계시더라도** *(이해해 주시기 바랍니다).*

배경

02 이제 매장 내에서 음료를 마실 때에는 **1회용 컵을 더 이상** *(사용할 수 없게 되었습니다).* 매장 내에서는 1회용 컵 대신 반드시 *(머그잔을 사용해야 합니다).* 머그잔 사용을 좋아하지 않는 분도 계시겠지만 이해해 주셨으면 합니다.

배경

03 카페 회원 여러분께 알립니다. 앞으로는 다른 사람의 의견을 무시하거나 욕하는 *(글은 삭제하겠습니다.)* 사전에 알리지 않고 글을 삭제하더라도 이해해 주시기 바랍니다. 하고 싶은 말을 하는 것도 중요하지만 다른 사람에게 상처 주는 말을 *(하지 않는 것도 중요합니다).* 서로 배려하는 아름다운 카페 분위기를 만들어 나갔으면 합니다.

배경

나. 주요 표현

양해 구함	• -더라도 이해해[양해해] 주시기 바랍니다 • -아/어 주시면 감사하겠습니다 • -(으)ㄹ 것 같습니다	• 양해를 부탁드립니다 • -(으)ㄹ 수 없을 것 같습니다 • -지 못할 것 같습니다

결정	• -기로 했습니다 • -게 되었습니다[됐습니다] • -아/어야 할 것 같습니다

약속	• 앞으로는 [다음부터는] -도록 하겠습니다 • -겠습니다

다. 연습 문제

01. 회원 여러분들께 양해 말씀 드립니다. 물품 부족으로 오늘 드리기로 했던 10주년 기념품을 하루 늦은 _____. 내일까지 기다리게 해서 죄송합니다.

02. 이번 주말에 원룸 옥상에서 생일 파티를 하려고 합니다. 조금 시끄럽더라도 _____ _____. 늦어도 12시 전에는 파티를 끝내도록 하겠습니다.

03. 제 블로그를 사랑해 주신 분들께 감사드립니다. 개인 사정으로 잠시 쉬려고 합니다. 다시 블로그를 시작할 때까지 _____. 꼭 기다림에 보답하겠습니다.

04. 오늘부터 504호에서 내부 인테리어 공사를 시작합니다. 공사로 소음이 발생하더라도 _____ _____. 최대한 빨리 공사를 마치도록 하겠습니다.

05. 죄송합니다. 내일 점심 약속을 _____. 아이가 아파서 병원에 가야 합니다. 대신 다음에 제가 점심을 사겠습니다.

06. 휴대폰이 고장 나서 전화가 안 됩니다. 저에게 연락을 주실 분은 _____. 휴대폰 수리가 끝나면 문자 확인 후 연락드리도록 하겠습니다.

07. 많은 분들의 관심 덕분에 바자회를 위해 준비한 물건이 모두 _____. 오늘 사지 못한 분들께는 양해를 구합니다. 내일 더 좋은 물건으로 준비하겠습니다.

08. 주문하는 분들이 많아 물건 배송이 평소보다 2-3일 정도 _____. 배송 지연으로 불편을 드려 죄송합니다. 조금만 더 기다려 주시면 감사하겠습니다.

09. 체험 장소에 문제가 생겨서 도자기 만들기 체험을 _____. 대신 한지 체험 활동을 준비했습니다. 양해를 부탁드립니다.

10. 우리 식당은 재료 준비를 위해 점심 식사 후 3시에서 5시까지 _____. 5시부터는 다시 문을 엽니다. 불편하시더라도 협조해 주시면 감사하겠습니다.

※ 다음 글을 읽고 (   )에 들어갈 말을 각각 한 문장으로 쓰십시오.

01

개인 광고 금지 안내

회원 여러분, 이곳은 물건을 판매하는 곳이 아닙니다.

홈페이지 게시판에 물건을 파는 글을 (㉠   ).

만약 광고용 글이 올라오면 바로 (㉡   ).

지우기 전에 따로 연락드리지 않겠습니다.

게시판 이용 규칙을 잘 지켜 주시면 감사하겠습니다.

감사합니다.

㉠

㉡

02

양해 말씀 드립니다

죄송합니다.

회원 여러분께 모임 날짜를 (㉠   ).

21일인데 20일로 알려 드린 점 양해 부탁드립니다.

바뀐 날짜는 홈페이지를 통해 다시 공지하겠습니다.

홈페이지 안내를 다시 한 번 (㉡   ).

확인 후, 궁금하신 점이 있으면 연락 주십시오.

㉠

㉡

03

가격 인상 안내

그동안 우리 카페에서는 신선하고 맛있는 케이크를
다른 카페보다 (㉠   ).
그런데 더 이상 싼 가격을 유지하기가 어려워졌습니다.
재료비가 올라서 다음 달 부터 케이크 가격을 (㉡   ).
가격 인상에 대한 여러분의 이해와 양해를 부탁드립니다.
앞으로도 좋은 품질과 서비스로 보답하겠습니다.

㉠

㉡

04

공동 주방 이용 안내

공동 주방 이용 시 다음 사항을 잘 지켜 주시기 바랍니다.
조리 도구는 사용 후 제자리에 (㉠   ).
제자리에 있어야 다른 사람이 이용할 때 찾기가 쉽습니다.
그리고 전자 제품은 사용 후 (㉡   ).
전원을 켜 놓으면 불이 날 수도 있어서 위험합니다.
모두가 함께 쓰는 공간이니까 잊지 마시기 바랍니다.

㉠

㉡

| 5 | 변경과 취소 | | | • 그런데 + -(으)려고 합니다
• 그래서 + -(으)려고 합니다
• 배경 + -지 알고 싶습니다 |

가. 예시 문제

01　안녕하세요? 한국호텔에 다음 주 토요일과 일요일 2박을 예약했는데 갑자기 사정이 생겨서 *(일요일은 취소하려고 합니다).* 일요일 하루만 취소하는 경우 환불은 얼마나 *(받을 수 있는지 알고 싶습니다).* 환불 요금 안내 부탁드립니다.　　　　　배경

배경

02　내일은 비가 온다고 합니다. 그래서 일부 행사가 취소되었습니다. 그런데 **야외 행사는 취소되지만 예정대로** *(실내 행사는 열립니다).* 한 번 더 일정표를 확인 하시고 실내 행사에는 꼭 참여하시기 바랍니다.

03　어제 인터넷으로 주문한 라면을 받았습니다. 그런데 유통기한을 확인해 보니까 이미 *(한 달이나 지났습니다).* 세일을 해서 사기는 했지만 **한 달 지난 건** 문제가 있다고 생각합니다. 그래서 *(환불하려고 합니다).* **환불 안내** 부탁드립니다.　　　　배경

배경

나. 주요 표현

취소	• N을/를 취소하려고 합니다.　　• 취소해야 할 것 같습니다.　　• 취소하고 싶습니다

변경	• N이/가 바뀝니다 • N(으)로 바꾸려고 합니다	교환	• N을/를 교환하려고 합니다 • N을/를 N(으)로 교환하려고 합니다

요구	• 어떻게 해야 하는지 알고 싶습니다　　• N을/를 알려 주시기 바랍니다 • N에 대해 알려 주시기 바랍니다

다. 연습 문제

01. 지난주에 구입한 옷을 _____. 큰 사이즈가 있습니까?
    사이즈만 교환할 경우에도 배송비를 부담해야 합니까?

02. 여행용 가방을 구입했습니다. 그런데 지퍼를 열려고 해도 잘 _____.
    지퍼가 불량인 것 같습니다. 교환해 주셨으면 합니다.

03. 기차표를 예매했는데 기차를 놓치고 말았습니다. 친구들에게 물어 보니 기차가 출발한 후에도
    _____. 어떻게 하면 환불받을 수 있는지 알고 싶습니다.

04. 제 90회 시험을 보려고 신청했는데 개인적인 사정으로 _____.
    취소하는 방법에 대해 알고 싶습니다. 빠른 답변 부탁드립니다.

05. 비밀 번호를 잊어버려서 변경하려고 합니다. 그런데 어떻게 _____.
    아무리 찾아 봐도 변경 방법에 대한 안내가 없습니다.

06. 헬스장 1년 이용권을 끊었는데 갑자기 1년 동안 해외 근무를 떠나게 되어 이용을 못 하게 되었습니
    다. 이런 경우 환불은 얼마나 _____.

07. 초급 2 강의를 신청한 학생입니다. 그런데 교재를 보니 배운 내용인 것 같아서 _____
    _____. 그런데 먼저 중급 강의를 들어 보고 바꿔도 되겠습니까?

08. 9일과 10일 게스트 하우스 2인실을 예약했습니다. 그런데 같이 가기로 했던 친구가 못 가게 되어 2
    인실을 _____. 변경이 가능한지 알려 주십시오.

09. 개인적인 사정으로 예약했던 여행을 _____.
    만약 취소가 어려우면 다음 기회로 미루었으면 합니다.

10. 현재 빨간색인 우리 모임의 단체복을 _____.
    파란색 외에 바꾸고 싶은 색깔이 있으면 말씀해 주시기 바랍니다.

6 부탁과 거절

배경 ⇔ 부탁 / 거절 / 조건 / 바람

• -아/어 줄 수 있으십니까?
• -기가 어려울 것 같습니다
• -(으)면 감사하겠습니다

가. 예시 문제

01 제가 다음 달에 여행을 떠나는데 화분이 걱정입니다. 혹시 제가 없는 동안 화분에 *(물을 주실 수 있으십니까)?* **물은 이틀에 한 번만 주시면 됩니다.** 바쁘실 텐데 부탁을 드려서 죄송합니다.
　　　　　　　　　　　　　　　　　　　　　　　　　　배경

02 건강에 관한 설문조사를 부탁드립니다. 설문지 문제는 모두 10개이고 **시간은 5분밖에** *(걸리지 않습니다).* 잠시만 시간을 내서 참여해 주시면 감사하겠습니다.
　　　　　　　　　　　　　　　　　　　　　　　　　　배경

　　　　　　　　　　　　배경
03 지난주에 번역을 부탁하셨는데 저는 지금 중요한 시험을 준비하는 중이라서 시간을 *(내기가 어려울 것 같습니다).* 그리고 **시간이 난다고 해도** 아직 전문 지식이 부족해서 번역을 *(잘할 수 없을 것 같습니다).* 죄송합니다. 나중에 **잘하게 되면** 꼭 도와드리겠습니다.
　　　　　　　　　　　　배경

나. 주요 표현

부탁	•혹시 저 대신 -(으)ㄹ 수 있으십니까?	•-아/어 주실 수 있으십니까?
	•-아/어 주시면 감사하겠습니다	•-아/어 주실 수 있습니까?
	•-아/어 보시겠습니까?	•-아/어도 되겠습니까?

거절	•-기가 [-아/어 드리기가] 어려울 것 같습니다	•죄송하지만 -(으)ㄹ 것 같습니다

기타	•-(으)려면 -아/어야 합니다	•N한테서 -다고 [다는 말을] 들었습니다
	•N께 -아/어 드리고 싶습니다	•알아보니 [들어보니] -다(라)고 합니다
	•어느 [어떤] N이/가　-(으)ㄴ / 는지 선택해 주십시오 [결정해 주십시오]	

다. 연습 문제

01. 콘서트 표를 예매하려고 합니다. 그런데 제 컴퓨터는 인터넷 속도가 느려서 힘들 것 같습니다. 혹시 저 대신 콘서트 표를 _____?

02. 콘서트 표를 대신 예매해 달라고 부탁하셨는데 제가 그날 다른 일이 있어서 표를 _____. 죄송하지만 다른 분께 부탁을 해 보시기 바랍니다.

03. 컴퓨터가 고장 났는데 보고서를 써야 해서 급히 수리를 해야합니다. 우리 반 친구들 중에서 민수 씨가 제일 _____ 이야기를 들었습니다. 컴퓨터 수리를 부탁드려도 되겠습니까?

04. 죄송합니다. 지금 제가 급한 일이 있어서 _____. 대신 제가 아는 분께 고쳐 달라고 부탁드려보겠습니다. 곧 연락드리겠습니다.

05. 다음 주에 신입생 환영회를 하려고 합니다. 선배님이 오셔서 신입생들에게 대학 생활에 대해 _____. 조언을 듣고 싶어하는 후배들이 많습니다. 부탁드립니다.

06. 내일까지 숙제를 해야 하는데 그 책이 필요합니다. 혹시 저에게 그 책을 하루만 _____ _____? 깨끗하게 보고 내일 바로 돌려드리겠습니다.

07. 연말 공연을 준비하는 학생입니다. 현재 쓰고 있는 연습실을 수리하게 돼서 쓸 수 없게 됐습니다. 혹시 수리하는 동안 소강당을 _____?

08. 주택에 살다가 원룸으로 이사하게 되어 더이상 고양이를 _____. 혹시 저 대신 고양이를 키워 주실 수 있으십니까?

09. 이번에 제가 회사를 옮기려고 하는데 추천서가 필요하다고 합니다. 그래서 선생님께 부탁을 드리려고 합니다. 저에게 추천서를 _____?

10. 어제 주신 불고기를 맛있게 먹었습니다. 그런데 불고기 만드는 방법을 저에게 _____ _____? 한국 요리를 배워서 다음에 부모님께 _____.

※ 다음 글을 읽고 (   )에 들어갈 말을 각각 한 문장으로 쓰십시오.

01

송년 모임 장소 변경 안내

이번 주 토요일에 우리 반 교실에서 송년 모임을 하기로 했는데
난방이 안 된다고 해서 학생회관으로 장소를 (㉠   ).
학생회관은 학교 도서관 맞은 편에 있습니다.
혹시 위치를 모르시면 학교 홈페이지를 보시기 바랍니다.
거기에 위치 안내가 자세히 (㉡   ).

㉠

㉡

02

● ● ●

안녕하세요? 미영 씨.
어제 회사에서 받은 홍보 자료를 찾을 수가 없습니다.
혹시, 그 자료를 제 이메일로 좀 (㉠   )?
그리고 내일 회의에서 발표할 자료를 만들어 봤는데
제가 한국어를 잘 못해서 부족한 부분이 많습니다.
미영 씨가 자료를 한번 보시고 저에게 (㉡   ).
그 조언이 제게는 큰 도움이 될 것 같습니다.
감사합니다.

㉠

㉡

03

교수님 안녕하십니까?

지난해에 졸업한 김민수라고 합니다.

입사 원서를 내려고 하는데 회사에 문의를 해 보니

지원하려면 교수님의 추천서가 (　　　　㉠　　　　).

바쁘시겠지만 교수님께 추천서를 (　　　　㉡　　　　)?

자주 연락도 못 드렸는데 갑자기 부탁을 드려서 죄송합니다.

항상 건강하시길 바랍니다. 감사합니다.

김민수 올림

㉠

㉡

04

모임 시간 변경 안내

이번 토요일 낮 12시에 모임을 가지기로 했는데

사정이 생겨서 (　　　　㉠　　　　).

저녁 6시나 7시로 바꾸는 게 좋을 것 같은데

둘 중 어느 시간이 (　　　　㉡　　　　).

그리고 선택한 시간을 문자 메시지로 보내주시면 감사하겠습니다.

그럼, 답변 기다리겠습니다.

㉠

㉡

7 초대와 축하

배경 ⇔ 알림 / 인사 / 기대 / 안내 / 바람

- 그래서 + -(으)려고 합니다
- -아/어 주시면 감사하겠습니다
- N을/를 진심으로 축하드립니다

가. 예시 문제

01 지난주에 **이사를 했습니다.** *배경* 그래서 이번 주말에 *(집들이를 하려고 합니다).* 주말에 특별한 일이 없으면 저희 집에 오셔서 함께 **즐거운 시간을** *(보냈으면 합니다).* 혹시 못 오시면 미리 말씀해 주시기 바랍니다.

02 선배님, 지난달에 **승진을 하셨다고 들었습니다.** *배경* 진심으로 *(승진을 축하드립니다).* 그런데 소식을 늦게 듣는 바람에 축하 인사가 늦어서 죄송합니다. 대신 제가 선배님께 작은 *(선물을 보내려고 합니다).* **선물 받을 주소를 말씀해 주십시오.** *배경*

03 졸업을 앞두고 그동안 준비해 온 작품을 모아서 *(전시회를 하려고 합니다).* *배경* 이번 **전시회에는** 개인적으로 어려운 상황 속에서 만든 작품이 많아서 특별한 의미가 있습니다. **바쁘시더라도** 오셔서 *(축하해 주시면 감사하겠습니다).* *배경*

나. 주요 표현

축하	· 먼저 진심으로 N을/를 축하드립니다	· -았/었으면 합니다

초대	· N을/를 -(으)려고 합니다	· 바쁘시더라도 -아/어 주시면 감사하겠습니다

기타	· -다(라)는 소식을 들었습니다 · 미리 N을/를 예약해 두었습니다 · -(으)면 -(으)ㄹ 수 있습니다	· -다(라)고 들었습니다 · -(으)ㄹ 거라고 생각했습니다

다. 연습 문제

01. 벌써 한 해가 끝나가는 12월이 되었습니다. 그래서 다음주 금요일에 _____
_____. 송년회에는 외국인 학생이면 누구나 참석할 수 있습니다. 많은 참석 바랍니다.

02. 선배님, 이번에 원하던 회사에 _____ 들었습니다. 선배님의 입사를
진심으로 축하드립니다. 앞으로 좋은 일만 가득하길 바랍니다.

03. 한국 친구한테서 집들이 초대를 받았습니다. 그런데 집들이에 갈 때 어떤 _____
_____? 저는 한국 사람이 아니라서 집들이 선물에 대해 잘 모르겠습니다.

04. 도와주신 덕분에 프로젝트를 성공적으로 마쳤습니다. 감사하는 마음으로 _____
_____. 여러분을 위해 준비한 자리이니 오셔서 축하 파티를 즐기시면 됩니다.

05. 오래 전부터 기다리던 사람을 만나서 드디어 결혼을 하게 되었습니다. 바쁘시더라도 오셔서
_____. 축하해 주시는 모든 분들의 마음을 생각하며
서로 아끼고 사랑하며 살아가겠습니다.

---

06. 다음 주 토요일에 우리 집에서 생일 파티를 하려고 합니다. 시간이 되시면 오셔서 고향 음식도 먹고
이야기도 하면서 함께 즐거운 시간을 _____.

07. 은경 씨가 교환 학생으로 미국에 가게 되어 _____. 송별회 시간과 장소는 따로
알려드리겠습니다. 은경 씨는 아직 모르니 비밀을 _____.

08. 입학을 축하드립니다. 대학생활이 즐거울 때도 있지만 힘들 때도 있을 것입니다. 하지만 노력하면
꿈을 _____. 꿈이 이루어지는 그날, 함께 웃고 싶습니다.

09. 한글날 기념 글짓기 대회에서 수상한 것을 진심으로 축하드립니다. 평소에 열심히 글을 썼기 때문
에 당연히 상을 _____ 생각했습니다.

10. 먼저 선배님들의 _____. 그리고 졸업을 축하하기 위해
오신 선생님들과 가족분들께 감사의 인사를 드립니다. 오늘은 정말 기쁘고 행복한 날입니다.

| 8 감사와 사과 | 배경 ⇔ 감사 사과 약속 설명 | • 배경+ –아/어 주셔서 감사합니다
• 배경+ –아/어서 죄송합니다
• 배경+ –도록 하겠습니다 |

가. 예시 문제

01 지난 주말에 갑자기 아파서 119에 전화를 했습니다. 이런 일은 처음이고 새벽 시간이라 구급차가 **늦게 오지 않을까 걱정했는데 생각보다** *(빨리 와 주셨습니다).* 덕분에 제때 치료를 잘 받을 수 있었습니다. 정말 감사드립니다. *배경*

02 요즘 회의에 자주 지각을 했습니다. 외국 사람이라 회의 준비하는 데 시간이 더 걸리긴 하지만 항상 *(기다리게 해서)* 정말 죄송합니다. 짜증이 나실 텐데 이해하고 **기다려 주셔서** 정말 감사합니다. **앞으로는 절대** *(늦지 않도록 하겠습니다).* *배경* *배경*

03 다음 달에 제가 한국으로 유학을 *(가게 되었습니다).* **유학 준비 때문에 이메일로 인사를 드립니다. 직접 찾아뵙고** *(인사를 드리지 못해서)* 죄송합니다. 그럼, 모두들 건강하시기 바랍니다. *배경*

나. 주요 표현

감사	• –아/어 주셔서 정말 감사합니다 [감사 드립니다] • –(으)ㄴ 덕분에[N 덕분에] –(으)ㄹ 수 있게 되었습니다 / –아/어졌습니다

사과	• –아/어서 (정말) 죄송합니다 • –게 돼서 죄송합니다

약속	• 앞으로는 –도록 / –지 않도록 (노력) 하겠습니다

기타	• –았/었더라면 –았/었을 것입니다

다. 연습 문제

01. 그저께 소나기가 오는 날 저에게 _____ 감사합니다. 우산이 없었으면 옷이 젖어서 감기에 걸릴 뻔했습니다. 내일 학교에 가서 우산을 돌려 드리겠습니다.

02. 선배님, 우리가 제주도에 있는 동안 친절하게 _____ 감사합니다. 선배님의 안내 덕분에 기억에 남는 즐거운 여행이 되었습니다.

03. 개인 사정으로 이번 달까지만 일할 수 있을 것 같습니다. 갑자기 _____ 죄송합니다. 그동안 가족처럼 돌봐 주셔서 감사드립니다. 따뜻한 마음을 잊지 않겠습니다.

04. 그날 행사가 예정보다 늦게 시작됐습니다. 저희 잘못으로 바쁘신 분들을 1시간이나 _____ _____ 죄송합니다. 다음부터는 제시간에 시작하도록 하겠습니다.

05. 길을 잃은 저희들에게 길 안내는 물론이고 직접 만든 _____ 감사합니다. 게다가 음식 값도 안 받으셔서 어떻게 감사한 마음을 전해야 할지 모르겠습니다.

06. 선생님, 1년 동안 저희들에게 한국말을 _____ 정말 감사합니다. 처음에는 인사말도 몰랐는데 선생님 덕분에 점점 한국말을 _____.

07. 한국 생활이 처음이라 모르는 것이 많았습니다. 그래서 질문을 많이 했는데 그때마다 _____ _____ 감사합니다. 친절한 대답 덕분에 한국 생활에 빨리 적응할 수 있었습니다.

08. 진수 씨가 거짓말을 했다고 생각했는데 그 일은 저의 오해였습니다. 자세한 내용도 모르고 _____ 죄송합니다. 앞으로는 이런 일이 없도록 하겠습니다.

09. 오늘 아침에 우유배달 차가 갑자기 고장 나는 바람에 _____ 죄송합니다. 수리가 끝나면 배달을 시작하겠습니다. 불편하시더라도 조금만 더 기다려 주십시오.

10. 잘못된 정보를 알려 드려서 죄송합니다. 박물관 문 닫는 시간이 6시인줄 알았는데 다시 물어 보니 _____. 여름과 달리 겨울에는 1시간 빨리 문을 닫는데 확인을 못했습니다. 다음에는 꼭 _____ 하겠습니다.

※ 다음 글을 읽고 (   )에 들어갈 말을 각각 한 문장으로 쓰십시오.

01

유학생 '송년회'에 초대합니다

벌써 한 해가 끝나 가고 있습니다.

우리 유학생회에서는 한 해를 마무리하는 12월에 (㉠   ).

이번 송년회에는 유학생들이 다양한 (㉡   ).

공연 준비를 위해 한 달 동안 연습했습니다.

멋진 공연, 기대하셔도 좋습니다.

• 장소 : 한국대학교 1층 강당   • 일시 : 12월 20일(금) 저녁 6시

㉠

㉡

02

여행 가이드 선생님께

여행하는 동안 친절하게 안내해 주셔서 감사합니다.

그 전에는 역사에 관심이 없었는데

설명을 너무 재미있게 해 주셔서 역사에 (㉠   ).

그리고 전통 문화에 대해서도 자세히 알려 주셨습니다.

설명을 듣지 않았다면 이런 문화가 있는 줄도 (㉡   )

여행을 하면서 많이 배웠습니다. 감사합니다.

㉠

㉡

03

민수 씨, 이번에 시험에 합격했다고 들었습니다.

먼저 민수 씨의 (　　　　　　　　㉠　　　　　　　　).

그래서 축하 모임을 가지려고 합니다.

제가 벌써 친구들한테도 연락하고 식당도 (　　　㉡　　　).

이번 주 토요일, 민수 씨는 한국 식당으로 오시기만 하면 됩니다.

그럼, 그날 뵙겠습니다.

㉠

㉡

04

지난 주말에 어머니와 같이 방문했던 학생입니다.

어머니는 다리가 좀 아프셔서 걷는 것을 (　　　㉠　　　).

힘들게 걷는 어머니를 보시고 (　　　㉡　　　) 정말 감사합니다.

빌려 주신 휠체어 덕분에 아주 편하게 구경할 수 있었습니다.

감사 인사를 드리고 싶어서 저희 고향 기념품을 하나 보내 드립니다.

다음에 다시 가게 되면 꼭 인사드리겠습니다.

㉠

㉡

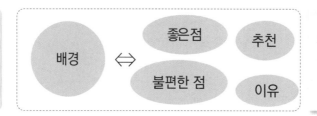

9 소감과 추천

배경 ⟺ 좋은점 / 불편한 점 / 추천 / 이유

- –(으)ㄹ 필요가 없습니다
- –기가 어렵[쉽]습니다
- –(으)ㄹ 수(도) 있습니다

가. 예시 문제

01 　공부하기 좋은 카페를 추천합니다. **집에서 집중이 안 될 때** 이 카페에 가면 *(집중이 잘 됩니다)*. 그리고 음식을 먹을 수 있는 공간이 따로 있어서 밥을 먹으러 밖으로 *(나갈 필요가 없습니다)*. **모든 것을 카페 안에서 해결할 수 있습니다.**

배경

02 　어제 사물놀이 공연을 봤는데 정말 신나는 공연이었습니다. 연주자들이 얼마나 신나게 연주를 하는지 저도 모르게 *(박수를 쳤습니다)*. **저처럼 박수를 치다가** 나중에는 춤까지 추는 사람도 있었습니다. 기회가 되면 또 보러 가고 싶습니다.

배경

03 　한국어를 공부하시는 분들께 좋은 사이트를 알려 드립니다. 이 사이트는 누구나 *(가입할 수 있습니다)*. **회원 가입 시** 따로 회비를 *(낼 필요가 없습니다)*. 　또 사이트에 있는 자료를 이용할 때에도 **비용이 들지 않습니다.**

배경 　　　　　　　　　　　　　　　　　　　　　*배경*

나. 주요 표현

소감	• –(으)ㄹ 거라고 생각했는데 생각보다[생각과 달리] ~ 　　• –았/었으면 좋겠습니다 • –고 나서 –게 되었습니다 / N을/를 통해 –게 되었습니다[됐습니다]

추천	• N을/를 추천합니다 　　　　　　　　　　• –아/어 보시기 바랍니다

기타	• N이/가 열린다고 합니다 　• –는 데 시간이 걸립니다 　• 따로 –(으)ㄹ 필요가 없습니다 • 아무리 (많이) –아/어도 　• –지 마시기 바랍니다

다. 연습 문제

01. 이번에 처음으로 봉사 활동을 해 봤습니다. 힘들 거라고 생각했는데 생각과 달리 _____ _____. 몸은 무거웠지만 마음은 오히려 가벼웠습니다.

02. 다도 체험 교실에 참여했습니다. 여러 가지 차 도구가 있었지만 어떻게 사용하는지 몰랐습니다. 다 도 체험을 하고 나서 도구 사용법을 _____.

03. 재미는 있지만 감동이 없거나 감동은 있지만 재미없는 프로그램이 있습니다. 하지만 이 프로그램은 _____. 앞으로 TV에서 이런 프로그램을 많이 _____.

04. '명사' 해수욕장을 추천합니다. 시설도 좋은데다가 안내책을 보니 주말마다 공연이_____ _____. 이번 여름에는 명사 해수욕장으로 _____.

05. 어제 강의는 사람들에게 감동을 주었습니다. 하지만 강의를 하신 선생님께서도 듣는 사람들의 태도 에 _____. 서로 감동을 주고받은 좋은 강의였습니다.

06. 겨울이 되면 건조한 피부가 걱정입니다. 그런데 이 화장품을 쓰면 겨울에도 피부가 _____ _____. 건조한 피부를 가지신 분들께 적극 추천합니다.

07. 게임 초보자에게 이 게임을 추천합니다. 게임 규칙이 어렵지 않아서 초보자도 _____ _____. 하지만 쉽기만 한 것은 아닙니다. 재미도 있고 시간도 _____ _____. 그래서 짧은 시간에 게임을 즐기실 수 있습니다.

08. 배고플 때 가볍게 먹을 수 있는 간식입니다. 특히 살이 잘 찌는 분들께 이 간식을 추천합니다. 다이 어트 간식이라서 아무리 많이 _____.

09. '한국 대학교'는 기숙사가 충분해서 밖에서 방을_____. 그리고 유학생들에게 _____. 장학금 덕분에 학비가 적게 듭니다.

10. 우리 동네에서 _____. 이번 음식 축제에서는 여러 나라의 다양한 음식을 맛볼 수 있습니다. 음식에 관심 있는 분들은 이 기회를 _____.

10 조언과 건의

- –았/었으면 좋겠습니다
- –는 것이 좋습니다
- –(으)ㄹ 수(도) 있습니다
- –아/어 보시기 바랍니다

가. 예시 문제

01 우리 동네 공원은 좀 어두운 편입니다. 그래서 저녁에 산책할 때 좀 무섭습니다. 가로등을 더 설치해서 *(공원이 밝아졌으면 좋겠습니다).* **공원이 밝아야** 안심하고 산책할 수 있을 것 같습니다.
↳ 배경

02 면접을 보러 갈 때는 너무 개성이 강한 옷보다는 *(정장을 입는 것이 좋습니다).* 정장은 깔끔하고 단정한 인상을 줍니다. 그리고 구두는 **굽이 너무 높은 것보다는** *(낮은 것을 신는 것이 좋습니다).*
↳ 배경

03 점심시간이 너무 짧은 것 같습니다. 그래서 밥도 급하게 먹어야 하고 식사 후에 잠깐 *(산책할 시간도 없습니다).* 여유가 있으면 밥도 천천히 먹고 **산책도 할 수 있습니다.** 점심시간을 **20분만 더** *(늘려줬으면 좋겠습니다).*
↳ 배경 ↳ 배경

나. 주요 표현

조언	·–는 것이 좋습니다 ·–지 않는 것이 좋습니다 ·–(으)면 –(으)ㄹ 수도 있습니다

건의	·–아/어 주셨으면 합니다 ·–았/었으면 합니다 ·(가능하면) –았/었으면 좋겠습니다 ·N을/를 늘렸으면[줄였으면] 좋겠습니다

기타	·N에게/N에 도움을 줍니다 ·N에게(서) 도움을 받습니다 ·N에 좋습니다 ·얼마나 –(으)ㄴ/는지 확인해야 합니다 ·왜냐하면 –기 때문입니다

다. 연습 문제

01. 휴게실이 강의실에서 너무 멀리 떨어져 있습니다. 가능하면 휴게실이 강의실에서 조금 _____
_____. 그러면 학생들이 가까운 곳에서 편하게 쉴 수 있을 것 같습니다.

02. 도서관 문 닫는 시간이 너무 빠릅니다. 한 시간만 더 _____.
저는 늦게 수업이 끝나기 때문에 1시간 연장해야 책을 빌릴 수가 있습니다.

03. 유학 생활을 잘 하려면 친구를 많이 사귀어야 합니다. 왜냐하면 내가 그 친구를 도와줄 수도 있고 도
움이 필요할 때 친구에게서 _____.

04. 어제 박물관에 갔는데 안내판을 보다가 잘못 번역된 것을 봤습니다. 이렇게 번역하면 관광객들이
다른 뜻으로 _____. 오해가 없도록 빨리 고쳤으면 좋겠습니다.

05. 모바일 메신저로만 이야기하는 것이 시간 절약에 좋기는 하지만 친해지기가 어렵습니다. 그래서 직
접 만나는 횟수를 1번에서 3번으로 _____.

06. 자기소개서를 쓸 때는 _____. 솔직한 글이
오히려 좋은 평가를 받을 수 있습니다. 장점을 너무 과장해서 쓰는 것은 좋지 않습니다.

07. 아무 계획 없는 다이어트는 위험합니다. 그래서 다이어트를 하려면 _____
_____. 그리고 나서 계획한 대로 꾸준히 실천해야 합니다.

08. 운동을 시작할 때 처음부터 무리하게 운동하면 안 됩니다. 가볍게 시작해서 천천히 운동량을 _____
_____. 꾸준히 하다보면 운동량은 자연스럽게 늘어납니다.

09. 감시카메라를 설치하면 사고 위험이 줄어든다고 합니다. 최근 우리 동네에 사고가 많이 발생하고
있습니다. 감시 카메라를 한 대 더 _____.

10. 우리 아파트에는 자전거 보관소가 없어서 주민들이 자전거를 _____. 그래서
복도를 지나갈 때 불편합니다. 아파트 밖에 자전거 보관소를 _____

※ 다음 글을 읽고 (   )에 들어갈 말을 각각 한 문장으로 쓰십시오.

01

축제에 다녀 와서

지난 주말에 지역 축제에 다녀왔습니다.

그런데 기대가 컸던 만큼 (㉠   ).

특히, 쓰레기가 너무 많아서 실망했습니다.

그리고 주차장이 너무 좁아서 (㉡   ).

주차가 힘들면 축제장에 안 가는 사람들도 많습니다.

앞으로 쓰레기와 주차 문제에 더 신경 써야 할 것 같습니다.

㉠

㉡

02

실내 인테리어 상식

실내 장식을 할 때 벽의 색깔은 중요한 역할을 합니다.

왜냐하면 벽 색깔에 따라 (㉠   ).

노란색은 따뜻한 분위기, 하얀색은 깔끔한 분위기를 만들 수 있습니다.

여러분도 실내 분위기를 바꾸고 싶으면

벽 색깔을 (㉡   ).

㉠

㉡

03

☑ **노트북 구입할 때 이것만은 꼭 확인하세요**

노트북을 구입하기 전에 확인해 봐야 할 것이 있습니다.

먼저 배터리를 얼마나 (㉠   ) 확인해야 합니다.

주로 밖에서 쓰기 때문에 배터리 사용 가능 시간이 길어야 합니다.

그리고 무게가 (㉡   ).

그래야 언제 어디서나 노트처럼 가볍게 들고 다닐 수 있습니다.

㉠

㉡

04

제주도 맛집 '제주 식당' 후기

이번 제주도 여행에서 마음에 드는 맛집을 찾았습니다.

특별한 양념을 사용해서 그런지 아주 맛있었습니다.

색깔이 빨개서 매울 줄 알았는데 생각보다 (㉠   ).

그런데 이 집은 준비한 걸 다 팔면 문을 닫으니까

늦게 가면 (㉡   ).

식사를 하시려면 제시간에 가시기 바랍니다.

㉠

㉡

※ 다음 글을 읽고 (   )에 들어갈 말을 각각 한 문장으로 쓰십시오.

01
방 구할 때 주의하세요~

안녕하세요? 유학생 여러분

다음 내용을 꼭 확인하시고 방을 구하시기 바랍니다.

방을 구할 때는 수도 요금이 방세에 (㉠   ).

당연히 포함되는 줄 알고 있다가 문제가 생기는 경우도 있습니다.

또, 고장 난 곳이 있으면 방주인에게 (㉡   ).

고쳐 준다고 하면 수리가 끝난 후에 이사하는 것이 좋습니다.

㉠

㉡

02
〈 초대합니다 〉

'고양이 사랑' 카페 모임에 여러분을 초대합니다.

오실 때에는 고양이 간식을 따로 (㉠   ).

저희가 고양이 간식을 많이 준비했습니다.

그리고 이번 모임에서는 고양이 사진도 전시할 예정입니다.

전시된 사진은 원하시는 분께 (㉡   ).

판매 가격은 비싸지 않습니다.

그럼, 여러분의 많은 관심 부탁드립니다.

㉠

㉡

※ 다음 글을 읽고 (   )에 들어갈 말을 쓰십시오.

03

✉ 제목 : 1박 2일 강원도 여행에 대해 안내 드립니다.

회원 여러분 안녕하십니까?
여행 준비를 위해 안내 말씀 드리겠습니다.
이번 여행은 많이 걸어야 하니까
무거운 배낭보다 (㉠   ).
그리고 요즘 일교차가 크기 때문에
덥다고 짧은 옷만 챙기지 말고 (㉡   ).
그럼, 여행 준비 잘하시기 바랍니다.

㉠

㉡

04

안녕하세요? 우리 반의 왕명 씨가 갑자기 귀국을 하게 됐습니다.
그래서 떠나기 전에 (㉠   ). 바쁜 일이 있더라도 모두 송
별회에 오셨으면 합니다. 혹시 못 오시는 분이 계시면 미리
(㉡   ). 식당 예약 때문에 참석 인원을 확인해야 합니다.
그럼, 그때 뵙겠습니다.

㉠

㉡

05

식당 게시판

학생 식당을 자주 이용하는 학생입니다.

학생 식당 음식이 맛있지만 제 입에는 좀 짠 것 같습니다.

물어 보니 친구들도 음식이 (㉠   ).

맛도 중요하지만 건강을 위해서 조금 싱겁게 먹었으면 합니다.

가능하면 소금을 적게 (㉡   ).

감사합니다.

㉠

㉡

06

먼저 집들이에 초대해 주셔서 감사드립니다.

그런데 제가 그날 중요한 일이 있어서 (㉠   ).

대신 집들이 선물로 (㉡   ).

아마 집들이를 하기 전에 제가 보낸 그림을 받으실 수 있을 겁니다.

새로 이사한 집에 잘 어울렸으면 좋겠습니다.

그럼, 집들이 준비 잘하시고 다음에 뵙도록 하겠습니다.

㉠

㉡

07

✉ 먼저 어떻게 사과의 말씀을 드려야 할지 모르겠습니다. 이번 주 토요일까지 자료 정리를 다 하
겠다고 말씀드렸는데 약속을 (㉠   ) 정말 죄송합니다.

갑자기 사정이 생겨서 어쩔 수 없었습니다. 저에게 하루만 더 시간을
(㉡   )? 우리팀이 프로젝트를 잘 끝낼 수 있도록
이번에는 시간을 꼭 지키겠습니다. 감사합니다.

㉠

㉡

08

오늘의 생활 상식

오늘은 생활 상식 하나 알려드리겠습니다.
냄비가 많이 타면 아무리 (㉠   ).
깨끗하게 하고 싶으면 닦으려고만 하지 말고 레몬을 이용하십시오.
먼저 레몬을 얇게 썰어 물을 붓고 (㉡   ).
끓인 후에 닦으면 깨끗해집니다.

㉠

㉡

짧은 글 완성하기

Ⅰ 준비하기

1 유형 정리

내용 전개	상세 구조			표현
1 화제-설명-결론	화제 사실 의견 현상	설명 이유 예시 보충	결론 결과 주장 전망	• -기 위해서는 -는 것이 좋다 • -는 것보다는 -는 것이 좋다 • -(으)려면 -아/어야 한다 • 왜냐하면 -기 때문이다 • 그 이유는 -기 때문이다 • N에 따르면 -다(라)고 한다 • N에 의하면 -다(라)고 한다 • 조사 결과 -다(라)고 한다 • N이/가 -는 데 도움을 준다 • 얼마나 -느냐에 따라 달라진다 • 결코 -(으)ㄴ/는 것은 아니다 • N에 따라 N이/가 다르다 • -(으)면 -(으)ㄹ 수 있다 • -다(라)고 해서 -(으)ㄴ/는 것은 아니다 • -다(라)고 해서 -(으)면 안 된다 • 반드시 [꼭] -(으)ㄹ 필요는 없다 • -(으)ㄹ 수도 있고 -(으)ㄹ 수도 있다 • -(으)면 -기가 어렵다 • N은/는 N마다 다르다 • 사람들은 -다(라)고 생각한다 • -지 말고 -아/어야 한다 • -다 보면 -게 될 것이다 • 얼마나 -(으)ㄴ/는지 모른다 • -는 것도 중요하지만 -는 것도 중요하다 • (만약) -다(라)면 -(으)ㄹ 것이다 • 아무리 -아/어도 • N은/는 -다(라)는 뜻이다 • N은/는 -(으)ㄴ/는 것을 말한다 • N은/는 -다(라)는 장점[단점]이 있다 • N의 장점[단점]은 -다(라)는 것이다 • -는 데 비용이 많이 든다 • -는 데 시간이 걸린다 • -(으)ㄴ/는 데 반해 [비해] • N이/가 아니라 N이다
2 화제-결론-설명	화제 사실 의견 현상	결론 주장 결과	설명 이유 예시 보충	
3 화제-전환-마무리	화제 사실 의견 현상	전환 반론 바로 잡기 가정	마무리 이유, 주장 보충, 예시	
4 화제-예시-마무리	화제 사실 의견 현상	예시 예시 적용	마무리 주장, 이유 보충, 결과	
5 인용-설명-마무리	인용 인용 정의	설명 사실, 의견 예시, 보충	마무리 주장 결론 이유	
6 화제-장·단점-마무리	화제 사실 의견 현상	장·단점 장점 단점 효과	마무리 주장 결론 이유	
7 화제-비교-마무리	화제 사실 의견 현상	비교 비교 대조 공통	마무리 주장, 이유 보충, 결론	

2 문제 분석

가. 예시 문제

※ 다음을 읽고 ㉠과 ㉡에 들어갈 말을 각각 한 문장으로 쓰시오. (각 10점)

52

칭찬은 아이들 교육에 긍정적인 영향을 미친다. 그러나 칭찬이 항상 (㉠   ). 너무 자주 칭찬을 하면 오히려 부작용이 생길 수 있다. 아이들이 칭찬에 익숙해지면 칭찬을 받지 못했을 때 (㉡   ). 이러한 불안감이 계속되면 칭찬에만 의존하게 되어서 긍정적인 효과를 기대할 수 없다.

㉠ 긍정적인 영향을 미치는 것은 아니다

㉡ 불안감을 느낀다

나. 답안 분석

내용 전개	상세 구조	표현과 어휘
화제 – 반론 – 보충	1. 의견 – 반론 2. 보충 설명	1. 항상 –는 것은 아니다 2. 불안감을 느끼다

화제	① 칭찬은 아이들 교육에 긍정적인 영향을 미친다.

반론	② 그러나 칭찬이 항상 (㉠) ③ 너무 자주 칭찬을 하면 오히려 부작용이 생길 수 있다.

보충	④ 아이들이 칭찬에 익숙해지면 칭찬을 받지 못했을 때 (㉡). ⑤ 이러한 불안감이 계속되면 칭찬에만 의존하게 되어서 긍정적인 효과를 기대할 수 없다.

3 답안 작성법

가. 문제 개요

– 이 유형은 한 단락 정도의 짧은 글을 읽으면서 앞, 뒤 내용과 자연스럽게 어울리는 표현을 사용해 문장을 완성하는 문제입니다. 글의 중심 내용과 내용 전개 방식을 이해한 다음 '그런데, 그래서, 그렇지만, 그렇다고 해서, 그러므로, 따라서' 와 같은 접속사가 문장을 어떻게 연결하고 있는지 잘 살펴보고 써야 합니다.

나. 채점 기준

구분	채점 근거	점수
내용	1. 글의 중심 생각과 어울리는 내용인가? 2. 앞, 뒤 내용과 자연스럽게 이어지는가?	0-5점
언어	1. 적합한 문법을 사용했는가? 2. 적합한 어휘를 사용했는가? 3. 글의 격식에 맞게 썼는가?	

출처 : TOPIK 한국어 능력 시험

감점 요인

※ 꼭 확인하세요!

1. (   )에 꼭 필요한 표현만 써야 합니다.

   ※ (   )바로 앞, 뒤에 있는 내용을 (   )안에 정답과 같이 쓰면 감점이 됩니다.

2. 필요 없는 내용을 추가해서 연결이 어색해지면 감점이 됩니다.

3. 철자를 잘못 쓰거나 알아볼 수 없도록 쓰면 감점이 됩니다.

4. 중요한 조사를 잘못 써서 문장이 어색해지면 감점이 됩니다.

5. 문법을 정확하게 사용하지 않으면 감점이 됩니다.

6. 답안을 두 개 쓰면 점수를 받을 수 없습니다. ☑

7. 답안을 한 문장 이상 쓰면 감점이 됩니다. ☑

다. 답안 작성 시 유의할 점

시간
- 쓰기 시간은 총 50분이다. 이 문제는 5분 안에 써야 한다.

  ※ 잘 모르면 자신 있는 문제부터 먼저 쓰는 것이 좋다.

내용
- 먼저 글 전체의 중심내용을 파악해야 한다.

- 반드시 앞, 뒤 내용을 잘 살펴보고 자연스럽게 이어지는 내용을 써야 한다.

  ※ 그 내용에 대한 자신의 생각을 마음대로 쓰면 안 된다.

- 앞, 뒤 내용 중에서 접속사 (그러나, 반면에, 그러므로 등)를 잘 봐야 한다.

언어
- 중급 수준의 어휘와 문법을 사용해서 글을 쓰는 것이 좋다.

  ※ 그렇지만 일부러 어려운 표현을 쓸 필요는 없다.

- (   ) 앞, 뒤에 있는 어휘나 표현을 잘 보고 적절히 이용하는 것이 좋다.

  ※ 그렇지만 앞, 뒤에 있는 표현을 똑같이 쓰는 것은 좋지 않다.

- 글의 격식에 맞게 문어체 '-다'로 쓰는 것이 좋다.

  ※ '-아/어요', '-습니다'를 쓰면 안 된다.

주의
- (   ) 뒤에 마침표가 있는지 확인해야 한다.

  ① (   ). - 마침표가 있으면 ' -다'로 문장을 써야 한다.
     예 운동을 하기 전에는 다치지 않기 위해 (준비운동을 해야 한다).

  ② (   ) - 마침표가 없으면 '-다'로 쓰면 안 된다.
     예 운동을 하기 전에는 (다치지 않기 위해) 준비운동을 해야 한다.

Ⅱ 유형별 연습하기

	화제	또는	설명		결론
1	사실, 의견, 현상...		이유, 예시, 보충...		결과, 주장, 전망...

가. 예시 문제

의견 - 보충 - 주장

01 우리 몸에는 적당한 수분이 필요하다. 만약 수분이 부족하면 머리가 아프거나 *(피로감을 느낄 수 있다)*. 두통이나 **피로감은** 다른 질병으로 이어질 수 있<u>으므로</u> 수분 보충에 신경을 써야 한다.

사실 - 이유 - 전망

02 세계 곳곳에 이상 기후가 나타나고 있다. **환경 전문가들의 연구에 따르면** 그 이유는 지구의 온도가 점점 *(올라가기 때문이라고 한다)*. 이런 현상이 계속되면 21세기 말에는 지구의 온도가 섭씨 2도 상승할 것이라고 한다.

나. 주요 표현

표현	어휘
1. -기 위해서는 -는 것이 좋다	1. N을/를 늘리다 예 시간을 늘려야 한다.
2. -는 것보다는 -는 것이 좋다	N이/가 늘다 예 시간이 늘었다.
3. 그 이유는 -기 때문이다	2. N이/가 부족하다 예 시간이 부족하다.
4. -(으)려면 -아/어야 한다 [-는 것이 좋다]	3. N을/를 높이다 예 온도를 높여야 한다
5. 이유: -(으)므로 -(으)ㄹ 수 있다	N이/가 높다 예 온도가 높다.
6. 조건: -(으)면 -(으)ㄹ 수 있다	4. N에게 영향을 미치다 [주다]
7. N에 따르면 -다(라)고 한다	예 광고는 아이들에게 부정적인 영향을 미친다.
8. N에게 -아/어 달라고 한다	5. N을/를 겪다 예 시민들이 불편을 겪고 있다.

다. 연습 문제

사실 – 주장

01 　높은 구두를 오래 신으면 발 모양이 변하기도 하고 무릎에도 부담을 주게 된다. 따라서 발 건강을 위해서는 높은 구두를 _____.

의견 – 보충 – 주장

02 　운동을 같이 하는 사람이 있으면 운동을 꾸준히 하게 된다. 그 사람을 의식하기 때문에 하기 싫어도 하게 되고 때로는 경쟁하는 마음이 생겨서 더 열심히 하게 된다. 따라서 운동은 혼자 하는 것보다는 _____.

사실 – 주장

03 　외국 유학생들은 점점 늘어나고 있는데 기숙사가 부족해서 유학생들이 불편을 겪고 있다. 이런 불편을 해결하기 위해서는 먼저 기숙사를 _____.

의견 – 보충 – 주장

04 　평소에 가까이 지내는 사람이 부탁을 하면 _____. 그러나 거절을 어려워하면 그 부탁으로 인해 자신이 더 힘들어지는 상황이 발생할 수 있다. 그러므로 어렵더라도 자신의 상황을 솔직하게 말한 후에 _____.

사실 – 예시 – 결론

05 　겨울철 공공장소의 실내 온도는 높은 편이 아니다. 그래서 춥다고 느끼는 사람들이 관리자에게 온도를 _____. 하지만 실내 온도를 너무 높이는 것은 건강에도 좋지 않고 환경을 위해서도 좋지 않다.

사실 – 이유

06 　코가 젖어 있으면 냄새를 잘 맡을 수 있다. 개가 멀리 떨어져 있는 사물도 냄새로 구별할 수 있는 이유는 _____.

07   앞 차와 안전거리를 지키지 않아서 일어나는 사고가 많다. 운전하다가 장애물을 발견하면 갑자기 정지해야 할 때가 있는데 이때 안전거리가 필요하다. 따라서 사고를 막으려면 _____

_____.

08   빵은 밥과 달리 반찬 없이 그냥 먹어도 된다. 그리고 바쁠 때는 들고 다니면서 먹을 수도 있으므로 _____. 그래서 밥이 주식인 사람들도 시간 절약을 위해 빵을 먹기도 한다.

09   가죽 제품은 습기에 약하고 온도 변화에 민감하다. 그래서 물에 젖지 않도록 해야 한다. 또한 젖었을 때 빨리 말리려고 뜨거운 헤어드라이어를 사용하면 모양이 변형될 수 있다. 그러므로 바람이 잘 통하는 그늘에서 _____.

10   길을 걸을 때 이어폰을 끼면 차 소리나 자전거 소리를 듣지 못한다. 그래서 사고가 나는 경우도 있다. 따라서 이러한 안전사고를 예방하려면 차가 많이 다니는 길에서는 _____

_____.

11   성공하는 사람들은 어려운 문제가 생기더라도 잘못될까 봐 걱정하지 않는다. 오히려 문제가 _____. 이렇듯 긍정적으로 생각하는 사람들은 해결 방법을 찾기 위해 적극적으로 노력하기 때문에 성공할 수 있다.

12   인터넷 환경이 좋아짐에 따라 소비자들이 적극적으로 변하고 있다. 더 이상 소비만 하는 것이 아니라 _____. 기업에서도 소비자들이 제품 개발에 참여하는 것을 적극 환영하고 있다.

※ 다음 글을 읽고 (   )에 들어갈 말을 각각 한 문장으로 쓰십시오.

01

　혼자서 일하는 것보다 같이 할 때 좋은 결과를 얻는다. 또한 혼자 전체를 책임지는 것보다 일의 특성에 따라 전문화할 경우 생산성을 (　　㉠　　). 생산성이 향상되면 삶의 질도 높아진다. 만약 인간이 각자 떨어져서 필요한 것을 직접 생산했다면 삶의 질이 이렇게 (　　㉡　　).

㉠

㉡

02

　부드러운 아이스크림의 비밀은 공기에 있다. 아이스크림 재료는 특별하지 않지만 공기가 들어가면 달라진다. 부피가 커지면서 부드러워지게 된다. 그래서 아이스크림의 부드러운 정도는 공기가 얼마나 (　　㉠　　). 공기가 많을수록 아이스크림은 더 부드러워진다. 그러나 녹은 아이스크림을 다시 얼리면 처음처럼 (　　㉡　　). 얼음이 생겨 딱딱해지기 때문이다.

㉠

㉡

03

　아이들은 광고에 나오는 탄산음료를 좋아한다. 탄산음료는 아이들 건강에 좋지 않지만 광고를 보고 나면 더 자주 마시게 된다. 전문가에 따르면 아이들은 어른보다 광고의 영향을 (　　㉠　　). 이렇듯 광고가 주는 영향을 생각한다면 어린이가 TV를 보는 시간대에는 탄산음료 광고를 (　　㉡　　). 아이들이 광고를 안 보면 탄산음료를 덜 마시게 될 것이다.

㉠

㉡

2	화제	또는	결론		설명
	사실, 의견, 현상...		주장, 결과 ...		이유, 예시, 보충...

가. 예시 문제

사실 – 주장 – 보충 설명

01　　우리는 모르는 사람에게는 예의를 잘 지키지만 친한 사이에서는 오히려 **예의를 잘 지키지 않는다.** 하지만 친한 사이일수록 *(예의를 지켜야 한다).* 친하다고 해서 말이나 행동을 함부로 하면 *(관계가 나빠진다).* 그리고 한번 **나빠진 관계는** 회복하기가 어렵다.

의견 – 이유

02　　직업을 선택할 때는 적성을 중요하게 생각해야 한다. 경제적으로 안정되고 사회적으로 인정받는 일이라도 적성에 맞지 않으면 *(즐겁게 일할 수 없다).* **즐겁게 일할 수 있어야** 자신의 직업을 사랑하게 되고 오래 계속할 수 있다.

나. 주요 표현

표현	어휘
1. 왜냐하면 [그 이유는] –기 때문이다	1. 도움을 주다 / 받다 　※ N을/를 도와주다
2. –(으)려면　–아/어야 한다 [–는 것이 좋다]	2. 영향을 주다 [미치다] / 받다
3. –기 위해서는　–아/어야 한다	3. N을/를 떨어뜨리다 예 삶의 질을 떨어뜨린다
4. N은/는 얼마나　–느냐/–(으)냐에　달려 있다	N이/가 떨어지다 예 삶의 질이 떨어진다
5. 얼마나　–느냐/–(으)냐에 따라 N이/가 달라진다	4. N을/를 즐기다 예 일을 즐긴다
6. 사람들은　–다(라)고 생각한다	N이/가 즐겁다 예 일이 즐겁다
7. N을/를 통해　–다(라)는 사실을 알 수 있다	5. N을/를 높이다 예 효과를 높일 수 있다
8. N에 따라 N이/가 다르다 [달라진다]	N이/가 있다 예 효과가 있다
9. 결코 –(으)ㄴ/는 것은 아니다 [–지 않다]	6. N을/를 행복[불행]하게 하다 [만들다]
10. N도 있지만 N도 있다	예 열등감은 자신을 불행하게 한다
	N이/가 행복[불행]하다

다. 연습 문제

01 초등학생들이 스마트폰을 오래 사용하는 것은 좋지 않다. 왜냐하면 어린 학생들의 경우 쉽게 _____ _____. 스마트폰에 중독되면 학생들은 강한 자극에만 집중하게 된다. 그래서 책을 읽을 때는 이런 자극이 없기 때문에 _____.

02 운동을 하기 전에는 반드시 준비운동을 하는 것이 좋다. 준비운동을 하면 다치는 것을 예방할 수 있으며 운동 효과를 _____. 준비운동을 해서 근육이 부드러워지면 운동효과가 더 높아진다고 한다.

03 대화를 잘하기 위해서는 상대방의 말을 _____. 말을 잘 들으려면 우선 _____. 상대방을 존중하지 않으면 그 사람의 감정이나 말을 잘 받아들이지 않기 때문에 대화가 잘 안 된다.

04 청소년에게도 금연 교육을 실시해야 한다. 금연 교육의 효과에 대해 조사한 결과를 보면 실제로 금연 교육을 받고 나서 담배를 끊는 학생들이 많다고 한다. 이러한 결과를 통해 금연 교육이 담배를 끊게 하는 데 _____ 알 수 있다.

05 우리와 다른 삶을 살고 있는 인물들을 만나고 싶으면 문학작품을 읽어보는 것이 좋다. 작품 속 주인공들 중에는 평범한 사람도 있지만 _____. 그 사람을 통해 특별한 삶의 방식을 간접적으로 경험할 수 있기 때문이다.

06 환절기에 감기에 걸리지 않기 위해서는 체온을 잘 유지해야 한다. 왜냐하면 낮에는 따뜻해서 체온이 유지되지만 밤이 되면 _____. 밤에는 번거롭더라도 외투를 챙겨 입어야 체온이 떨어지는 것을 막을 수 있다.

07   정전기에 민감한 사람들은 피부가 건조해지지 않도록 평소에 물을 많이 마셔야 한다. 왜냐하면 피부가 건조할수록 정전기의 영향을 _____. 그래서 땀을 많이 흘리거나 몸이 습한 사람은 비교적 정전기의 영향을 적게 받는다.

주장 – 이유 – 보충

08   우리의 미래는 얼마나 좋은 _____.
좋은 선택을 하면 행복하게 살 수 있지만 잘못된 선택을 하면 자신의 미래를 불행하게 할 수 있다. 한 순간의 잘못된 선택으로 불행해진 사람들을 우리 주변에서도 쉽게 찾아볼 수 있다.

주장 – 보충 – 예시

09   글을 쓸 때는 단어를 잘 활용해야 한다. 단어를 얼마나 _____
글의 완성도가 달라진다. 완성도가 높은 글에는 어색한 단어가 거의 없다.

주장 – 보충

10   미래는 아는 것이 나을까? 모르는 것이 나을까? 현재의 삶을 즐기면서 사는 사람들은 지금 이 순간 최선을 다하며 사는 것이 행복이라고 생각한다. 그래서 미래를 알게 되면 현재의 삶을 _____
_____ 생각한다.

의견 – 보충

11   사람을 만나서 대화를 할 때는 대화의 기술이 필요하다. 누구나 대화를 하지만 대화를 잘하는 건 결코
. 그래서 요즘 '대화를 잘하는 방법'이라는 책이 독자들로부터 좋은 반응을 얻고 있다.

주장 – 보충 – 예시

12   의자는 자기 몸에 잘 맞는 것을 골라야 한다. 왜냐하면 의자 모양에 따라 _____
_____. 앉는 자세가 다르면 허리에 부담을 주는 정도도 달라진다.
실제로 앉는 자세가 좋지 않아서 허리 관련 질병에 걸린 사람들이 많다.

주장 – 이유 – 예시

※ 다음 글을 읽고 (   )에 들어갈 말을 각각 한 문장으로 쓰십시오.

01
　　나이에 따라 추위를 느끼는 정도도 다르다. 같은 추위라도 젊은 사람들보다 노인들이 추위를 (　　㉠　　　). 나이가 젊으면 체온 조절이 잘 되지만 나이가 들면 이 기능이 떨어지기 때문이다. 따라서 체온을 보호하기 위해서 나이가 들수록 옷을 더 (　　㉡　　). 옷 외에도 모자나 장갑, 목도리 등으로 몸을 따뜻하게 해야 한다.

㉠

㉡

02
　　공부를 할 때는 자신의 능력과 성취감을 고려해서 목표를 어디에 두는 게 좋을지 생각해야 한다. 너무 무리한 목표를 잡거나 반대로 지나치게 낮은 목표를 잡는다면 (　　㉠　　). 성취감은 적당히 어려운 목표를 이루었을 때 느낄 수 있다. 이렇듯 성취감을 느끼고 못 느끼는 것은 목표를 (　　㉡　　).

㉠

㉡

03
　　안전한 여행을 하기 위해서는 여행을 가기 전에 먼저 그 지역에 어떤 질병이 (　　㉠　　). 유행하는 질병을 알면 미리 예방 주사를 맞을 수도 있고 필요한 약을 준비할 수도 있다. 또한 현지에서 질병을 예방하려면 손 씻기 같은 개인위생도 중요하다. 손을 자주 씻고 끓인 물이나 음식을 익혀 먹는 것만으로도 (　　㉡　　).

㉠

㉡

3	화제	또는	전환	마무리
	사실, 의견, 현상...		반론, 바로 잡기, 가정 ...	이유, 주장, 예시, 보충

가. 예시 문제

사실 – 반론 – 보충

01   질병에 걸리지 않기 위해서 사람들은 깨끗한 환경을 강조해 왔다. 그러나 깨끗한 환경에서 **산다고 해서 질병에** *(걸리지 않는 것은 아니다)*. 삶의 질이 높아짐에 따라 예전보다 더 위생적인 환경에 살게 되었지만 계속 *(새로운 질병이 생기고 있다)*. **새로 생기는 질병 중에는** 깨끗한 환경이 원인이 되는 경우도 있다.

의견 – 반론 – 주장

02   어려운 단어를 쓰면 더 **좋은 글**이 되지 않을까 생각하는 사람들이 있다. 하지만 어려운 단어를 **쓴다고 해서** *(좋은 글이 되는 것은 아니다)*. 글이란 이해하기 **쉬워야 한다.** 그러므로 **단어도** 누구나 이해할 수 있도록 *(쉬운 단어를 써야 한다)*.

나. 주요 표현

표현	어휘
1. 그러나 -다(라)고 해서 -는 것은 아니다	1. N을/를 A-게 하다 예 발을 차갑게 한다.
2. 그러나 무조건 -(으)ㄴ/는 것은 아니다	N이/가 A 예 발이 차갑다.
3. 반드시 [꼭] -(으)ㄹ 필요는 없다 ※ 반드시 [꼭] -아/아야 하는 것은 아니다	2. N을/를 올리다 예 체온을 올리기 위해 운동한다.
4. -(으)ㄹ 수도 있고 -(으)ㄹ 수도 있다	N이/가 오르다 예 체온이 오르지 않는다.
5. N(으)로 -(으)ㄹ 수 있다	3. N을/를 빠르게 하다 예 발달을 빠르게 한다.
6. 연구 결과에 의하면 -다(라)고 한다	N이/가 빠르다 예 발달이 빠르다.
7. N은/는 N마다 다르다	4. N을/를 향상시키다 예 능력을 향상시킨다.
8. -는 것이 아니라 오히려	N이/가 향상되다 예 능력이 향상된다.
9. 사람들은 -다(라)고 생각한다	5. N을/를 풀다 예 피로를 풀 수 있다.
	N이/가 풀리다 예 피로가 풀린다.
10. 어떤[얼마나...] -(으)ㄴ/는지 모른다	6. 경험이 있다 / 경험을 가지다

다. 연습 문제

01   건강과 환경을 위해서 고기를 먹지 않는 것이 좋다고 생각하는 사람들이 늘고 있다. 하지만 채식이 무조건 .... 오히려 채식만 하다 보면 영양이 부족해져서 면역력에 문제가 생길 수도 있다.

02   안경을 쓰기 시작하면 시력이 더 나빠진다고 생각하는 사람들이 있다. 그러나 안경을 쓴다고 해서 .... 안경은 오히려 나빠진 시력을 바로잡아 주는 역할을 한다.

03   감기에 걸리면 바로 약을 먹는 사람들이 있다. 하지만 약을 먹는다고 해서 감기가 바로 .... 감기가 나으려면 어느 정도 시간이 필요하다. 그러므로 증상이 심하지 않다면 반드시 약을 ....

04   하나의 제품에 다양한 기능이 있으면 좋은 점이 많다. 그러나 기능이 많다고 해서 .... 기능이 많으면 오히려 사용하기 불편할 수도 있고 쉽게 .... 단순한 기능만 있으면 고장도 잘 나지 않고 사용도 편리하다.

05   사람들은 겨울보다 여름에 몸의 에너지를 더 많이 사용한다고 생각하지만 사실은 .... 이는 체온 유지와 관계가 있다. 겨울에는 추위로 체온이 내려가기 때문에 .... 에너지가 더 많이 필요하다고 한다.

06   발이 차가운 사람들은 발을 따뜻하게 하기 위해 수면 양말을 신고 잔다. 하지만 수면 양말은 발을 따뜻하게 하는 것이 아니라 오히려 .... 자는 동안 발에 땀이 나서 양말이 젖으면 열이 식어 더 차가워질 수 있기 때문이다.

07 　사람들은 지방이 무조건 몸에 해롭다고 생각한다. 하지만 식물성 지방은 피부를 부드럽게 하고 두뇌 발달을 빠르게 한다. 그래서 식물성 지방이 부족하면 피부가 거칠어질 뿐만 아니라 _____ _____.

08 　커피나 차에 들어 있는 카페인은 피로를 줄여 주는 효과가 있다고 한다. 그렇지만 연구 결과에 의하면 카페인은 우리 뇌가 피로를 느끼지 못하도록 할 뿐, 실제로 피로를 _____.

09 　지금까지 인간의 뇌 구조는 모두 같다고 생각해 왔다. 하지만 한 연구에 의하면 뇌도 지문처럼 _____ _____. 이렇듯 뇌와 지문은 사람마다 달라서 각각 고유한 특성을 가지고 있다.

10 　의사소통 능력을 키우려면 상대방의 말을 잘 듣는 것이 중요하다. 그러나 안타깝게도 대부분의 사람들은 _____. 듣는 것에 주의를 기울이기보다는 자기가 말할 차례를 기다리면서 하고 싶은 말을 생각한다.

11 　독서는 사고력을 향상시키는 좋은 방법이라고 한다. 그러나 책을 많이 읽는다고 해서 _____ _____. 글의 주제를 정확히 파악하고 비판적으로 읽어야 사고력을 향상시킬 수 있다.

12 　많은 사람들이 노인들은 일을 할 때 문제를 잘 해결하지 못한다고 생각한다. 그렇지만 자신의 전문 분야와 관련된 일을 할 때는 오히려 젊은 사람들보다 _____. 왜냐하면 그 분야에 풍부한 경험을 _____.

※ 다음 글을 읽고 (   )에 들어갈 말을 각각 한 문장으로 쓰십시오.

01

    사람은 누구나 오래 살고 싶어한다. 의학의 발달로 평균 수명이 연장돼 이 바람이 현실이 되고 있다. 연구 결과에 의하면 인간은 120세까지 (㉠   ). 하지만 이렇게 오래 사는 것이 환영할 일만은 아니다. 이제 우리는 60세 이후부터 어떻게 살아야 할지 걱정해야 한다. 왜냐하면 수명이 길어진 만큼 퇴직 이후의 시간도 이전보다 더 (㉡   ).

㉠

㉡

02

    게임은 무조건 나쁘다고 생각하는 사람들이 있다. 그러나 게임이 나쁘기만 한 것은 아니다. 우선 스트레스 해소에 좋다. 공부나 일에 스트레스가 많은 사람들은 장소에 상관없이 게임으로 (㉠   ). 또한 흥미를 줄 수 있다. 하기 싫은 일도 게임을 활용하면 (㉡   ). 재미는 최고의 동기가 될 수 있다.

㉠

㉡

03

    우리가 먹는 음식에 어떤 성분이 들어 있는지 아는 것은 중요하다. 그러나 마트에서 식품을 살 때 성분을 제대로 확인해 보지 않고 구입하는 사람들이 많다. 내용물을 직접 확인할 수 없는 가공 식품에는 어떤 (㉠   ). 우리가 모르는 성분 중에는 건강에 안 좋은 것도 많을 것이다. 편리함 때문에 가공식품을 자주 먹는 사람들이라면 건강을 위해서 반드시 (㉡   ).

㉠

㉡

4	화제	또는	예시		마무리
	사실, 의견, 현상...		예시, 적용 ...		이유, 주장, 보충, 결과

가. 예시 문제

현상 – 예시 –이유

01 일을 더 중요하게 생각했던 과거 직장인들과 달리 요즘은 개인 생활을 **중요하게 생각한다.** 조사 결과 직장인의 56%가 일보다 개인 생활을 *(중요하게 생각하는 것으로 나타났다).* 그 이유는 일한 만큼 보상을 *(받지 못한다고 생각하기 때문이다).* 기대 이하의 **보상을 받으면** 사람들은 열심히 일하고 싶어하지 않는다.

의견 – 적용 – 주장

02 똑같은 물건이라도 어떻게 포장하느냐에 따라 다르게 느껴지는 것처럼 옷을 입는 것도 그렇다. 자신에게 잘 어울리는 옷을 입었을 때 사람들에게 *(좋은 인상을 줄 수 있다).* 특히 첫 만남에서는 그 사람이 입은 옷이 **인상을 결정할 수도 있다.** 따라서 사람들에게 좋은 인상을 주려면 *(잘 어울리는 옷을 입어야 한다).*

나. 주요 표현

표현	어휘
1. 연구 결과에 따르면 -다(라)고 한다	1. N에 대한 두려움이 있다
2. 조사 결과 -(으)ㄴ/는 것으로 나타났다	N을/를 두려워하다 예 물을 두려워한다.
3. 그러므로 -(으)려면 -아/어야 한다	2. 건강을 잃다 예 건강을 잃을 수 있다.
4. N은/는 (누구, 언제..) -느냐에 달려 있다	건강을 지키다 [유지하다]
5. 이제 N이/가 아니라 N이/가 되었다	3. 오해하다 예 그 사람을 오해했다.
6. -다 보면 -(으)ㄹ 수 있다 [-게 된다]	오해를 받다 예 그 사람에게[에게서] 오해를 받았다.
7. N이/가 얼마나 -(으)ㄴ/는지 모른다	4. N을/를 이루다 예 목표를 이루었다.
8. -는 것도 중요하지만 -는 것도 중요하다	N이/가 이루어지다 예 목표가 이루어졌다.
9. (만약) -다(라)면 -(으)ㄹ 것이다	5. N을/를 중요하게 생각하다
10. -(으)면 -다(라)는 것을 알 수 있다	6. N와/과 비교하다 예 나를 친구와 비교했다.

다. 연습 문제

사실 – 예시 – 이유

01 바쁘게 사는 사람들 중에는 여행보다 집에서의 휴식을 즐기는 사람들이 있다. 이런 사람들은 집을 꾸미는 데 시간과 돈을 투자한다. 왜냐하면 휴식이 필요할 때 밖으로 나가지 않고 집에서 편안하게 _____.

의견 – 예시 – 주장

02 어른은 아이의 거울이다. 아이들은 어른들이 하는 행동을 보고 그대로 따라 한다. 어른들이 바른 행동을 보여 주면 아이들도 _____. 그러므로 아이들의 행동을 바꾸려면 말이 아니라 _____.

현상 – 예시 – 결과

03 도서관이 달라지고 있다. 도서관 안에 카페나 휴게실은 물론이고 전시실과 강의실이 있는 곳도 있다. 그래서 사람들은 도서관에 와서 다양한 문화생활을 할 수 있게 되었다. 도서관은 이제 예전처럼 책만 읽는 공간이 아니라 _____.

의견 – 보충

04 우리는 자신을 타인과 비교하는 경향이 있다. 자신이 다른 사람보다 조건이 좋으면 우월감을 느끼고 조건이 나쁘면 _____. 이렇듯 우월감과 열등감을 느끼는 것은 자신을 누구와 _____.

의견 – 적용 – 주장

05 수영을 배우려면 물에 대한 두려움이 없어야 한다. 그래서 처음에는 일단 물과 친해지는 연습이 필요하다. 글쓰기도 마찬가지다. 글을 잘 쓰려면 쓰는 것을 두려워하지 말고 자주 _____. 자주 쓰다 보면 글쓰기와 _____.

의견 – 적용 – 보충

06 우리는 무언가를 잃고 난 뒤에 소중함을 알게 될 때가 있다. 건강도 마찬가지다. 건강할 때는 건강이 얼마나 _____. 그래서 무리해서 일하다가 건강을 잃게 되는 경우가 많다.

07 그 사람이 어디에 돈을 쓰는지를 보면 무엇을 중요하게 생각하는지를 알 수 있다. 예를 들면 유기농 식품에 돈을 쓰는 사람들은 ＿＿＿＿＿＿＿＿＿＿＿＿＿＿＿＿＿＿＿＿＿＿＿. 그리고 화장품이나 의류 구입에 돈을 많이 쓰는 사람들은 외모를 중요하게 생각한다.

08 여러 나라 사람들이 함께 있을 때 자기 방식대로 행동하면 다른 문화를 가진 사람한테서 ＿＿＿＿＿ ＿＿＿＿＿＿＿＿＿＿＿＿＿＿＿. 오해는 문화 차이에서 생긴다. 예를 들어 잘못을 했을 때 눈을 보지 않고 사과해야 하는 문화가 있는 반면 눈을 ＿＿＿＿＿＿＿＿＿＿＿＿＿＿＿＿＿＿＿.

09 세상은 늘 변하고 있는 것처럼 보이지만 반복되는 것도 많다. 유행도 마찬가지이다. 예전에 유행했던 옷이 다시 유행하는 것을 보면 알 수 있다. 그래서 어떤 사람들은 유행이 지난 옷을 ＿＿＿＿＿＿＿＿ ＿＿＿＿＿＿＿＿＿＿＿＿. 유행이 다시 돌아오면 버린 것을 후회할 수 있기 때문이다.

10 우리는 주변에 사는 생물들을 통해서도 환경 오염의 정도를 알 수 있다. 수질 오염의 경우 '은어'라는 물고기를 보면 알 수 있다고 한다. 은어는 깨끗한 1급수의 물에서만 살기 때문에 은어가 보이면 수질을 측정해 보지 않아도 물이 ＿＿＿＿＿＿＿＿＿＿＿＿＿＿＿＿＿＿＿＿＿＿＿.

11 보는 관점에 따라 세상은 다르게 보일 수 있다. 예를 들어 위기 상황이 왔을 때 어떤 사람은 성공할 가능성이 높아졌다고 생각하지만 어떤 사람은 ＿＿＿＿＿＿＿＿＿＿＿＿＿＿＿＿. 이런 생각의 차이가 실제로 성공으로 이어지기도 하고 실패로 나타나기도 한다.

12 원하는 목표를 이루려면 노력이 필요하다. 그러나 무조건 노력한다고 해서 목표가 ＿＿＿＿＿＿＿＿ ＿＿＿＿＿＿＿＿＿＿＿. 예를 들면 바닥이 깨진 것을 모르고 물을 부으면 소용이 없다. 물을 붓기 전에 상황을 살펴보는 것이 필요하다. 이렇듯 목표를 이루기 위해서는 노력도 중요하지만 조건이나 상황을 ＿＿＿＿＿＿＿＿＿＿＿＿＿＿＿＿＿＿.

※ 다음 글을 읽고 (   )에 들어갈 말을 각각 한 문장으로 쓰십시오.

01

여러 가지 일을 동시에 하다 보면 집중력이 떨어진다. 스마트폰을 많이 쓰기 시작하면서 집중력이 떨어진 것을 보면 알 수 있다. 사람들은 스마트폰으로 신문을 읽으면서 메시지를 보거나 광고를 보는 등 여러 가지 일을 한다. 연구 결과에 따르면 스마트폰이 나오기 전에는 집중력이 지속되는 시간이 12초였지만 지금은 8초로 (㉠   ). 따라서 집중력을 키우려면 스마트폰을 너무 오래 (㉡   ).

㉠

㉡

02

살기 어려운 환경에서 자라는 것이 반드시 나쁜 것은 아니다. 그 예로 한국의 소나무를 들 수 있다. 좋은 소나무가 자라고 있는 곳을 보면 (㉠   ) 알 수 있다. 나쁜 환경에 적응하기 위한 과정이 좋은 결과로 나타난 것이다. 이와 비슷한 예는 또 있다. 어떤 농부들의 이야기에 따르면 좋은 포도주를 생산하기 위해서 포도나무를 심을 때 일부러 (㉡   ).

㉠

㉡

03

대나무에는 '마디'가 있는데 이 마디는 성장을 멈추고 기다리는 동안 생긴다고 한다. 쉬는 동안 생기는 '마디'는 대나무가 강하게 성장할 수 있도록 도와준다. 사람에게 휴식은 마디와 같다. 대나무에게 마디가 필요한 것처럼 사람에게도 (㉠   ). 만약 휴식이 없다면 (㉡   ). 이는 충분한 휴식 후에 업무 능력이 향상되었다는 연구 결과를 통해서도 알 수 있다.

㉠

㉡

5	인용	또는	설명	마무리
	인용, 정의 ...		사실, 의견, 예시, 보충 ...	주장, 결론, 이유 ...

가. 예시 문제

인용 – 보충 설명

01 '깨진 유리창의 법칙'은 작은 문제 하나가 전체에 *(영향을 미치는 것을 말한다).* 실제로 깨진 유리창을 그대로 두었더니 그것이 **주변에 영향을 미쳐** 전체 환경이 나빠졌다고 한다. 이처럼 작은 문제점을 개선하지 않으면 *(더 큰 문제가 생길 수 있다).* **큰 문제는** 어느 날 갑자기 생기는 것이 아니다.

인용 – 보충 – 주장

02 '세 살 버릇 **여든까지 간다**'는 속담이 있다. 이 속담의 뜻은 어릴 때의 습관이 평생 *(갈 수 있다는 뜻이다).* 어릴 때 좋은 습관을 기르면 어른이 되어서도 건강한 생활을 할 수 있다. 특히, **운동 습관**이 중요하다. 운동 습관으로 비만은 물론 질병도 예방할 수 있다. 따라서 어릴 때부터 *(운동 습관을 기르는 것이 좋다).*

나. 주요 표현

표현	어휘
1. N은/는 -다(라)는 뜻[말]이다	1. 습관을 기르다 예 좋은 습관을 길러야 한다.
2. N은/는 -(으)ㄴ/는 것을 말한다	습관이 있다 예 나에게는 나쁜 습관이 있다.
3. -는 것보다 -(으)ㄴ/는 것이 중요하다	2. 실망감을 느끼다 예 친구에게 실망감을 느꼈다.
4. 아무리 -아/어도	실망감이 크다 예 시험에 떨어져서 실망감이 컸다.
5. -지 말고 -아/어야 한다	3. 피해를 줄이다 예 태풍으로 인한 피해를 줄인다.
6. -다(라)고 해서 -(으)면 안 된다	피해가 줄어들다 예 미리 준비하면 피해가 줄어든다.
7. -도록 -아/어야 한다	4. N이/가 깨끗하다 예 환경이 깨끗하다.
8. -기를 기다린다	N을/를 깨끗하게 하다 예 환경을 깨끗하게 한다.
9. 얼마나 -느냐에 따라 N이/가 달라진다	5. 상처를 주다 ↔ 받다 예 상처를 줄[받을] 수 있다.
10. N이/가 다른 것처럼 N도 다르다	6. N을/를 보존하다 예 자연환경을 보존해야 한다.

다. 연습 문제

01 '작심삼일'이란 마음먹은 일이 사흘을 못 간다는 뜻이다. 결심은 하는 것보다 _____
_____. 실천의 중요성을 안다면 목표를 세울 때 실천 가능성을 생각해야 한다.
따라서 처음부터 실천하기 어려운 목표를 세우지 말고 _____.

02 '나이는 숫자에 불과하다'는 말이 있다. 이 말은 아무리 _____ 할 수 있다는 것을
의미한다. 88세에 마라톤을 하는 할머니도 있다. 이 할머니는 나이를 _____.
오히려 두려워하는 마음이 문제라고 생각해서 도전해 보기로 했고 결과는 성공적이었다.

03 말은 사람의 마음을 움직일 수 있는 큰 힘을 가지고 있다고 한다. 사람들은 좋은 말을 들으면 용기를 얻
지만 나쁜 말을 들으면 _____. 따라서 가능하면 다른 사람에게 상처를 주지
않도록 좋은 말을 하는 것이 좋다.

04 '디지털 치매'란 다양한 스마트 기기를 너무 많이 사용해서 _____ 것을
말한다. 자주 쓰는 전화번호도 외우지 않고 스마트 기기에 의존하다 보면 기억력이 나빠질 수 밖에 없다.

05 '기대가 크면 실망도 크다'는 말이 있다. 크게 기대했는데 생각만큼 좋은 결과를 얻지 못하면 그만큼
실망감도 크다는 의미이다. 따라서 실망감을 덜 느끼기 위해서는 처음부터 큰 기대를 _____
_____.

06 현대는 '영상 매체의 시대'라고 한다. 날마다 재미있고 유익한 영상이 쏟아져 나온다. 그래서 사람들은
책보다 _____. 책을 보는 데는 시간이 오래 걸리지만
영상은 짧은 시간에 볼 수 있는데다가 이해하기 쉽고 재미있기 때문이다.

07 '번역'이란 한 언어로 쓰인 글을 다른 언어로 바꾸는 일이다. 그런데 번역은 물건을 바꾸는 것처럼 단순한 것이 아니다. 문화에 대한 이해는 언어 이해의 필수 조건이다. 따라서 번역을 잘하기 위해서는 먼저

_____ .

08 '시간이 약'이라는 말이 있다. 아무리 마음 아픈 일이 있어도 시간이 지나가면 _____
_____ 말이다. 따라서 억지로 잊으려고 노력하지 말고
_____ 기다리는 것이 좋다.

09 '문화 다양성' 이란 문화가 표현되는 다양한 방식이나 차이를 말한다. 그런데 나와 다르다고 해서 틀렸다고 하면 갈등이 생긴다. 따라서 문화가 다르다고 해서 _____
_____ . 다른 것은 차이의 문제일 뿐, 맞고 틀리는 문제가 아니기 때문이다.

10 '고령화 사회'란 65세 이상 노인 인구가 전체 인구의 7%이상을 차지하는 사회를 말한다. 고령화 사회의 문제점 중 하나는 일할 수 있는 노인들은 많은데 일할 기회가 적다는 것이다. 따라서 노인들이 경제 활동을 할 수 있도록 _____ .

11 '머피의 법칙'은 잘 될 수도 있는 일인데 나의 경우에만 항상 잘못된다고 믿는 것이다. 그런데 우리는 잘 되는 일은 빨리 잊어버리고 안 되는 일은 _____ .
즉, 운이 없는 일이 기억에 오래 남기 때문에 그렇게 믿게 되는 것이다.

12 '골든타임'이란 환자의 생명을 살리는 데 필요한 최소한의 시간을 말한다. 그런데 이렇듯 중요한 골든타임에 운전자들이 길을 비켜주지 않아서 응급환자가 치료시기를 놓치는 경우도 있다. 따라서 구급차가 지나갈 때는 빨리 _____ .

※ 다음 글을 읽고 (   )에 들어갈 말을 각각 한 문장으로 쓰십시오.

01

　'소확행'은 작지만 확실한 행복을 말한다. 언제 올지도 모르는 행복을 기다리지 않고 작은 일에서 행복을 찾는 것이다. 그런데 사람마다 행복에 대한 기준이 다른 것처럼 (㉠   ). 그냥 쉬기만 해도 행복을 느끼는 사람들이 있다. 이렇듯 자신이 행복하다고 느끼면 무엇이든 (㉡   ). '소확행'은 자기만의 일상 속 작은 행복인 것이다.

㉠

㉡

02

　바닷물이 들어왔다가 빠져나간 평평한 곳을 '갯벌'이라고 한다. 이 갯벌은 '정화'기능을 한다. 사람들이 버린 더러운 물은 갯벌을 지나면서 점차 깨끗해진다. 이처럼 갯벌은 물을 (㉠   ) 태풍의 피해를 줄이는 역할을 하기도 한다. 갯벌을 지키면 개발할 때보다 얻을 수 있는 것이 훨씬 더 많다. 그러므로 우리는 (㉡   ).

㉠

㉡

03

　'퇴고'란 완성된 글을 다시 읽으면서 고치는 것을 말한다. 처음에는 잘 썼다고 생각했던 글도 다시 보면 (㉠   ). 따라서 부족하다고 생각하는 부분은 내용, 글의 구조, 언어 표현을 생각하면서 고치는 것이 좋다. 퇴고를 꼼꼼하게 하는 것은 글의 완성도를 위해서 꼭 필요하다. 왜냐하면 퇴고를 얼마나 잘하느냐에 따라 (㉡   ).

㉠

㉡

6	화제	또는	장점 / 단점	마무리
	사실, 의견, 현상 ...		장점, 단점, 효과, 부작용 ...	주장, 이유, 결론 ...

가. 예시 문제

사실 – 장·단점

01 온라인 쇼핑이 갈수록 늘어나고 있다. 온라인 쇼핑의 장점은 물건이 다양하고 *(가격이 싸다는 것이다).* 그러나 **저렴하게** 살 수 있는 대신 불편한 점도 있다. 사진 속의 물건과 실물이 달라서 *(반품을 해야 하는 경우도 있다).* 이런 경우 반품 비용을 소비자가 부담해야 한다는 단점이 있다.

사실 – 장·단점

02 전자책이 나오면서 종이책보다 전자책을 찾는 사람들이 크게 늘어날 것이라고 예상했다. 하지만 **예상과 달리** 전자책의 판매량은 크게 *(늘지 않았다).* 전자책은 휴대가 편하다는 장점이 있지만 눈을 *(피로하게 한다는)* 단점이 판매량에 크게 영향을 미쳤다. **눈이 피로하면** 책을 오래 읽을 수 없기 때문이다.

나. 주요 표현

표현	어휘
1. N의 장점[단점]은 –다(라)는 것이다	1. N을/를 늘리다 예 편의시설을 늘려야 한다.
2. –다(라)는 장점[단점]이 있다	N이/가 늘다 [늘어나다] 예 시설이 늘어났다.
3. –(으)ㄴ/는 대신 –다(라)는 장점[단점]이 있다	2. N을/를 피로하게 하다 예 눈을 피로하게 한다.
4. –는 데 시간이 많이 걸린다	N이/가 피로하다 예 눈이 피로하다.
–는 데 비용이 많이 든다	3. 장점을 가지다 예 싸다는 장점을 가지고 있다.
5. –아/어서 좋기는 하지만 N도 있다	장점이 있다 예 싸다는 장점이 있다.
6. N보다는 –(으)ㄴ/는 것이 좋다	4. 경험을 쌓다 예 경험을 쌓을 수 있다.
7. –다(라)면 –(으)ㄹ 것이다	경험이 있다/많다 예 아르바이트 경험이 있다.
8. 그렇게 –지 않다	5. N에 흥미를 잃다 예 축구에 흥미를 잃었다.
9. N에 긍정적[부정적]인 영향을 미친다	N에 흥미가 없다 예 축구에 흥미가 없다.
10. 따라서 –도록 노력해야 한다	6. 자유롭다 / 자유가 있다 / 자유롭게
11. 누구나 –(으)ㄹ 수 있다	7. 조기 교육을 하다 / 조기 교육을 시키다

다. 연습 문제

01 　한국의 전통 의상인 한복은 선이 아름답고 색깔이 화려해 누구에게나 어울리는 옷이다. 하지만 단점은 입고 벗을 때나 일할 때 ＿＿＿＿＿＿＿＿＿＿＿＿＿＿＿＿. 이런 불편함을 개선한 것이 개량 한복이다.

02 　전기 자동차를 타면 환경을 보호할 수 있다. 화학연료가 들어가지 않기 때문이다. 그러나 전기 자동차를 타는 사람들이 생각보다 적은 이유는 연료를 충전하는 데 ＿＿＿＿＿＿＿＿＿＿＿＿＿＿＿＿＿＿＿＿＿＿＿＿＿. 충전 시간을 줄인다면 전기 자동차를 타는 사람들이 ＿＿＿＿＿＿＿＿＿＿＿＿＿＿.

03 　교복의 장점은 옷에 대해 ＿＿＿＿＿＿＿＿＿＿＿＿＿＿＿＿. 그러나 옷에 대한 고민을 덜어주는 대신 ＿＿＿＿＿＿＿＿＿＿＿＿＿＿ 단점도 있다. 옷은 개성을 표현하는 수단인데 교복을 입으면 이를 살릴 수 없기 때문이다.

04 　한 집에 여러 명이 함께 사는 공유 주택이 인기를 끌고 있다. 공유 주택의 장점은 주거비와 생활비를 ＿＿＿＿＿＿＿＿＿＿＿＿＿＿＿＿＿＿. 이렇듯 비용이 적게 든다는 장점이 있는 반면에 단점도 있다. 공유 주택의 단점은 시설을 공동으로 ＿＿＿＿＿＿＿＿＿＿＿＿＿＿＿＿＿. 이용 시간이 겹치거나 생활 습관이 다르면 갈등이 생길 수 있다.

05 　요즘은 아파트에 사는 사람들이 많지만 한옥에서 살고 싶어 하는 사람들도 있다. 아파트는 건조하고 ＿＿＿＿＿＿＿＿＿＿＿＿＿＿＿＿ 단점이 있다. 반면에 한옥의 장점은 건조하지 않고 바람이 잘 통한다는 것이다.

06 　감시 카메라는 안전과 사생활 보호라는 면에서 장점과 단점을 동시에 가지고 있다. 안전을 지킬 수 있다는 장점이 있는 반면 사생활을 ＿＿＿＿＿＿＿＿＿＿＿＿＿＿＿ 단점이 있다.

07 아르바이트의 장점은 돈도 벌 수 있고 경험도 ....
그러나 쌓을 수 있는 경험이 제한적이고 일하는 시간에 비해 돈을 많이 ....
.... 단점이 있다. 이런 점 때문에 아르바이트를 반대하는 사람도 있다.

08 예전에는 연봉이 높은 대기업 직원이 인기 있는 직업이었다. 그러나 요즘에는 공무원이 인기가 많다.
연봉은 낮더라도 .... 장점이 있기 때문이다. 퇴직 시기가 빨라진 데
불안을 느낀 사람들이 안정성이 높은 직업을 원하게 된 것이다.

09 아이에게 일찍부터 외국어, 악기 등을 배우게 하는 조기 교육에 반대하는 사람들이 많다. 조기 교육
은 아이에게 부담을 줘서 학습에 .... 단점이 있다. 어릴 때 흥
미를 잃으면 이후 학습 태도에도 부정적인 영향을 미친다. 그러므로 어린 아이들에게 ....
....

10 젊은 사람들은 패키지여행보다는 자유 여행을 선호하는 경우가 많다. 패키지여행은 정해진 일정이
있기 때문에 자유롭게 .... 단점이 있다. 그러나 한편으로는 고생을 덜하
고 편하게 여행할 수 있다는 장점도 있다. 따라서 이런 점을 더 중요하게 생각한다면 자유 여행보다는
....

11 요즘 농촌으로 이사하는 사람들이 많아지고 있지만 ....
만족도를 높이려면 어떻게 해야 할까? 농촌 생활이 불편한 이유는 도시에 비해 ....
.... 따라서 부족한 편의시설을 늘리도록 노력해야 한다.

12 예전에는 방송을 하려면 제작비용이 많이 들었다. 반면에 1인 방송은 유투브나 SNS를 활용하기 때문
에 비용이 .... 장점이 있다. 그래
서 비용에 대한 부담없이 누구나 쉽게 방송을 시작할 수 있다.

※ 다음 글을 읽고 (   )에 들어갈 말을 각각 한 문장으로 쓰십시오.

01

공동주택의 단점은 층간 소음으로 인해 갈등이 (㉠   ). 만약 갈등이 발생하면 서로 자신의 입장만 강조하기 때문에 (㉡   ). 따라서 층간 소음 문제를 해결하기 위해서는 개인의 노력보다는 공공 기관에서 객관적인 기준을 마련하는 것이 필요하다.

㉠

㉡

02

모바일 메신저는 현대인의 중요한 의사소통 수단이 된 지 오래다. 모바일 메신저의 장점은 메시지와 정보, 사진 등을 쉽게 (㉠   ). 그렇지만 전송이 쉽다는 장점 때문에 원하지 않는 정보도 받게 된다. 그래서 피로감을 느낀 사람들은 회사에서는 메신저를 켜 두지만 (㉡   ). 집은 휴식을 위한 공간이기 때문이다.

㉠

㉡

03

마라톤은 비용도 거의 들지 않고 특별한 장소가 필요한 것도 아니다. 즉, 마라톤의 장점은 운동화만 있으면 (㉠   ). 또한 에너지 소비가 많고 지방을 감소시키는 효과가 있어서 마라톤을 하면 (㉡   ). 그래서 마라톤 선수들 중에는 살찐 사람들이 거의 없다.

㉠

㉡

7	화제	또는	비교		마무리
	사실, 의견, 현상 ...		비교,대조, 공통 ...		주장, 이유, 보충, 결론 ...

가. 예시 문제

사실 – 대조 – 보충

01 1인 가구가 늘어나면서 '반려동물'은 물론 '반려식물'도 인기다. 반려동물은 먹이고 씻기고 산책시키는 등 관리하기가 **까다롭다.** 이에 비해 반려 식물은 *(관리하기가 쉽다).* 또한 반려 식물은 *(실내 공기를 맑게 해준다).* 실제로 실내에서 식물을 키우면 **공기가 맑아진다는** 연구 결과도 나왔다.

사실 – 대조

02 고양이는 매우 독립적이라서 사람에게 쉽게 *(의존하지 않는다).* 이에 반해 **개는 의존적이라서** 항상 사람을 따라다니면서 같이 운동하고 장난치려고 한다. 개는 *(혼자 있는 것을 좋아하지 않는다).* 그러나 고양이는 개와 달리 사람과 떨어져 조용히 **혼자 있는 것을 좋아한다.**

나. 주요 표현

표현	어휘
1. -(으)ㄴ/는 데 반해	1. N을/를 좋아하다 예 공부하는 것을 좋아한다.
2. N에 비해 [N와/과 달리]	N이/가 좋다 예 공부가 좋다.
3. -기 위해서는 -아/어야 한다	2. N을/를 증가시키다/감소시키다
4. N이/가 아니라 N이다	예 플라스틱 사용은 오염을 증가시켰다.
5. -(으)려면 -아/어야 한다	N이/가 증가하다 / 감소하다
6. -는 데 시간이 (많이) 걸린다	예 플라스틱 사용이 증가했다.
7. -(으)면 -(으)ㄹ 수 있다 [없다]	3. 공기를 맑게 하다 예 식물이 공기를 맑게 한다.
8. -는 것 보다는 -는 것이 좋다	공기가 맑다 예 식물로 인해 공기가 맑아졌다.
9. -다(라)고 해서 반드시 -(으)ㄴ/는 것은 아니다	4. 호기심을 가지다 예 문화에 호기심을 가지고 있다.
10. -아/어도 -지 않는다	호기심이 있다/많다 예 문화에 호기심이 있다.
11. 그 이유는 N이/가 아니라 -(이)기 때문이다	5. 갈등을 일으키다 예 이웃 간에 갈등을 일으킨다.
12. -아/어야 -(으)ㄹ 수 있다	갈등이 있다 예 이웃 간에 갈등이 있다.

다. 연습 문제

01   자신과 다른 낯선 문화를 대하면 불편하다고 생각하는 사람이 있는 반면 호기심을 가지고 흥미롭게 보는 사람이 있다. 그런데 불편하다고 생각하면 적응 기간이 길어지지만 흥미롭다고 생각하면 _____ _____.

02   옛날이야기 속에는 동물이 자주 나오는데 긍정적인 이미지도 있고 부정적인 이미지도 있다. 한국의 옛날이야기 속에서 개미와 벌은 부지런한 동물로 나타나는 데 반해 베짱이와 늑대는 _____ _____.

03   토의와 토론은 결론에 이르는 과정이 다르다. 토의는 문제 해결 방법을 공동으로 찾기 때문에 좋은 결정을 위해 자신의 입장을 양보할 수도 있다. 하지만 토론은 각자의 생각이 옳다는 걸 주장해야 하기 때문에 _____.

04   음식을 먹을 때는 지켜야 하는 온도가 있다. 치킨은 뜨겁게 먹어야 맛있지만 맥주는 _____ _____. 식은 치킨과 따뜻한 맥주는 맛이 떨어진다. 따라서 음식을 맛있게 먹기 위해서는 _____.

05   독감과 감기는 원인이 되는 바이러스가 다르다. 감기는 여러 바이러스 중 하나에 걸리는 것이지만 독감은 _____. 이 특정 바이러스가 감기인지 독감인지 알기 위해서는 바이러스 검사를 해 봐야 한다.

06   남극과 북극은 일 년 내내 얼음이 있는 아주 추운 곳이다. 그런데 남극은 대륙이기 때문에 햇빛을 반사해서 열이 빠져 나가지만 북극은 바다라서 빛을 흡수하므로 _____. 남극에 비해 북극이 따뜻한 이유는 대륙이 아니라 _____.

07 여름에 밝은 색 옷을 입으면 빛을 반사해서 시원하게 느껴지는 반면 어두운 색 옷을 입으면 빛을 흡수하기 때문에 더 _____. 또 모기는 어두운 색을 좋아하기 때문에 여름에 모기한테 물리지 않으려면 _____.

08 회사에서 경력 사원을 선호하는 이유는 시간과 비용 때문이다. 경력 사원에 비해 신입 사원은 일에 적응하는 데 _____. 이 시간이 길어질수록 회사의 부담이 커진다.

09 남녀 간 공감능력의 차이는 갈등을 일으키는 원인이 된다. 여자는 직접적인 표현이 없어도 표정이나 목소리에서 감정을 읽을 수 있다. 하지만 남자는 상대방이 _____ 감정을 알 수 없다. 그래서 갈등이 생겼을 때 남자는 말하지 않는 것을 답답해한다.

10 원두커피를 내리는 온도는 취향에 따라 달라야 한다. 연한 커피를 좋아하는 사람들은 낮은 온도에서 내려야 하지만 진한 커피를 좋아하는 사람은 _____.

11 우리의 뇌에는 행복을 느끼도록 하는 '세르토닌'이라는 물질이 있다. '세르토닌'은 햇빛이 있을 때는 증가하고 _____. 따라서 우울감을 자주 느끼는 사람은 실내에서 운동하는 것보다 _____.

12 옛날이야기의 주제는 대부분 '권선징악'이다. 즉, 착한 일을 하면 복을 받고 나쁜 일을 하면 벌을 받는다는 말이다. 그러나 현실에서는 나쁜 일을 한다고 해서 반드시 _____ _____. 오히려 반대의 경우가 나타나기도 한다. 착한 사람이 불행하게 살기도 하고 나쁜 사람이 _____.

※ 다음 글을 읽고 (   )에 들어갈 말을 각각 한 문장으로 쓰십시오.

01

    음식은 기후의 영향을 받는다. 기후가 따뜻한 지역에서는 신선한 음식이 발달한다. 왜냐하면 음식 재료가 풍부해서 언제든지 (㉠   ). 반면에 겨울이 길어서 재료를 구하기 어려운 지역에서는 짠 음식이 발달한다. 이런 지역에서는 맛도 중요하지만 음식을 (㉡   ). 그래서 오래 보관할 수 있는 음식 종류가 많다.

㉠

㉡

02

    재능이 나타나는 시기는 사람마다 다르다. 일찍 발견하는 사람이 있는 반면 (㉠   ). 그런데 재능을 일찍 발견한 사람들은 더 이상 노력하지 않기 때문에 재능이 (㉡   ). 재능을 더 발전시키기 위해 필요한 것은 타고난 능력이 아니라 끊임없는 노력이다.

㉠

㉡

03

    모르는 사람들과 교류하는 데 불편함을 느끼는 기성세대와 달리 젊은 사람들은 처음 만나는 사람들과 같이 있어도 (㉠   ). 이들은 다른 사람의 행동이 나와 달라도 (㉡   ). 실망보다는 다르다는 사실을 받아들인다. 반면에 기성세대는 생각이 다른 사람들을 받아들이지 못하고 잘 어울리려고 하지 않는다.

㉠

㉡

※ 다음 글을 읽고 ( )에 들어갈 말을 각각 한 문장으로 쓰십시오.

01

세상을 바꾸고 싶은가? 그렇다면 세상을 바꾸려고 하지 말고 (㉠). 생각이 바뀌면 세상도 달라 보인다. '물 반 컵'이 있을 때 반밖에 없다고 생각하는 사람은 부정적인 면을 보는 사람이다. 반면에 반이나 남았다고 생각하는 사람은 (㉡). 똑같은 상황이라도 긍정적으로 생각하면 힘든 일도 즐겁게 할 수 있다.

㉠

㉡

02

가족들은 항상 같이 있기 때문에 말하지 않아도 힘든 것을 알 것이라고 생각한다. 그러나 가족이라 하더라도 말을 안 하면 얼마나 (㉠). 그래서 아주 힘들 때는 가족들에게 알리고 도움을 받아야 한다. 또한 평소에도 위로와 용기를 주는 (㉡). 이런 말을 자주 할수록 힘든 일을 이길 수 있는 힘이 생기기 때문이다.

㉠

㉡

03

밤에 일하는 사람들은 잠이 부족하고 항상 피곤함을 느낀다. 그래서 업무 능력도 떨어지게 된다. 연구 결과 낮잠을 자면 이런 수면 부족과 피로가 해소되어 업무 능력이 (㉠). 그런데 낮잠을 길게 자는 사람들은 오히려 몸이 무겁고 밤에 불면증을 겪는 등 부작용이 나타났다고 한다. 그러므로 낮잠을 잘 때는 (㉡).

㉠

㉡

04

　　'스콜'이란 열대 지방에서 갑자기 내리는 소나기를 말한다. 그래서 열대 지방을 여행할 때는 언제 이런 스콜을 만날지 모르기 때문에 항상 (　　　㉠　　　). 그런데 이런 날씨 변화를 모르는 사람들은 우산을 준비하지 않는다. 왜냐하면 오전에 날씨가 너무 맑아서 (　　　㉡　　　) 생각하기 때문이다.

㉠

㉡

05

　　최근 태풍의 강도와 속도가 전과 달라졌다. 지구 온난화로 인해 바닷물의 온도가 높아져서 태풍이 점점 강해지고 있는 데 반해 이동 속도는 (　　　㉠　　　). 기상학자들은 강해진 태풍이 천천히 이동하면 피해가 더 (　　　㉡　　　). 태풍이 특정 지역에 머무르는 시간이 길어져 폭우가 내리고 홍수가 나는 등 피해 정도가 더 심해지는 것이다.

㉠

㉡

06

　　나이가 들어도 계속할 수 있는 운동으로 걷기만큼 (　　　㉠　　　). 걷기가 좋은 이유는 운동의 효과도 좋지만 안전하고 경제적이기 때문이다. 우선 신체에 무리한 힘을 주지 않기 때문에 안전할 뿐만 아니라 따로 스포츠 센터에 나갈 필요가 없으므로 (　　　㉡　　　). 이렇듯 걷기는 비용 없이 즐길 수 있는 안전한 운동으로 성인병 예방에도 좋은 최고의 운동이다.

㉠

㉡

07

음식의 맛을 결정하는 요인의 하나로 온도를 꼽을 수 있다. 왜냐하면 온도에 따라 음식 맛이 (㉠). 신맛은 음식이 따뜻할수록, 쓴맛은 차가울수록 더 잘 느껴진다. 따라서 신맛을 싫어한다면 음식의 온도를 낮추는 것이 좋고 쓴맛을 싫어한다면 (㉡).

㉠

㉡

08

단순하게 살기 위해서는 먼저 필요 없는 물건들을 버려야 한다. 그런데 아무리 (㉠) 막상 버리려고 하면 아깝다는 생각 때문에 망설이게 된다. 그런 마음이 들 때는 다른 사람에게 주거나 재활용 수거함을 이용하면 된다. 그리고 버리는 것만큼 중요한 것이 (㉡). 버리고 나서 또 사기 시작하면 단순한 삶은 유지될 수 없다.

㉠

㉡

09

'나이테'는 나무줄기를 가로로 잘랐을 때 나타나는 둥근 띠 모양의 무늬로 성장 속도와 관계가 있다. 나무는 기온 차이에 따라 (㉠). 기온이 높은 여름에는 성장 속도가 빠르고 기온이 낮은 겨울에는 느려진다. 빨리 자랄 때는 나무 색깔이 연하고, 느리게 자랄 때는 짙은 색이 되면서 나이테가 생기게 된다. 그래서 기온 변화가 없고 성장 속도가 일정한 지역에서는 (㉡).

㉠

㉡

10
　　겨울철에 실내에서도 내복을 입는 사람들이 많다. 내복을 입으면 실내 온도를 5도 높이는 효과가 있다고 한다. 또한 내복을 입으면 (　　㉠　　). 체온 유지는 겨울철 감기 예방에도 좋다. 이렇듯 겨울을 건강하게 보내기 위해서는 실내 온도를 높이는 것보다 (　　㉡　　).

㉠

㉡

11
　　사람들은 보통 운동 후에 물을 마시면 된다고 생각한다. 그러나 전문가들은 운동하기 전에 (　　㉠　　). 왜냐하면 운동을 심하게 할 경우 발생할 수 있는 두통을 예방할 수 있기 때문이다. 또한 운동할 때 땀을 많이 흘리게 되면 우리 몸에 (　　㉡　　). 따라서 운동 중에도 물을 마셔야 부족한 수분을 보충할 수 있다.

㉠

㉡

12
　　사람들은 보통 음식을 먹은 뒤 바로 이를 닦는 것이 좋다고 생각한다. 그러나 양치질을 하는 시간은 어떤 음식을 (　　㉠　　). 단 음식을 먹은 후에는 바로 양치질을 하는 것이 좋다. 반면에 신 과일이나 탄산음료를 먹은 후에는 바로 (　　㉡　　). 음식에 든 성분이 이를 약하게 하기 때문이다.

㉠

㉡

조사 결과 설명하기

53번 유형

Ⅰ 준비하기

1 유형 정리

조사 개요	기관	통계청, 관광청, 교육청, 연구 기관, 교육 기관, 문화 센터, 인터넷 진흥원 ····
	대상	직장인 500명, 전국 남·녀 학생 1,000명, 20대와 50대 300명 ····
	내용	국내 외국인 유학생 현황, 자전거 이용자 수 변화, 전통 시장 방문객 수 변화, 노년층 취업률, 청소년 희망직업, 화장품 매출 현황, 외국인 관광객 수 변화, 도시의 인구 변화, 청소년 아침 식사율, 평균 수명 변화, 한복 판매율, 자원봉사 현황, 예약 부도율, 온라인 쇼핑 이용률, 종이 신문 판매율, 독서율 변화, 기부 문화 변화, 문화 콘텐츠 수출 현황, 일회용 컵 회수율, 여행 형태 변화, 전자책 이용률.......

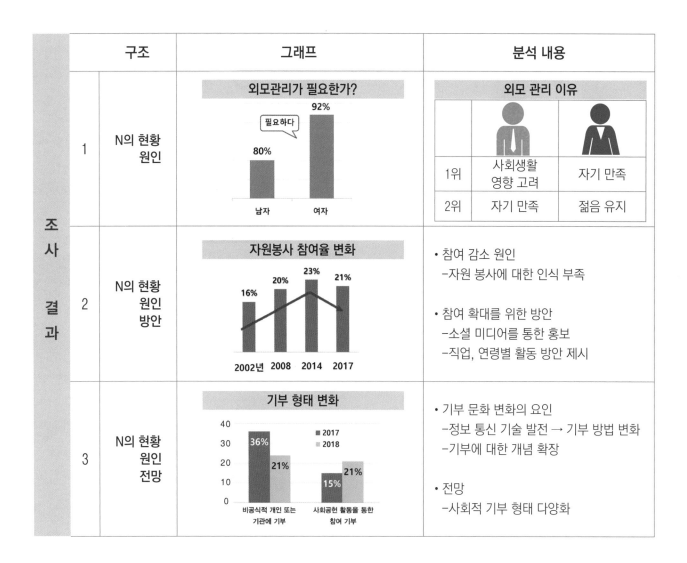

	구조	그래프	분석 내용
조사 결과	1 N의 현황 원인	**외모관리가 필요한가?** 92% 필요하다 80% 남자 여자	**외모 관리 이유** 1위 사회생활 영향 고려 / 자기 만족 2위 자기 만족 / 젊음 유지
	2 N의 현황 원인 방안	**자원봉사 참여율 변화** 16% 20% 23% 21% 2002년 2008 2014 2017	• 참여 감소 원인 −자원 봉사에 대한 인식 부족 • 참여 확대를 위한 방안 −소셜 미디어를 통한 홍보 −직업, 연령별 활동 방안 제시
	3 N의 현황 원인 전망	**기부 형태 변화** 40 30 ■2017 ■2018 36% 20 21% 10 15% 21% 0 비공식적 개인 또는 기관에 기부 / 사회공헌 활동을 통한 참여 기부	• 기부 문화 변화의 요인 −정보 통신 기술 발전 → 기부 방법 변화 −기부에 대한 개념 확장 • 전망 −사회적 기부 형태 다양화

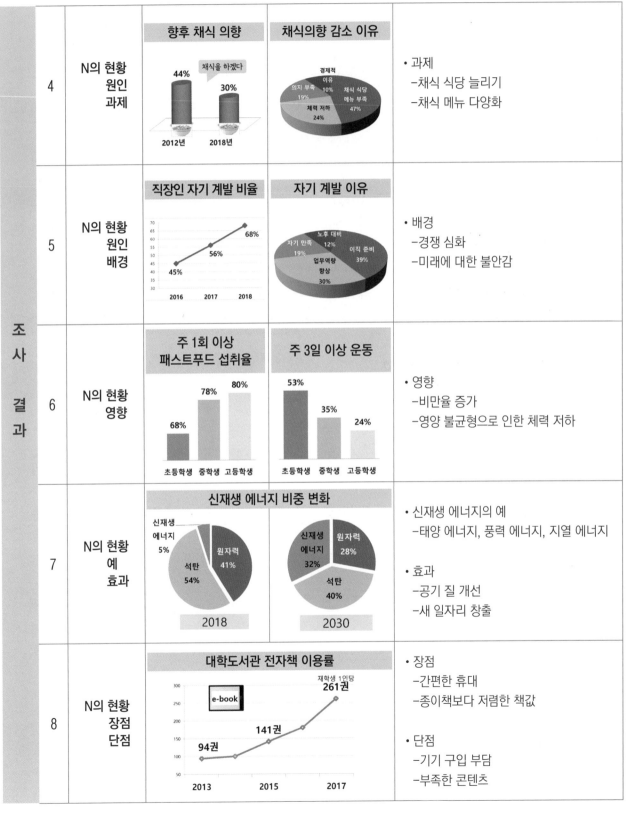

조사 결과	4	N의 현황 원인 과제	**향후 채식 의향** / **채식의향 감소 이유**	• 과제 　–채식 식당 늘리기 　–채식 메뉴 다양화
	5	N의 현황 원인 배경	**직장인 자기 계발 비율** / **자기 계발 이유**	• 배경 　–경쟁 심화 　–미래에 대한 불안감
	6	N의 현황 영향	**주 1회 이상 패스트푸드 섭취율** / **주 3일 이상 운동**	• 영향 　–비만율 증가 　–영양 불균형으로 인한 체력 저하
	7	N의 현황 예 효과	**신재생 에너지 비중 변화**	• 신재생 에너지의 예 　–태양 에너지, 풍력 에너지, 지열 에너지 • 효과 　–공기 질 개선 　–새 일자리 창출
	8	N의 현황 장점 단점	**대학도서관 전자책 이용률**	• 장점 　–간편한 휴대 　–종이책보다 저렴한 책값 • 단점 　–기기 구입 부담 　–부족한 콘텐츠

가. 예시 문제

※ 다음을 참고하여 '대학 진학률 및 취업률'에 대한 글을 200~300자로 쓰시오. 단, 글의 제목을 쓰지 마시오.(30점)

▶ 조사 기관: 한국 교육원
▶ 조사 대상: 고등학교 졸업생

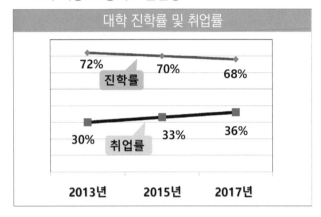

원인
– 대졸자의 취업난 심화 – 직업기술교육 강화

전망
– 2030년 대학 진학률 60%

예시 답안

조사 개요

　　한국 교육원에서 고등학교 졸업생을 대상으로 대학 진학률 및 취업률에 대한 설문조사를 실시했다.

조사 결과에 따르면 대학 진학률은 2013년 72%에서 2015년 70%로, 2017년에는 68%로 감소한 것으로

현황

나타났다. **반면에** 취업률은 2013년 30%에서 2015년 33%로, 2017년에는 36%로 증가했다. **이러한 현**

상이 나타난　원인으로는 두 가지를 들 수 있다. 첫째,　대졸자의 취업난이 심화되었기 때문이다. 둘

원인

째, 직업기술교육의 강화에도 그 원인이 있다. 이러한 추세가 계속된다면 앞으로도 대학 진학률은 계

속 감소해　2030년에는 60%에 그칠 것으로 전망된다.

전망

나. 내용과 표현

	내용	표현
조사 개요	기관, 대상, 조사 내용	• _____에서 _____을/를 대상으로 _____에 대해 조사 [설문조사]를 실시했다.

그 래 프 설 명	순위 나열	• N이/가 _____%(으)로 가장 높게 나타났다 (1위를 차지했다). • 이어서 N이/가 _____%(으)로 뒤를 이었다 (2위로 나타났다). • 다음으로 N_____%, N_____%, N_____%(으)로 나타났다 [조사되었다]. • 마지막으로 N은/는 _____%(으)로 가장 낮은 것으로 나타났다 [조사되었다].
	순위 대조	• N의 경우 N이/가 _____%(으)로 가장 높은 것으로 나타났다. • 반면에 / 이와 달리 / 이에 반해 / 이와 반대로 • N의 경우에는 N이/가 _____%(으)로 가장 높게 나타났다.
	증감 변화	• N은/는 _____(년) _____(%)에 불과했지만 _____(년) _____(%)(으)로 증가했다. 그러나 _____(년)에는____(%)(으)로 감소했다가 _____(년)에는 _____(%)(으)로 다시 증가했다.
	증감 대조	• N의 경우_____(년) _____%에서 _____%(으)로 증가했다 [늘다/늘어났다]. • 반면에 / 이와 달리 / 이에 반해 / 이와 반대로 • N의 경우에는 ____(년) ____%에서 _____%(으)로 감소했다 [줄다/줄어들었다].

조 사 결 과 설 명	원인 분석	• N의 원인으로 __두__ 가지를 들 수 있다. 첫째, _____기 때문이다. 둘째, _____에도 원인이 있다.
	대책 / 과제	• N을/를 _____기 위해서는 다음과 같은 노력이 필요하다. 첫째, _____ 는 것이 필요하다. 다음으로 _____도록 노력해야 할 것이다.
	문제점 결과 / 효과	• N(으)로 인해 다음과 같은 문제 [결과/효과]가 나타나고 있다. 먼저 _____에 따라 _____게 되었다. 둘째, N을/를 통해 _____(으)ㄹ 수 있다.
	영향	• N이/가 _____에 미치는 영향을 살펴보면 다음과 같다. 첫째, _____ 는 데 도움을 줄 수 있다. 둘째, N에 좋은[나쁜] 영향을 미칠 수 있다.
	전망 / 예상	• N은/는 _____(년)에는 _____(%)에 이를 것으로 [그칠 것으로] 예상된다.
	예 / 분류	• N의 예로는 _____, _____, _____등을 들 수 있다. • N은/는 _____, _____, _____(으)로 나누어 볼 수 있다 [나뉘어진다].
	장점 / 단점	• N의 장점은 _____다는 것이다. 반면에 [이와 달리, 이에 반해] _____다는 단점이 있다.

3 답안 작성법

가. 문제 개요

– 이 유형은 제시된 정보를 이용하여 주제에 맞게 글을 쓸 수 있는지를 평가하는 문제입니다. 다양한 도표, 도식으로 주어진 정보를 비교·분석하여 서술해야 합니다.

나. 채점 기준

구분	채점 근거	점수		
		상	중	하
내용 및 과제 수행	1. 제시한 과제를 잘 이해하고 수행했는가? 2. 주제와 관련된 내용을 썼는가? 3. 내용을 풍부하고 다양하게 썼는가?	6~7 점	3~5 점	0~2 점
글의 전개 구조	1. 글을 논리적으로 구성했는가? 2. 내용에 따라 단락을 잘 나누어 구성했는가? 3. 담화표지를 적절하게 사용해서 연결했는가?	6~7 점	3~5 점	0~2 점
언어 사용 (8×2=16점)	1. 적절한 문법과 어휘를 사용했는가? 2. 문법과 어휘를 다양하게 풍부하게 사용했는가? 3. 문법, 어휘, 맞춤법을 정확하게 사용했는가? 4. 격식에 맞게 글을 썼는가?	7~8 점 (×2)	4~6 점 (×2)	0~3 점 (×2)

출처 : TOPIK 한국어 능력 시험

등급		내용 및 과제 수행(7점)	전개 구조(7점)	언어 사용(16점)
높음	A	7	7	8 (×2)
	B	6	6	7 (×2)
보통	C	4~5	4~5	5~6 (×2)
	D	3	3	4 (×2)
낮음	E	2	2	3 (×2)
	F	0~1	0~1	0~2 (×2)

다. 답안 작성 시 유의할 점

시간	• 쓰기 시간은 총 50분이다. 이 문제는 10분에서 15분 안에 모두 써야 한다.

분량 • 200자 이상 300자 이내로 써야 한다. 300자 이상 쓰면 안 된다. ☆

내용
• 문제에서 요구한 과제를 모두 써야 한다.
• 주어진 자료나 도표의 내용을 바탕으로 써야 한다. 마음대로 바꾸면 안 된다.
• 자료나 도표에 있는 숫자와 내용은 모두 써야 한다. 하나라도 빠지면 안 된다.
• 1단락이나 2단락으로 써야 한다. 단, 분량이 많을 경우 1단락으로 써도 된다.

언어
• 중급 수준의 어휘와 문법을 사용해서 글을 쓰는 것이 좋다.
• 같은 표현을 반복해서 쓰지 말고 다양하게 쓰는 것이 좋다.
• 글의 격식에 맞게 '-다'로 써야 한다. 그리고 제시된 형태 그대로 쓰면 안 된다. 예 ① 건강에 좋음(×)

라. 원고지 작성법

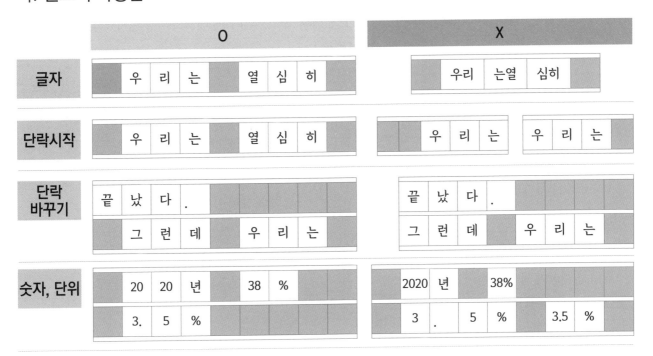

	O	X
글자	우리는 열심히	우리 는열 심히
단락시작	우리는 열심히	우리는 / 우리는
단락 바꾸기	끝났다. / 그런데 우리는	끝났다. / 그런데 우리는
숫자, 단위	20 20 년 38 % / 3. 5 %	2020 년 38% / 3 . 5 % 3.5 %

II 내용별 연습하기

1 조사 개요 설명하기

가. 예시

	조사 기관	대상	주제
01	한국 사회 연구소	60세 이상 남녀 1만 명	노인 취업률

➡ 한국 사회 연구소에서 60세 이상 남녀 1만 명을 대상으로 '노인 취업률'에 대한 설문조사를 실시했다.

	조사 기관	조사 내용
02	한국 사회 연구소	노인 취업률

➡ 한국 사회 연구소에서 '노인 취업률'에 대한 조사를 실시했다.

나. 주요 표현

조사 기관	대상	조사 내용
N에서	N을/를 대상으로	N에 대한 설문조사를 실시했다
	X (대상 없음)	N에 대해 조사했다 / N에 대한 조사를 실시했다

참고 노트

· **조사를 하다**
🔖 질문을 하지 않고 다른 방식으로 조사하다

· **설문조사를 하다**
🔖 사람들에게 질문을 하여 조사하다
🔖 설문 대상이 필요하다

· N을/를 조사했다
· N에 대한 조사를 실시했다
· N을/를 조사를 실시했다 **X**

· N에 대한 설문조사를 실시했다
· N을/를 설문조사했다. **X**
· N에 대한 설문조사 했다. **X**

다. 연습 문제

01 | 기관: 자원봉사 센터 | 대상: 남,녀 청소년 300명 | 주제: 봉사 활동 만족도 |

✎

02 | 기관: 역사 문제 연구소 | 대상: 대학생 500명 | 주제: 역사 인식 실태 |

✎

03 | 기관: 통계청 | 조사 내용: 지역별 인구 변화 |

✎

04 | 기관: 건강관리 공단 | 대상: 직장인 남,녀 200명 | 주제: 직장인 건강관리 실태 |

✎

05 | 기관: 농촌 경제 연구원 | 조사 내용: 농업 소득 변화 |

✎

06 | 기관: 독서 문화 진흥원 | 대상: 성인 150명 | 주제: 독서 습관 |

✎

07 | 기관: 청소년 연구원 | 조사 내용: 다문화 청소년 지원 현황 |

✎

2 그래프 설명하기

준비하기

가. 그래프 종류

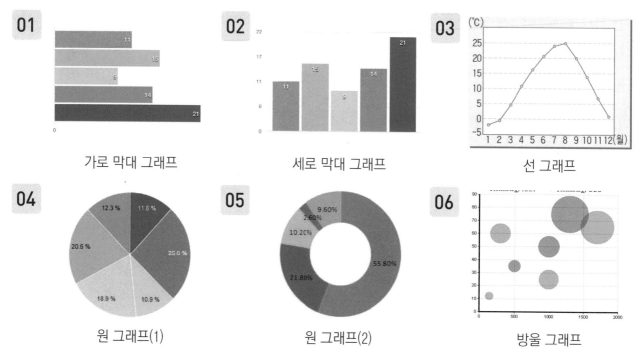

01 가로 막대 그래프	02 세로 막대 그래프	03 선 그래프
04 원 그래프(1)	05 원 그래프(2)	06 방울 그래프

나. 조사 주제 설명하기

조사 주제	
인구 변화	인구 변화에 대해 (설문)조사를 실시했다.
아이를 꼭 낳아야 하는가?	아이를 꼭 낳아야 하는가에 대해 (설문)조사를 실시했다.
언제 가장 외로움을 느낍니까?	언제 가장 외로움을 느끼는가에 대해 (설문)조사를 실시했다.
어떤 여가 활동을 하나요?	어떤 여가 활동을 하는가에 대해 (설문)조사를 실시했다.
구직 시 어려움을 겪는 이유는?	구직 시 어려움을 겪는 이유에 대해 (설문)조사를 실시했다.
이직 시 가장 걱정되는 것은?	이직 시 가장 걱정되는 것에 대해 (설문)조사를 실시했다.

다. 응답결과 설명하기

| **01** | **N 명사 유형**

문화 활동
34%
1위 | • 문화 활동이 34%로 / ※ '문화 활동'이 34%로
• 문화 활동이라는 응답이 34%로
• 문화 활동이라고 응답한 사람[비율]이 34%로
• 전체 응답자 중 34%가 문화 활동이라고 응답해 | 가장 많았다 [높았다]
가장 높게 나타났다
1위를 차지했다 |

| **02** | **-아/어서 유형**

돈이 없어서
25%
2위 | • 돈이 없어서가 25%로 / ※ '돈이 없어서'가 25%로
• 돈이 없어서라는 응답이 25%로
• 돈이 없어서라고 응답한 사람이 25%로 | 두 번째로 많았다 [높았다]
뒤를 이었다
2위를 차지했다 |

| **03** | **N을/를 위해**

건강을 위해
30명
마지막 | • 건강을 위해가 30명으로 / ※ '건강을 위해'가 30명으로
• 건강을 위해라는 응답이 30명으로
• 건강을 위해라고 응답한 사람이 30명으로 | 가장 낮았다
가장 낮게 나타났다
가장 낮은 것으로 조사되었다 |

| **04** | **-다 유형**

등산을 간다
20%
3위 | • 등산을 간다가 20%로 / ※ '등산을 간다'가 20%로
• 등산을 간다는 응답이 20%로
• 등산을 간다고 응답한 사람이 20%로 | 3위를 차지했다 |

| **05** | **기타 유형**

게임 하느라
게임 때문에
게임할 때 | • 게임하느라가 / '게임하느라'라는 응답이 / '게임하느라'라고 응답한 사람이
• 게임 때문에가 / '게임 때문에'라는 응답이 / '게임 때문에'라고 응답한 사람이
• 게임할 때가 / '게임할 때'라는 응답이 / '게임할 때'라고 응답한 사람이 | |

주의	O	X
	N을/를 차지하다	N이/가 차지하다
	-(으)ㄴ/는 **것으로** 나타났다	-(으)ㄴ/는 **것을** 나타났다

라. 그래프 내용 설명하기 1

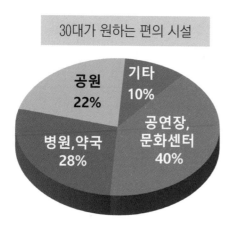

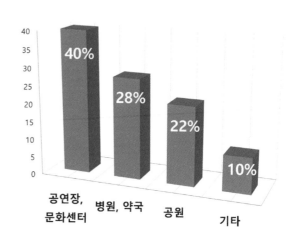

X	이렇게 쓰지 마세요	
①	30대가 원하는 편의 시설. 공연장, 문화센터 40%, 병원, 약국 28%, 공원 22%, 기타 10%.	→ 문장으로 쓰지 않고 표 내용만 나열했다.
②	30대가 원하는 편의 시설은 공연장, 문화센터가 40%이다. 그리고 병원, 약국이 28%이다. 그리고 공원이 22%, 기타가 10%이다.	→ 순서 표현이 없고 문장 서술어를 모두 '-이다'로 썼다.
③	30대가 원하는 편의 시설은 공연장, 문화센터가 1위를 차지했으며 병원, 약국은 2위, 공원은 3위를 차지했다.	→ 순서 표현이 있지만 서술어가 '차지했다'로 모두 같고 %가 없다.
④	30대가 원하는 편의 시설은 공연장, 문화센터가 1위로 가장 높게 나타났다. 이어서 병원, 약국이 2위로 나타났으며, 공원은 3위로 조사되었다.	→ 1,2,3,4위 등 순서 표현만 있고 %가 없다.

O	이렇게 쓰세요
	조사 결과를 살펴보면 30대가 원하는 편의 시설은 먼저 공연장, 문화센터가 40%로 가장 높게 나타났다. 이어서 병원, 약국이 28%로 두 번째로 많았다. 다음으로 공원이 22%를 차지했다. (※기타 항목은 생략 가능)

마. 그래프 내용 설명하기 2

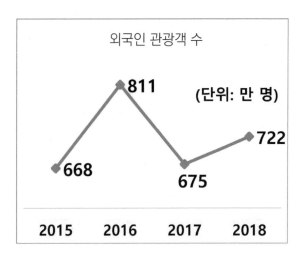

외국인 관광객 수

(단위: 만 명)

	X	이렇게 쓰지 마세요
❶	외국인 관광객 수는 2015년 668, 2016년 811, 2017년 675, 2018년 722 .	→ 그래프 내용을 그대로 나열만 하고 문장으로 쓰지 않았다.
❷	외국인 관광객 수는 2015년에 668만 명이고 2016년에 811만 명이다. 그리고 2017년에 675만 명이고 2018년에 722만 명이다.	→ 문장으로 썼지만 그래프 내용을 거의 그대로 썼다.
❸	외국인 관광객 수는 2015년에 668만 명으로 가장 높았고 2017년에 675만 명으로 가장 낮았다.	→ 그래프에 있는 숫자들이 빠져 있고 변화 모습 (증가, 감소 등)을 설명하지 않았다.
❹	외국인 관광객 수는 2015년에 668만 명이었는데 2016년에 811만 명이 되었다. 그리고 2017년에 675만 명이었는데 2018년에 722만 명이 되었다.	→ 그래프 내용을 잘 썼지만 서술어(되었다)를 반복했다.
❺	외국인 관광객 수는 2015년 668만 명에서 2016년에 811만 명으로 많아졌다. 그리고 2017년 675만 명으로 적어졌다. 그런데 다시 2018년에는 722만 명으로 많아졌다.	→ 변화 모습을 설명하면서 서술어(많아졌다, 적어졌다)를 중급 수준으로 표현하지 못했다.

	O	이렇게 쓰세요

조사 결과를 살펴보면 외국인 관광객 수는 2015년 668만 명에서 2016년 811만 명으로 크게 증가했다. 그러나 이후 감소하기 시작해서 2017년에는 675만 명으로 줄어들었다가 2018년에는 다시 722만 명으로 늘어난 것으로 나타났다.

바. 증감 표현 1

	N이/가 증가하다 [늘다/늘어나다] N을/를 증가시키다 [늘리다] N이/가 오르다 [올라가다] N을/를 올리다 N이/가 상승하다 N을/를 상승시키다

	N이/가 감소하다 [줄다/줄어들다] N을/를 감소시키다 [줄이다] N이/가 내리다 [떨어지다] N을/를 내리다 [떨어뜨리다] N이/가 하락하다 N을/를 하락시키다

	N이/가 증가하다 [늘어나다] ↔ 감소하다 [줄어들다]
정도	크게 [큰 폭으로, 급격히] 증가했다 ↔ 조금 [다소, 소폭으로] 증가했다
지속	_____년(월) 이후 계속 증가[감소]하고 있다 / 지속적인 증가[감소]를 보이고 있다
변화 (수량)	_____년(월) _____(%)에서 _____(%)(으)로 증가[감소]했다
변화 (특징)	N은/는 -(으)ㄹ수록 증가[감소]했다 예 뉴스 시청률은 나이가 많을수록 증가했다.
전망	_____년(월)에는 _____(%)까지 증가[감소] 할 것으로 보인다
인과	_____(으)로 인해 N이/가 증가[감소]하게 되었다
영향	N의 증가[감소]는 N(으)로 이어졌다 예 1인 가구 증가는 간편식 판매 증가로 이어졌다. N의 증가[감소]는 N을/를 가져왔다 예 과일과 채소의 섭취가 체중 감소를 가져왔다.

	N을/를 증가시키다 [늘리다] ↔ 감소시키다 [줄이다]
지속	N은/는 N을/를 증가[감소]시키고 있다 예 잘못된 식습관이 성인병을 증가시키고 있다.
결과	N은/는 N을/를 증가[감소]시켰다 예 기술의 발달은 생산성을 증가시켰다.

	O	X
주의	1인 가구가 증가했다.	1인 가구를 증가했다.
	1인 가구가 증가하게 **되었다.**	1인 가구가 증가해졌다.
	결혼관의 변화가 1인 가구를 증가**시켰다.**	결혼관의 변화를 1인 가구가 증가시켰다.

사. 증감 표현 2

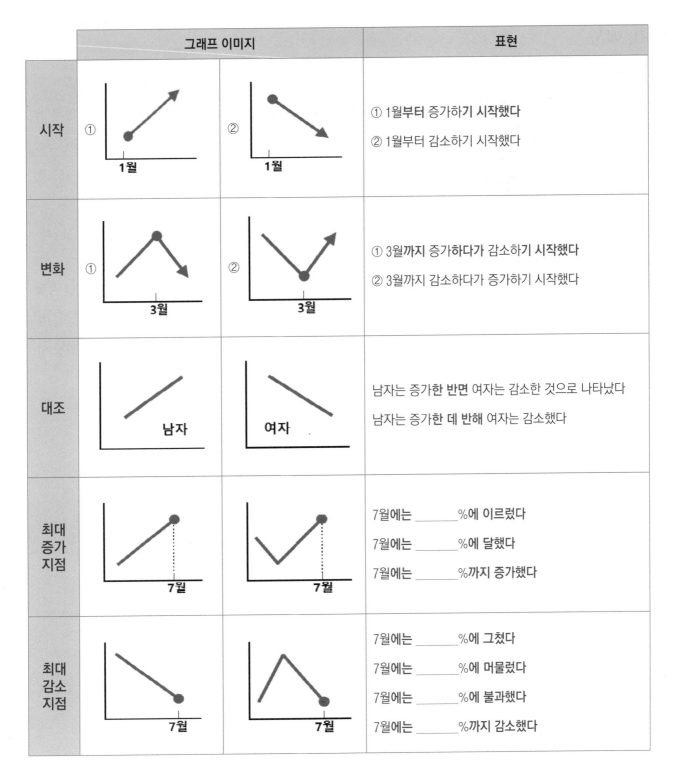

그래프 이미지	표현
시작	① 1월부터 증가하기 **시작했다** ② 1월부터 감소하기 **시작했다**
변화	① 3월까지 증가하다가 감소하기 **시작했다** ② 3월까지 감소하다가 증가하기 **시작했다**
대조	남자는 증가한 **반면** 여자는 감소한 것으로 나타났다 남자는 증가한 **데 반해** 여자는 감소했다
최대 증가 지점	7월에는 _____%에 이르렀다 7월에는 _____%에 달했다 7월에는 _____%까지 증가했다
최대 감소 지점	7월에는 _____%에 그쳤다 7월에는 _____%에 머물렀다 7월에는 _____%에 불과했다 7월에는 _____%까지 감소했다

❶ 순위 나열

가. 예시

조사 결과에 따르면 신입사원 퇴사 이유는 '적성과 다른 업무'가 38%로 가장 높게 나타났다. 이어서 '인내심 부족'이 25%로 2위, '조직 부적응'이 21%로 3위를 차지했다. 마지막으로 '인간관계'는 16%로 가장 낮게 나타났다.

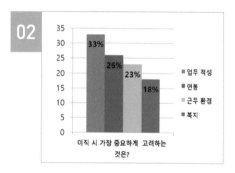

조사 결과를 살펴보면 이직 시 가장 중요하게 고려하는 것은 '업무 적성'이 33%로 가장 높게 나타났다. 이어서 '연봉'이 26%로 2위, '근무 환경'이 23%로 3위를 차지했다. 마지막으로 '복지'는 18%로 가장 낮은 것으로 조사되었다.

나. 주요 표현

조사 결과에 따르면 [조사 결과를 살펴보면] _____은/는 [(으)로]		
1위	• N이/가 _____% (으)로 • '_____'라는 응답이 _____%(으)로	가장 높게 나타났다 / **높은 것으로 나타났다** **1위를 차지했다** / 가장 많았다 가장 많은 것으로 조사되었다
2, 3위	• 이어서 N이/가 _____%(으)로 2위, N이/가 _____%(으)로 3위	를 차지했다 를 차지한 것으로 나타났다 [조사되었다] 로 뒤를 이었다 / –(으)로 나타났다
마지막	• 마지막으로 N은/는, 이/가 _____%(으)로	가장 낮게 나타났다 / 낮은 것으로 나타났다 가장 낮았다 / 가장 적은 것으로 조사되었다

다. 연습 문제

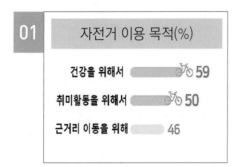

조사 결과에 따르면

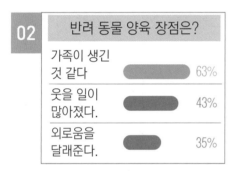

조사 결과를 살펴보면

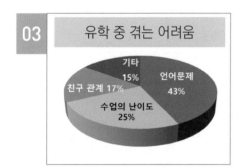

❷ 순위 대조

가. 예시

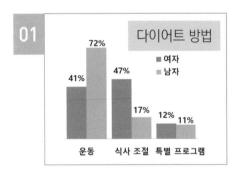

조사 결과에 따르면 다이어트 방법은 여자의 경우 '식사조절'이 47%로 가장 높게 나타났으며 이어서 '운동' 41%, '특별 프로그램' 12% 순으로 나타났다. 이와 달리 남자는 '운동'이 72%로 가장 높았으며 다음으로 '식사 조절' 17%, 특별 프로그램' 12% 순으로 다르게 나타났다.

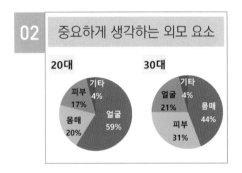

조사 결과를 살펴보면 중요하게 생각하는 외모 요소는 20대의 경우 '얼굴'이 59%로 1위를 차지했으며 다음으로 몸매 20%, 피부 17%순으로 이어졌다. 반면에 30대는 '몸매'가 44%로 가장 높았으며 다음으로 '피부' 31%, '얼굴' 21% 순으로 다르게 나타났다.

나. 주요 표현

	조사 결과에 따르면 [조사 결과를 살펴보면] _____은/는 [(으)로]	
N① 순위	• N① 의 경우 'N'이/가 _____%(으)로 • N① 의 경우 '____'라는 응답이 _____%(으)로	가장 높게 나타났다 / **높은 것으로 나타났다** **1위**를 **차지했다** / 가장 많았다 가장 많은 것으로 조사되었다
	• 다음으로 'N' _____%, 'N' _____% 순으로 이어졌다 / 나타났다 이어서 '____' 라는 응답이 _____%(으)로 2위, '____'라는 응답이 _____%(으)로 뒤를 이었다	
대조	• 반면에, 이와 달리, 이에 반해, 이와 반대로. N와/과 달리 N은/는	
N② 순위	• N②는 'N'이/가 _____%(으)로 가장 높았으며 [높은 것으로 나타났으며] / 많았으며 다음으로 'N' _____%, 'N'_____% 순으로 N와/과 다르게 나타났다	

다. 연습 문제

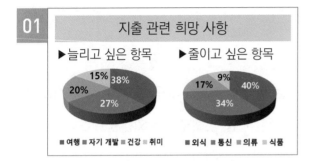

조사 결과에 따르면

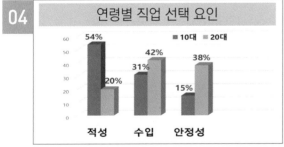

❸ 증감 변화

가. 예시

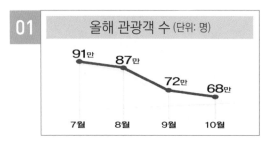

01 올해 관광객 수 (단위: 명)

조사 결과에 따르면 올해 관광객 수는 7월 91만 명에서 8월에는 87만 명, 9월에는 72만 명, 10월에는 68만 명으로 감소했다. [줄었다 / 줄어들었다 / 내려갔다 / 떨어졌다]

02 아빠 육아휴직 보너스제 이용자 수

조사 결과를 살펴보면 아빠 육아휴직 보너스제 이용자는 2016년 2700명에서 2017년 4400명으로 1년 사이에 63%나 크게 증가했으며 2018년에는 다시 36% 증가해서 6000명에 이르렀다.

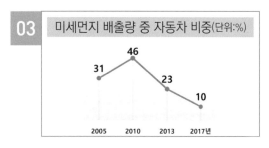

03 미세먼지 배출량 중 자동차 비중 (단위:%)

조사 결과에 따르면 미세먼지 배출량 중 자동차 비중은 2005년 31%에서 2010년 46%로 증가했다. 그러나 2013년 23%, 2017년에는 10%로 감소했다.

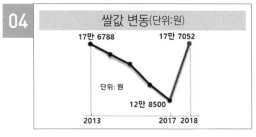

04 쌀값 변동 (단위:원)

조사 결과를 살펴보면 쌀값은 2013년 17만 6788원에서 2017년에는 12만 8500원까지 떨어졌다. 그러나 이후 큰 폭으로 증가해서 2018년에는 17만 7052원으로 올랐다.

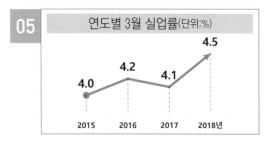

05 연도별 3월 실업률 (단위:%)

조사 결과를 살펴보면 연도별 3월 실업률은 2015년 4.0%에서 2016년 4.2%로 증가했다. 그러나 2017년 4.1%로 감소했다가 2018년에는 4.5%로 다시 증가했다. [늘었다 / 늘어났다 / 올라갔다 / 높아졌다]

나. 변화 양상별 주요 표현

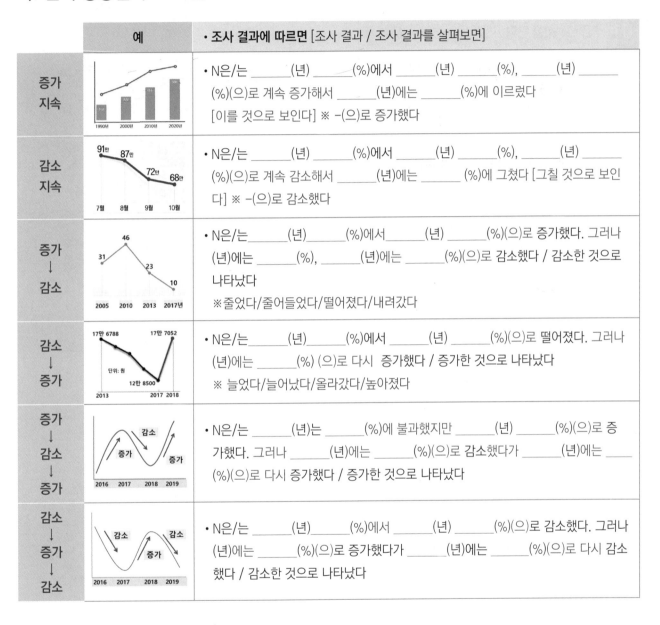

예	• **조사 결과에 따르면** [조사 결과 / 조사 결과를 살펴보면]
증가 지속	• N은/는 _____(년) _____(%)에서 _____(년) _____(%), _____(년) _____(%)(으)로 계속 증가해서 _____(년)에는 _____(%)에 이르렀다 [이를 것으로 보인다] ※ -(으)로 증가했다
감소 지속	• N은/는 _____(년) _____(%)에서 _____(년) _____(%), _____(년) _____(%)(으)로 계속 감소해서 _____(년)에는 _____(%)에 그쳤다 [그칠 것으로 보인다] ※ -(으)로 감소했다
증가 ↓ 감소	• N은/는 _____(년) _____(%)에서 _____(년) _____(%)(으)로 증가했다. 그러나 _____(년)에는 _____(%), _____(년)에는 _____(%)(으)로 감소했다 / 감소한 것으로 나타났다 ※줄었다/줄어들었다/떨어졌다/내려갔다
감소 ↓ 증가	• N은/는 _____(년) _____(%)에서 _____(년) _____(%)(으)로 떨어졌다. 그러나 _____(년)에는 _____(%) (으)로 다시 증가했다 / 증가한 것으로 나타났다 ※ 늘었다/늘어났다/올라갔다/높아졌다
증가 ↓ 감소 ↓ 증가	• N은/는 _____(년)는 _____(%)에 불과했지만 _____(년) _____(%)(으)로 증가했다. 그러나 _____(년)에는 _____(%)(으)로 감소했다가 _____(년)에는 _____(%)(으)로 다시 증가했다 / 증가한 것으로 나타났다
감소 ↓ 증가 ↓ 감소	• N은/는 _____(년) _____(%)에서 _____(년) _____(%)(으)로 감소했다. 그러나 _____(년)에는 _____(%)(으)로 증가했다가 _____(년)에는 _____(%)(으)로 다시 감소했다 / 감소한 것으로 나타났다

참고 노트	※ 언제 ⇨ 예 2020년, 5월, 상반기 ... 얼마 ⇨ 예 %, 명, 원 ...
	※ 증감 변화: 언제 N에서 언제 N(으)로 / N에서 N까지
	      예 2010년 10%에서 2015년 20%로
	      ┗▶2010년에는 (X)

다. 연습 문제

01

주요 소셜 미디어 일일 평균 이용 시간

단위:분

41.5   42.9   35.5

2016년   2017년   2018년

조사 결과에 따르면

02

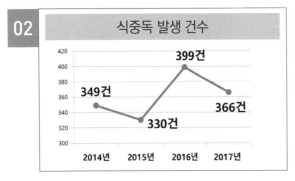

식중독 발생 건수

349건   399건   330건   366건

2014년   2015년   2016년   2017년

03

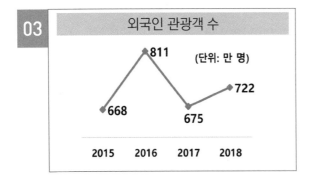

외국인 관광객 수

(단위: 만 명)

811   668   675   722

2015   2016   2017   2018

04

국내 대학 외국인 유학생 수(단위: 명)

8만 4891명   2배 ↑   14만 2205명

2014   2018

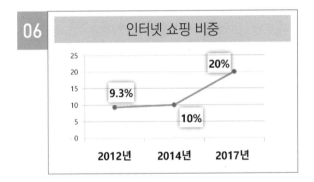

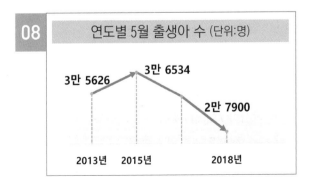

❹ 증감 대조

가. 예시

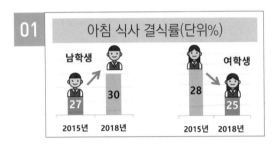

조사 결과를 살펴보면 아침 식사 결식률은 남학생의 경우, 2015년 27%에서 2018년 30%로 증가했다. 이와 달리 여학생은 같은 기간 28%에서 25%로 다소 감소한 것으로 나타났다.

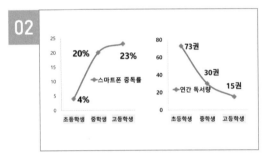

조사 결과에 따르면 스마트폰 중독률은 초등학생 4%, 중학생 20%, 고등학생 23%로 학년이 올라갈수록 중독률이 높아지는 것으로 나타났다. 반면에 연간 독서량은 초등학생 73권, 중학생 30권, 고등학생은 15권으로 학년이 높아질수록 책을 적게 읽는 것으로 조사되었다.

나. 주요 표현

	• **조사 결과에 따르면** [조사 결과를 살펴보면] _____ 은/는		
증가	• N의 경우, _____년 _____%에서 _____%로 **크게, 다소, 조금** 증가했다/늘어났다		
	• N _____(%), N _____(%), N _____(%)로 –(으)ㄹ수록 –(으)ㄴ/는 것으로 나타났다		
대조	• **반면에, 이와 달리, 이에 반해, 이와 반대로. N와/과 달리 N은/는**		
감소	• N의 경우, _____년 _____%에서 _____%로 **크게, 다소, 조금** 감소했다/줄었다 [같은 기간]		
	• N _____(%), N _____(%), N _____(%)로 –(으)ㄹ수록 –(으)ㄴ/는 것으로 조사되었다		

참고 노트

· ~ (으)ㄹ수록 [N이/가] 증가하다 / 올라가다 ↔ 감소하다 / 떨어지다 / 내려가다

🍃 예) 1. 나이가 많을수록 TV 시청률이 올라갔다. 2. 학년이 높을수록 운동량이 감소했다.
　　　3. 여가 시간이 많을수록 소비가 증가했다. 4. 경제가 나쁠수록 취업률이 떨어졌다

다. 연습 문제

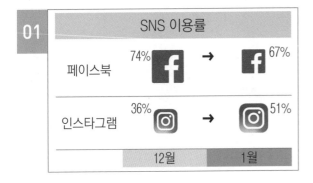

조사 결과에 따르면

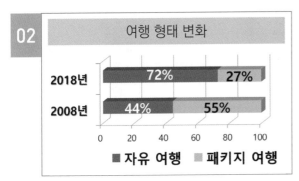

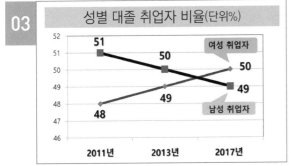

01

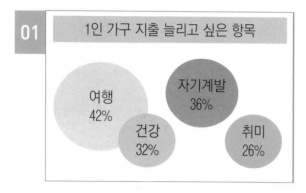

1인 가구 지출 늘리고 싶은 항목

여행 42%
자기계발 36%
건강 32%
취미 26%

02

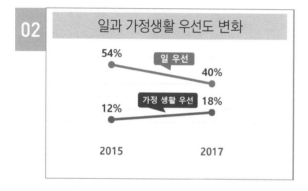

일과 가정생활 우선도 변화

54%
일 우선
40%

가정 생활 우선 18%
12%

2015   2017

03

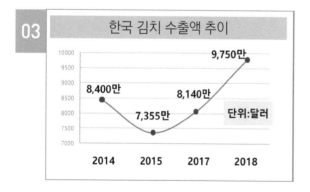

한국 김치 수출액 추이

9,750만
8,400만
8,140만
7,355만
단위:달러

2014   2015   2017   2018

04

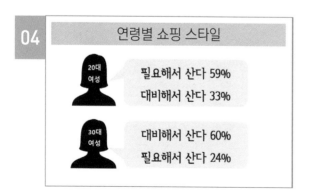

연령별 쇼핑 스타일

20대 여성
필요해서 산다 59%
대비해서 산다 33%

30대 여성
대비해서 산다 60%
필요해서 산다 24%

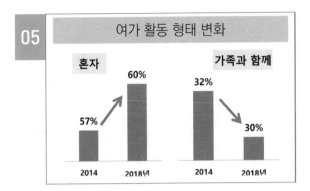

05

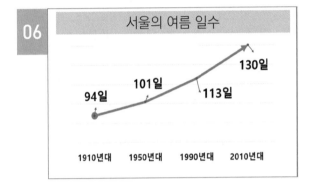

06

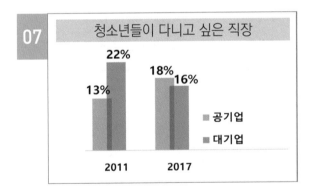

07

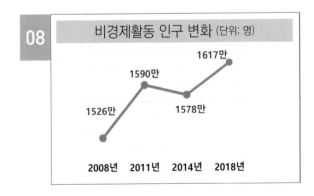

08

3 조사 결과 설명하기

준비하기

가. 제시 유형

분류	형태	제시 예
원인	N, -(으)ㅁ	운동 부족, 생산량 감소, 생활 체육 시설이 모자람
대책 / 과제	N, -기	기회 확대, 제도적 지원 활성화, 환경 개선하기
결과 / 영향	N, -(으)ㅁ	실내 공기 개선, 스트레스 해소, 주변 환경이 좋아짐
전망 / 예상	N, -(으)ㅁ	이상 기후 발생, 평균 기온 상승, 물 부족이 나타남

나. 문장 만들기

제시 형태	연결	O	X
1. 기술 발달	-(으)ㄹ수록	**기술이 발달할수록**	기술 발달을수록
2. 물가 상승	-(으)ㅁ에 따라	**물가가 상승함에 따라**	물가 상승에 따라
3. 능력 개발	-(으)ㅁ으로써	**능력을 개발함으로써**	능력 개발로써
4. 노인 인구 증가	-(으)ㄴ 반면에	**노인 인구가 증가한 반면에**	노인 인구 증가 반면에
5. 생활비 부담	-아/어서	**생활비가 부담스러워서**	생활비가 부담해서
6. 스마트폰 대중화	-(으)ㄴ 후에	**스마트폰이 대중화된 후에**	스마트폰 대중화 후에
7. 건강 유지	-기 어렵다	**건강을 유지하기가 어렵다**	건강 유지 어렵다
8. 시간 부족	-(으)ㄹ 뿐만 아니라	**시간이 부족할 뿐만 아니라**	시간 부족을 뿐만 아니라
9. 시민 참여 확대	-아/어야 한다	**시민의 참여를 확대해야 한다**	시민 참여 확대해야 한다
10. 시장 활성화	-(으)려면	**시장을 활성화하려면**	시장 활성화려면
11. 인터넷 발달	-기 때문에	**인터넷이 발달했기 때문에**	인터넷 발달 때문에
12. 적극 활용하기	-기 위해	**적극적으로 활용하기 위해**	적극 활용기 위해
13. 기술 개발하기	-는 것이 중요하다	**기술을 개발하는 것이 중요하다**	기술 개발하기가 중요하다
14. 소통 가능함	-아/어지다	**소통이 가능해진다**	소통 가능해진다
15. 기능 뛰어남	-(으)ㅁ에도 불구하고	**기능이 뛰어남에도 불구하고**	기능 뛰어남에도 불구하고

다. 참고하기 1 -연결하기

내용	형태	예문
원인	-아/어서	**시간이 없어서** 여가 활동을 할 수 없다.
	-(으)므로	과속하면 **사고가 나므로** 안전 속도를 지켜야 한다.
	-(으)ㄹ까 봐	**실패할까 봐** 두려워서 새로운 일에 도전하지 않는다.
목적	-(으)려면	**건강하게 살려면** 규칙적으로 운동해야 한다.
	-기 위해(서)	동물을 **보호하기 위해** 노력해야 한다.
	-고자	어휘력을 **향상시키고자** 책을 읽는다.
	-도록	시민들이 많이 **참여하도록** 다양한 프로그램을 마련했다.
나열 추가	-고	요즘은 경제적 **여유도 없고** 시간적 여유도 없다.
	-(으)며	발표 내용이 **체계적이며** 창의적이다.
	-(으)ㄹ 뿐만 아니라	비용이 **저렴할 뿐만 아니라** 서비스 품질도 뛰어나다.
	-(으)ㄴ/는데다가	근무 시간이 **길어진데다가** 월급도 거의 오르지 않았다.
	-(으)ㄴ/는 것은 물론이고	서로 **신뢰하는 것은 물론이고** 배려할 줄도 알아야 한다.
상반 대조	-지만	에너지 절약을 **강조하지만** 잘 실천하지 않는다.
	-(으)나	돈을 벌기는 **어려우나** 쓰기는 쉽다.
	-(으)ㄴ/는 반면에	**긍정적인 면이 있는 반면에** 부정적인 면도 있다.
	-(으)ㅁ에도 불구하고	**장점이 많음에도 불구하고** 그 장점을 살리지 못했다.
가정 1	-(으)면	**경험이 없으면** 일을 잘하기가 어렵다.
	-ㄴ/는다면	만약 환경을 **보호하지 않는다면** 큰 문제가 생길 것이다.
	-다 보면	자원봉사를 **하다 보면** 보람을 느낄 것이다.
가정 2	아무리 -아/어도	아파트를 **아무리 많이 지어도** 집이 없는 사람이 있다.
	-더라도	**결과가 좋지 않더라도** 포기하면 안 된다.
가정 3	-았/었더라면	**안전 규칙을 지켰더라면** 사고가 발생하지 않았을 것이다.
	-았/었더라도	**사과를 했더라도** 문제가 완전히 해결되지 않았을 것이다.
조건	-아/어야	**계획을 잘 세워야** 목표를 이룰 수 있다.
	-지 않고서는	그 일을 **좋아하지 않고서는** 즐겁게 일할 수 없다.

다. 참고하기 2 -변화 결과 표현하기

	V 동사	-게 되다	X
N이/가	증가하다 / 감소하다	**증가하게 되다 / 감소하게 되다**	증가해지다
	늘어나다 / 줄어들다	**늘어나게 되다 / 줄어들게 되다**	감소해지다
	올라가다 / 내려가다	**올라가게 되다 / 내려가게 되다**	늘어지다
	생기다	**생기다 / 생기게 되다**	나타나지다
	나타나다	**나타나게 되다**	변화해지다
	발생하다	**발생하게 되다**	생겨지다
	변화하다	**변화하게 되다**	좋아해지다
N을/를	좋아하다 / 싫어하다	**좋아하게 되다 / 싫어하게 되다**	
	느끼다	**느끼게 되다**	
	(으)ㄹ 수 있다	**-(으)ㄹ 수 있게 되다**	

※ 느끼다 (V) – 느끼게 되다 (변화) 느껴지다(피동)

	A 형용사	-아/어지다	X
N이/가	많다 / 적다	**많아지다 / 적어지다**	좋게 되다
	좋다 / 나쁘다	**좋아지다 / 나빠지다**	많게 되다
	크다 / 작다	**커지다 / 작아지다**	높게 되다
	높다 / 낮다	**높아지다 / 낮아지다**	다르게 되다
	편하다 / 불편하다	**편해지다 / 불편해지다**	중요하게 되다
	길다 / 짧다	**길어지다 / 짧아지다**	필요하게 되다
	쉽다 / 어렵다	**쉬워지다 / 어려워지다**	심하게 되다
	같다 / 다르다	**같아지다 / 달라지다**	
	필요하다	**필요해지다**	
	중요하다	**중요해지다**	
	부족하다	**부족해지다**	
	심하다	**심해지다**	

※ 많다 (A) ➡ 많아지다 (○) 많게 되다 (X)
많아지다 (V) ➡ 많아지게 되다 (○)

■ 문장 만들기 연습

1	삶의 질 / 높다	소득이 높아짐에 따라 삶의 질이 높아졌다.
2	휴식 / 필요하다	
3	변화 / 생기다	
4	인구 / 줄어들다	
5	쓰레기 / 증가하다	

다. 참고하기 3 -표현 주의하기

N이/가	향상되다	발생하다	발전되다	변화되다	활성화되다	오염되다	심화되다
N을/를	향상시키다	발생시키다	발전시키다	변화시키다	활성화시키다	오염시키다	심화시키다

N이/가	악화되다	약화되다	강화되다	확산되다	단절되다	소외되다	저하되다
N을/를	악화시키다	약화시키다	강화시키다	확산시키다	단절시키다	소외시키다	저하시키다

N이/가	개선되다	예상되다	유지되다	지속되다	활용되다	제시되다	확대되다
N을/를	개선하다	예상하다	유지하다	지속하다	활용하다	제시하다	확대하다

N이/가	밝혀지다	없다	이루어지다	만들어지다	떨어지다	높다	낮다
N을/를	밝히다	없애다	이루다	만들다	떨어뜨리다	높이다	낮추다

영향, 스트레스, 혜택, 도움	을/를	주다 / 받다		X	영향하다, 도움하다
지원, 제공, 칭찬, 조언	을/를	하다 / 받다		X	칭찬을 주다, 조언을 주다

■ 문장 만들기 연습

1	신뢰도 / 향상	품질을 개선함으로써 소비자의 신뢰도가 **향상되**었다.
		신뢰도를 **향상시키**기 위해서는 소비자들에게 정보를 제공해야 한다.
2	환경 / 오염	
3	기후 / 변화	
4	경제 / 발전	
5	문제 / 발생	

❶ 원인 분석

가. 유형별 예시

01 **증가 – 원인**

| 비만 인구 증가 원인 | → | 이처럼 비만 인구가 증가한 원인은 크게 두 가지로 나타났다. |

· 운동 부족 → 먼저 운동 부족으로 인해 비만 인구가 증가한 것으로 나타났다. 많은 사람들이 공부나 일 때문에 운동할 시간이 없다고 한다.

· 고열량 음식 섭취 → 다음으로 고열량 음식을 섭취하기 때문이다. 간편하게 먹을 수 있는 인스턴트 식품들은 열량이 높아서 비만이 되기가 쉽다.

02 **감소 – 원인**

흡연율 감소 원인 → 이처럼 흡연율이 감소한 원인은 두 가지를 들 수 있다.

· 다양한 금연 정책 → 금연 시도 증가 → 먼저 다양한 금연 정책을 실시함으로써 금연을 시도하는 사람들이 많아졌다.

· 금연 구역 확대 → 흡연 장소 감소 → 다음으로 금연 구역이 확대되면서 흡연을 할 수 있는 장소가 더 줄어들게 되어 금연을 결심하게 되는 경우가 많아졌다.

03 **선호 – 이유**

자유여행 선호 이유 → 이처럼 자유 여행을 선호하는 이유를 순위별로 살펴보면

1위: 자유 일정 가능 → 자유로운 개인 일정이 가능하기 때문에가 1위를 차지했다.

2위: 쇼핑 부담 없음 → 다음으로 쇼핑 부담이 없어서가 2위를 차지했다.

04 **배경 – 원인**

1인 가구 증가 배경 → 이렇게 1인 가구가 증가한 배경으로 다음과 같은 요인이 작용했다.

· 가족 가치 약화 → 첫째, 가족에 대한 가치가 많이 약화되었기 때문이다. 가족보다 개인의 자유를 더 중요하게 생각하는 경향이 강해졌다.

· 결혼관 변화 → 둘째, 결혼관이 변한 것도 한 원인으로 꼽을 수 있다. 결혼을 꼭 해야 한다고 생각하는 사람들이 갈수록 줄고 있다.

나. 서술 구조와 표현

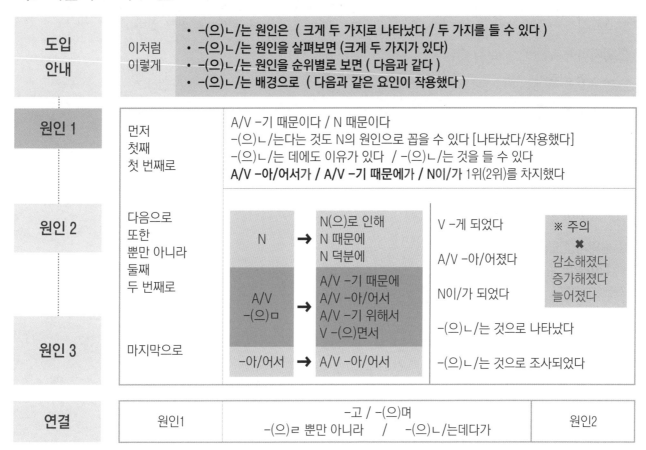

도입 안내	이처럼 이렇게	• –(으)ㄴ/는 원인은 (크게 두 가지로 나타났다 / 두 가지를 들 수 있다) • –(으)ㄴ/는 원인을 살펴보면 (크게 두 가지가 있다) • –(으)ㄴ/는 원인을 순위별로 보면 (다음과 같다) • –(으)ㄴ/는 배경으로 (다음과 같은 요인이 작용했다)

원인 1	먼저 첫째 첫 번째로	A/V –기 때문이다 / N 때문이다 –(으)ㄴ/는다는 것도 N의 원인으로 꼽을 수 있다 [나타났다/작용했다] –(으)ㄴ/는 데에도 이유가 있다 / –(으)ㄴ/는 것을 들 수 있다 **A/V –아/어서가 / A/V –기 때문에가 / N이/가 1위(2위)를 차지했다**

원인 2 — 다음으로 / 또한 / 뿐만 아니라 / 둘째 / 두 번째로

원인 3 — 마지막으로

N	→	N(으)로 인해 N 때문에 N 덕분에	V –게 되었다	※ 주의 ✖ 감소해졌다 증가해졌다 늘어졌다
A/V –(으)ㅁ	→	A/V –기 때문에 A/V –아/어서 A/V –기 위해서 V –(으)면서	A/V –아/어졌다 N이/가 되었다	
–아/어서	→	A/V –아/어서	–(으)ㄴ/는 것으로 나타났다 –(으)ㄴ/는 것으로 조사되었다	

연결	원인1	–고 / –(으)며 –(으)ㄹ 뿐만 아니라 / –(으)ㄴ/는데다가	원인2

참고 노트

🐞 **• 원인의 성격 확인하기**
- 증가 · 감소에 대한 원인인지, 선호 이유인지, 배경으로서의 원인인지 잘 보고 써야 한다.
  순위가 있으면 **'1위를 차지했다. 2위를 차지했다'**는 표현을 써야 한다.

🐞 **• 주어와 서술어가 있는 완전한 문장으로 쓰기**
- 원인은 '명사(N), –(으)ㅁ, –기, –아/어서'와 같은 축약형으로 제시된다.
  그대로 쓰지 말고 주어와 서술어가 있는 문장으로 써야 한다.

📝 **수출 증가 (증가하다)** ➡ 수출이 증가했기 때문이다.
  수출이 증가함 ➡ 수출이 증가하면서 –(으)ㄴ/는 것으로 나타났다
  수출이 증가해서 ➡ 수출이 증가해서 _____게 되었다.

🐞 **• 중심 문장 뒤에 보충 설명하는 문장 쓰기**
- 중심 문장을 쓰고 예시나 상세 설명이 포함된 보충 문장을 간단하게 쓰는 것이 좋다.
- 중심 문장과 보충 문장이 논리적으로 잘 연결돼야 한다.

쓰기 전 연습 ✎

제시 형태	적용	문장 만들기
1. 스트레스 → 질병 생김		스트레스로 인해 질병이 생기고 있다.
2. 일자리 부족 → 실업률 증가		
3. 안전 교육 강화 → 사고 감소		
4. 물 낭비 → 물 부족		
5. 시간이 없어서 → 독서량 부족		
6. 편의시설 없음 → 만족도 떨어짐	N(으)로	
7. 직업의 안정성 → 공무원 선호	N(으)로 인해	
8. 대화 시간 늘어남 → 소통 활발	N 때문에	
9. 한국 드라마 인기 → 한국에 대한 관심 증가	A/V -기 때문에	
10. 식습관 변화 → 비만 인구 감소	A/V -아/어서	
11. 인공 지능 발달 → 일자리 감소	V -(으)면서	
12. 전기차 증가 → 대기 오염 감소		
13. 스마트폰 중독 → 목 디스크 환자 증가		
14. 1인 가구 증가 → 반려동물 증가		
15. 관광객 증가 → 지역경제 활성화		

다. 연습 문제

01

평균 수명 길어진 이유	의학 기술의 발달	건강에 대한 관심 증가

🖉

02

관광객 감소 원인	경기가 안 좋아서	관광 프로그램이 다양하지 않아서

🖉

03

다이어트 결심 이유	건강을 위해서	외모 관리를 위해서

🖉

04

공기업 선호 원인	안정성이 높음	복지 혜택이 많음

🖉

05

저출산의 배경	결혼에 대한 인식 변화	양육비 부담

🖉

❷ 대책 / 과제

가. 유형별 예시

공공 시설 실내 공기 개선 방안	→	그러므로 공공시설의 실내 공기를 개선하기 위해서는
공기 정화 장치 설치	→	먼저 사람들이 많이 이용하는 공공시설에 공기 정화 장치를 설치해야 한다.
규칙적인 청소	→	다음으로 규칙적인 청소가 필요하다. 청소를 하면 실내 공기를 깨끗하게 유지하는 데 도움이 된다.

세대 갈등 해결을 위한 과제	→	따라서 세대 갈등을 해결하려면 다음과 같은 노력이 필요하다.
상호 소통 기회 확대	→	첫째, 상호 소통할 수 있는 기회를 확대해서 서로의 입장을 이해할 수 있도록 노력해야 한다.
경제적 지원 확대	→	둘째, 경제적 지원 확대를 통해 젊은 세대가 경제적 부담을 덜 느끼도록 해야 한다.

나. 서술 구조와 표현

도입 안내	그러므로 따라서	• N을/를 −기 위해서는 /−(으)려면 (다음과 같은 노력이 필요하다) • N을/를 −기 위한 방안[방법]은 (다음과 같다) • N을/를 −기 위한 방안으로 (다음 두 가지를 들 수 있다)		
대책 / 과제 1	먼저 첫째 첫 번째로	N	→	N을/를 N을/를 통해 N을/를 −아/어서
대책 / 과제 2	다음으로 또한 뿐만 아니라 둘째 두 번째로	A/V −(으)ㅁ	→	A/V −기 위해 A/V −도록

(대책/과제 1 행 오른쪽 서술)
−아/어야 한다
−지 않으면 안 된다
−는 것이 필요하다 / 좋다
−(으)ㄹ 필요가 있다
−(으)ㄹ 수 있도록 (노력) 해야 한다
−도록 −아/어야 한다

(대책/과제 2 행 오른쪽 서술)
노력해야 한다
노력을 기울여야 한다

쓰기 전 연습 ✏️

제시 형태	적용	문장 만들기
1. 경제 활성화		경제를 활성화해야 한다. / 경제를 활성화하지 않으면 안 된다.
2. 에너지 공급		
3. 참여 기회 확대		
4. 적극 참여		
5. 경제적 지원		
6. 포장 줄이기		
7. 수출 늘리기	N을/를	
8. 정보 제공	N적으로	
9. 제도 강화		
10. 환경 개선		
11. 빈부 격차 해소	-아/어야 한다	
12. 정책 다양화	-는 것이 좋다	
13. 규칙적 생활	-지 않으면 안 된다	
14. 에너지 절약 홍보	-는 것이 필요하다	
15. 게임 시간 제한		
16. 캠페인 실시	-(으)ㄹ 필요가 있다	
17. 건강 검진 의무화	-도록 해야 한다	
18. 대중교통 이용		
19. 일자리 창출		
20. CCTV 설치		
21. 청소년 상담실 마련		
22. 채식 메뉴 개발		
23. 음식물 반입 금지		

다. 연습 문제

01	대기 오염 줄이는 방법	① 대중교통 이용	② 자전거 이용 활성화

✏️

02	유기견 문제 해결 방안	① 동물 보호 단체 지원	② 유기견 입양 홍보

✏️

03	쓰레기 문제 해결 방안	① 과대 포장 줄이기 ② 일회용품 사용 제한 ③ 자원 재활용 활성화

✏️

04	청년 일자리 문제 해결 방안	① 전문 취업 교육 강화	② 청년 창업 기회 확대

✏️

05	환경 호르몬 줄이기	① 플라스틱 사용 줄이기	② 환경 호르몬 발생 제품 금지

✏️

❸ 문제점 / 결과 / 효과

가. 유형별 예시

| 수면 부족의 문제점 | → | 수면 부족으로 인해 다음과 같은 문제가 나타나고 있다. |

| ① 집중력 감소 | → | 먼저 수면이 부족하면 공부를 하거나 일을 할 때 집중력이 떨어지게 된다. |

| ② 스트레스 증가 | → | 다음으로, 스트레스가 증가한다. 잠을 잘 못 자면 작은 일에도 예민해진다. 게다가 피로감도 심해지므로 스트레스가 쌓이게 된다. |

| 지구 온도 상승의 결과 | → | 지구 온도가 상승하면 다음과 같은 결과가 나타난다. |

| ① 급격한 기후 변화 – 자연 재해 증가 | → | 첫째, 기후가 급격하게 변화함에 따라 이전에 없던 자연재해가 증가하게 된다. 즉 태풍, 홍수, 가뭄이 더 자주 발생한다. |

| ② 기온 상승 – 각종 질병 증가 | → | 둘째, 기온이 상승함에 따라 질병이 증가하게 된다. 기온이 높으면 질병을 옮기는 바이러스가 활동하기 좋아지기 때문이다. |

| 걷기 운동의 효과 | → | 걷기 운동을 하면 다음과 같은 효과가 나타난다. |

| ① 뼈 건강이 좋아짐 | → | 첫 번째로 뼈 건강이 좋아진다. 야외에서 햇빛을 받으면서 걸으면 뼈가 튼튼해진다. |

| ② 스트레스 해소 | → | 두 번째로 스트레스를 해소할 수 있다. 운동에 대한 부담 없이 편안한 상태에서 할 수 있으므로 스트레스를 푸는 효과가 있다. |

나. 서술 구조와 표현

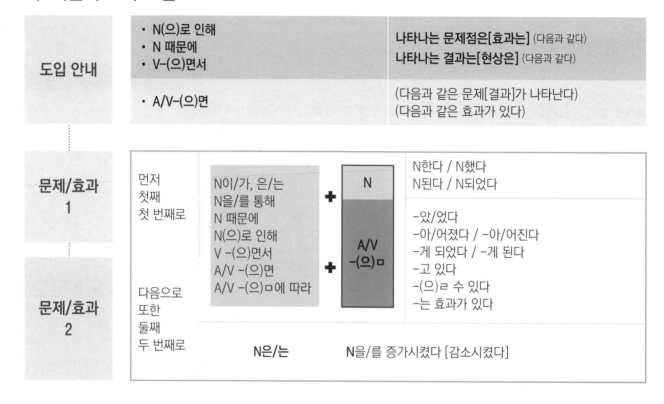

도입 안내	• N(으)로 인해 • N 때문에 • V-(으)면서	**나타나는 문제점은[효과는]** (다음과 같다) **나타나는 결과는[현상은]** (다음과 같다)
	• A/V-(으)면	(다음과 같은 문제[결과]가 나타난다) (다음과 같은 효과가 있다)

문제/효과 1	먼저 첫째 첫 번째로	N이/가, 은/는 N을/를 통해 N 때문에 N(으)로 인해 V -(으)면서 A/V -(으)면 A/V -(으)ㅁ에 따라	**+**	N	N한다 / N했다 N된다 / N되었다
			+	A/V -(으)ㅁ	-았/었다 -아/어졌다 / -아/어진다 -게 되었다 / -게 된다 -고 있다 -(으)ㄹ 수 있다 -는 효과가 있다
문제/효과 2	다음으로 또한 둘째 두 번째로	N은/는			N을/를 증가시켰다 [감소시켰다]

참고 노트

📌 • 결과의 성격 확인하기
– 어떤 현상이 있다면 그로 인해 나타나는 문제점인지, 아니면 자연스럽게 나타나는 결과나 효과인지 잘 생각해 보고 써야 한다.

📌 • '현상, 변화, 원인, 사건'이 뒤의 '문제점, 결과, 효과'와 연관성이 있어야 한다.
– 앞의 현상으로 인해 생긴 결과이므로 서로 관련 있는 내용을 써야 한다.
– 내용이 논리적이어야 한다.

📌 • 중심 문장 뒤에 보충 문장 쓸 때 유의할 점
– 논리적인 연관성이 있어야 한다.
– 중심 문장과 관계있는 내용을 써야 한다.
– 분량이 길어질 수 있으므로 짧게 쓰는 것이 좋다.

쓰기 전 연습 ✏️

문장으로 쓰기

1. 의학 기술 발달 / 평균 수명 연장 → 의학 기술이 발달함에 따라 평균 수명이 연장되었다.

2. 자연 체험 학습 / 충동성 감소 → 자연 체험 학습을 하면 충동성이 감소하게 된다.

3. 경제 교육 / 소비 습관 변화 → 경제 교육을 받으면 소비 습관에 변화가 생긴다.

4. 미세 먼지 / 호흡기 환자 증가 → 미세 먼지 때문에 호흡기 환자가 증가하게 되었다.

5. 예절 교육 / 인성 좋아짐 → 예절 교육을 하면 인성이 좋아지는 효과가 있다.

6. 문화 예술 교육 / 문화 감수성 발달 → 문화 예술 교육을 하면 문화 감수성이 발달하게 된다.

7. 독서 / 사고력 향상 → 독서를 통해 사고력을 향상시킬 수 있다. / 독서를 하면 사고력이 향상된다.

8. 운동 부족 / 체력 저하 → 운동 부족으로 인해 체력이 저하될 수 있다 / 떨어질 수 있다.

9. 조기 교육 / 정서 발달 방해 → 조기 교육은 정서 발달을 방해할 수 있다.

10. 기온 상승 / 농작물 생산성 감소 → 기온 상승으로 인해 농작물 생산성이 감소되었다.

11. 소통 부족 / 세대 갈등 심화 → 소통 부족으로 인해 세대 갈등이 심화되고 있다.

연습하기

1. 도시 개발 / 집값 상승 → 도시 개발로 인해 집값이 상승하게 되었다.

2. 지나친 경쟁 / 불안감 증가 →

3. 과장 광고 / 소비자 피해 증가 →

4. 작은 기부 / 삶의 태도 변화 →

5. 나무 심기 / 이산화탄소 배출 감소 →

6. 물 부족 / 질병 발생률 증가 →

7. 공정 여행 / 여행 만족도 증가 →

8. 구매 후 서비스 / 신뢰감 증가 →

9. 걷기 / 우울감 감소 →

10. 육식 / 가축 사육으로 인한 환경 오염 →

11. 채식 / 각종 성인병 발생 감소 →

12. 재활용 실천 / 자원 절약 →

다. 연습 문제

01	농촌 인구 감소의 결과	① 빈 집, 폐교 늘어남	② 일손 부족

✎

02	지역 축제의 효과	① 지역 경제 활성화	② 지역 문화 홍보

✎

03	플라스틱 사용 증가의 문제점	① 토양 오염	② 바다 생물의 몸에 쌓임

✎

04	아침 식사의 효과	① 규칙적인 식습관 형성	② 집중력 향상

✎

05	과소비의 문제점	① 신용불량자 비율 증가	② 자원 낭비

✎

❹ 영향

가. 예시

01

과대 포장이 미치는 영향	경제	보관, 운송으로 인한 비용 증가
	환경	유해 물질 발생에 따른 오염

→ 과대 포장이 미치는 영향을 살펴보면 다음과 같다. 먼저 경제적인 면에서는 보관과 운송으로 인한

비용을 증가시킨다. 뿐만 아니라 환경적인 면에서는 유해 물질을 발생시켜 환경을 오염시킨다.

02

반려 동물이 아이들에게 미치는 영향	정서적인 면	공감 능력 향상
	신체적인 면	면역력 증가

→ 반려동물이 아이들에게 미치는 영향은 크게 두 가지를 들 수 있다. 첫째, 정서적인 면에서는 아이들의

공감 능력을 키워 줄 수 있다. 둘째, 신체적인 면에서는 면역력을 높이는 데 도움을 줄 수 있다.

03

스트레스가 우리 생활에 미치는 영향	긍정적 영향	생활에 자극이 됨
	부정적 영향	각종 질병의 원인

→ 스트레스가 우리 생활에 미치는 영향은 크게 두 가지 면에서 나타날 수 있다. 먼저 긍정적인 영향으로는

생활에 자극이 될 수 있다는 것이다. 그래서 어려운 일에도 적극적으로 도전하게 된다. 반면에 부정적인

영향도 있는데 스트레스는 각종 질병의 원인이 될 수 있다.

나. 서술 구조와 표현

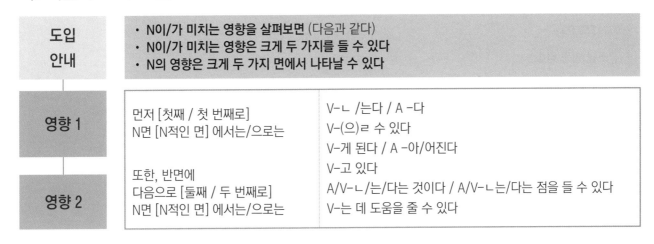

도입 안내	• N이/가 미치는 영향을 살펴보면 (다음과 같다) • N이/가 미치는 영향은 크게 두 가지를 들 수 있다 • N의 영향은 크게 두 가지 면에서 나타날 수 있다	
영향 1	먼저 [첫째 / 첫 번째로] N면 [N적인 면] 에서는/으로는	V-ㄴ /는다 / A -다 V-(으)ㄹ 수 있다 V-게 된다 / A -아/어진다 V-고 있다
영향 2	또한, 반면에 다음으로 [둘째 / 두 번째로] N면 [N적인 면] 에서는/으로는	A/V-ㄴ/는/다는 것이다 / A/V-ㄴ/는/다는 점을 들 수 있다 V-는 데 도움을 줄 수 있다

쓰기 전 연습 ✏️

문장으로 쓰기	
1. 삶의 질 향상 → 삶의 질을 향상시킬 수 있다 / 삶의 질이 향상된다 삶의 질을 높일 수 있다 / 삶의 질이 높아진다	X 향상한다

2. 환경 개선 → 환경을 개선시킬 수 있다[개선시킨다] / 환경이 개선될 수 있다[개선된다]

3. 갈등 증가 → 갈등을 증가시킬 수 있다 / 갈등이 증가된다[증가한다]

4. 일자리 감소 → 일자리를 감소시킬 수 있다 / 일자리가 감소된다[감소한다]

5. 빈부격차 해소 → 빈부격차를 해소할 수 있다 / 빈부격차가 해소된다

6. 오염물질 발생 → 오염물질을 발생시킬 수 있다 / 오염물질이 발생된다[발생한다]

7. 경쟁력 저하 → 경쟁력을 떨어뜨릴 수 있다[저하시킬 수 있다] / 경쟁력이 떨어진다[저하된다]

8. 취업률 하락 → 취업률을 떨어뜨릴 수 있다[하락시킬 수 있다] / 취업률이 떨어진다[하락한다]

9. 수면 부족 → 수면 부족을 가져올 수 있다 / 수면이 부족해진다

10. 소비자 물가 상승 → 소비자 물가를 상승시킬 수 있다 / 소비자 물가가 상승한다

연습하기

1. 갈등 해소 →

2. 인내심 부족 →

3. 품질 저하 →

4. 차별 해소 →

5. 면역력 저하 →

6. 집값 상승 →

7. 세대 갈등 심화 →

8. 자신감 저하 →

9. 청소년 인구 감소 →

10. 폭력성 감소 →

11. 금연 인구 증가 →

12. 농산물 가격 하락 →

13. 효율성 증가 →

14. 생산성 향상 →

15. 기부 문화 확산 →

다. 연습 문제

01

대중매체의 영향	긍정적: 다양한 정보 제공 / 부정적: 잘못된 문화 확산

02

규칙적인 운동의 영향	신체적: 질병 예방 / 정신적: 스트레스 해소

03

공익 광고의 영향	① 바람직한 사회 분위기 조성　　② 개인의 태도 변화

04

칭찬의 영향	긍정적: 동기 강화 / 부정적: 기대에 대한 부담 증가

05

지구 온난화의 영향	① 가뭄이나 홍수 피해 증가　　② 일부 동식물 멸종

❺ 전망 / 예상

가. 예시

01	전망 (증가)	1인 가구 / 2035년 / 762만 8000명

→ 앞으로 1인 가구는 2035년에는 762만 8000명에 이를 것으로 예상된다.

02	전망 (감소)	서주시 청소년 인구 / 2060년 / 36만 3000명

→ 앞으로 이러한 감소 추세가 계속되면 서주시 청소년 인구는 2060년에는 36만 3000명에 그칠 것으로 보인다.

03	전망 (예상)	기후 변화 지속	• 이상 기후 → 물 공급 감소 • 식량 생산 감소 → 식량 위기 발생

→ 앞으로 이러한 기후 변화가 지속되면 이상 기후가 나타나 물 공급이 감소될 전망이다. 또한 식량 생산이 감소되어 식량 위기가 발생될 것으로 보인다.

나. 서술 구조와 표현

		앞으로 / N 이/가 -(으)면		
전망	증가 감소	• N은/는 _____(년)에는	_____에 이를	것으로 예상된다 [전망된다 /보인다]
			-(으)로 증가할 / 늘어날 / 올라갈	
		• N은/는 _____(년)에는	_____에 그칠	것으로 예상된다 [전망된다 /보인다]
			-(으)로 감소할 / 줄어들 / 떨어질	
	예상 (내용)	• N(으)로 인해 • A/V - (으)면 • N 이/가 지속[계속]되면	-(으)ㄹ 것으로 예상된다 -(으)ㄹ 전망이다 -(으)ㄹ 것으로 보인다	+ 뿐만 아니라 ~ 또한 ~ 게다가 ~

다. 연습 문제

01

전망 : 채소 섭취 (감소)	2025년 / 1인당 연평균 소비량 98kg

✎

02

전망 : 육류 섭취 (증가)	2025년 / 1인당 연평균 소비량 50kg

✎

03

전망 : 초등학생 수 (감소)	2035년 / 230만 명

✎

04

전망 : 전기, 수소차 (증가)	2040년 / 전체 자동차의 50% 차지

✎

05

전망 : 치매 환자 (증가)	2040년 / 196만 명

✎

06

전망 : 항공우주산업발전 (예상)	• 화물 수송과 관광 수요 증가 • 우주 여행 가능

✎

07

전망 : 전자화폐 사용 확대 (예상)	• 상품 거래나 결제가 편리해짐 • 세계 단일 통화 가능

✎

❻ 예 / 분류

가. 예시

01	소셜 미디어 종류	페이스북, 인스타그램, 트위터, 블로그

➜ 소셜 미디어의 종류를 살펴보면 페이스북, 인스타그램, 트위터, 블로그 같은 것들이 있다.

02	국민 생활 체육 시설	체육공원, 운동장, 축구장, 헬스장

➜ 국민 생활 체육 시설에는 체육공원, 운동장, 축구장, 헬스장 등이 있다.

03	소비 유형	자기 만족형 소비, 가치형 소비, 과시형 소비

➜ 소비 유형은 자기 만족형 소비, 가치형 소비, 과시형 소비로 나누어 볼 수 있다.

04	주거 유형	아파트, 오피스텔, 주택, 빌라, 원룸, 기숙사

➜ 주거 유형은 크게 아파트, 오피스텔, 주택, 빌라, 원룸, 기숙사 등으로 나누어 볼 수 있다.

나. 서술 구조와 표현

N의	예 종류	• N의 예로는 _____, _____, _____ 등을 들 수 있다 • N에는 _____, _____, _____ 등이 있다 • N의 종류를 살펴보면 _____, _____, _____ 같은 것들이 있다
	유형 분류	• N은/는 [N의 유형은] _____, _____, _____ 등으로 나누어 볼 수 있다 [나뉘어진다] • N은/는 크게 _____, _____, _____(으)로 분류해 볼 수 있다 [분류된다] • N은/는 N에 따라 _____, _____, _____(으)로 나누어 볼 수 있다

다. 연습 문제

01	생활 편의 시설	병원, 은행, 영화관, 우체국, 도서관

✏

02	친환경 에너지의 예	태양광, 태양열, 풍력, 수력, 지열

✏

03	여행의 유형	관광지형, 휴양형, 체험 활동형, 문화 탐방형

✏

04	관광 자원 유형	자연 관광자원, 문화 관광자원, 산업 관광자원, 사회 관광자원

✏

05	인쇄 매체의 종류	책, 잡지, 신문

✏

06	대중매체의 유형	인쇄 매체, 전파 매체, 통신 매체

✏

07	여가 활동의 종류	게임, 운동, 등산, 독서, TV 시청

✏

❼ 장점 / 단점

가. 예시

01

도시 생활의 장단점	장점	다양한 문화생활 / 최신 의료 시설 이용
	단점	비싼 물가 / 공해 발생

→ 도시 생활의 장점은 다양한 문화생활을 할 수 있을 뿐만 아니라 최신 의료 시설을 이용할 수 있다는 것이다. 반면에 단점은 물가가 비싼데다가 공해가 발생한다는 것이다.

02

도시 개발의 양면성	긍정적인 면	주택 문제 해결 / 주거 환경 개선
	부정적인 면	땅값 상승 / 환경 오염 문제 발생

→ 도시 개발의 긍정적인 면은 주택 문제를 해결하고 주거 환경을 개선할 수 있다는 것이다. 이에 반해 땅값이 상승하고 환경오염 문제가 발생한다는 부정적인 면이 있다.

나. 서술 구조와 표현

N의 장·단점 / 양면성	장점 긍정적인 면	• N의 장점[긍정적인 면]은 　 -ㄴ/는다는 것이다 • N은/는 -ㄴ/는다는 장점이 있다 / -ㄴ/는다는 데 장점이 있다
	반면에 / 이와 달리 / 이에 반해 / 이와 반대로	
	단점 부정적인 면	• N의 단점[부정적인 면]은 　 -ㄴ/는다는 것이다 • N은/는 -ㄴ/는다는 단점이 있다 / -ㄴ/는다는 데 단점이 있다

2가지 장점 단점	장점 ❶ 단점 ❶	-고 / -(으)며 -(으)ㄹ 뿐만 아니라 -(으)ㄴ/는데다가	장점 ❷ 단점 ❷

138

다. 연습 문제

01	전통 시장의 장단점	장점	가격 저렴 / 지역 특색을 느낄 수 있음
		단점	주차장 등 편의 시설 이용 불편 / 교환 · 환불 어려움

02	로봇 대중화의 양면성	긍정적인 면	생산성 높임 / 삶의 질 향상
		부정적인 면	노동 인구 감소 / 빈부격차 커짐

03	기숙사 생활의 장단점	장점	다양한 친구들과 교류 / 통학 시간 절약
		단점	생활 습관 차이로 인한 갈등 발생

04	세계화의 양면성	긍정적인 면	자유 무역 활성화 / 활발한 문화 교류
		부정적인 면	나라 간 경제 불평등 발생 / 질병의 확산

| 01 | 자전거 안전 사고 예방 대책 | ① 이용자 안전 교육 강화 | ② 자전거 도로 정비 |

| 02 | 기부 문화 조성을 위한 과제 | ① 기부 단체 신뢰도 높이기 | ② 인식 변화를 위한 캠페인 실시하기 |

| 03 | 청소년 체력 저하 원인 | ① 신체 활동 감소 ② 학업 스트레스 증가 ③ 불규칙한 식습관 |

| 04 | 수면 장애의 원인 | ① 불규칙한 수면 시간 | ② 불안과 스트레스 |

| 05 | 가정 내 에너지 절약 방안 | ① 냉 · 난방의 효율적 사용 | ② 가전 제품 플러그 뽑기 |

01	독서의 효과	① 언어 활용 능력 향상	② 상상력, 창의력 향상

✏️

02	지속적인 흡연의 결과	① 암 발생률 증가	② 노화 속도 빨라짐

✏️

03	게임이 아이들에게 미치는 영향	• 긍정적 영향: 긴장감 해소	• 부정적 영향: 중독 위험

✏️

04	스마트폰 과다 사용의 문제점	① 시력 저하	② 대화 단절

✏️

05	1인 가구 증가의 결과	① 간편 식품 소비 증가	② 1인용 소형 제품 인기

✏️

| 01 | 한복의 장·단점 | 장점 | 누구에게나 잘 어울림 / 아름다운 선과 색깔 |
| | | 단점 | 입고 벗기 번거로움 / 활동하기가 불편함 |

| 02 | 과학 기술의 양면성 | 긍정적인 면 | 편리한 생활 / 인류의 각종 문제 해결에 기여 |
| | | 부정적인 면 | 환경오염 심화 / 에너지 자원의 감소 |

| 03 | 광고의 양면성 | 긍정적인 면 | 다양한 상품 정보 제공 / 소비가 늘어남 |
| | | 부정적인 면 | 제품의 장점만 과장 / 제품 가격 상승 |

| 04 | 여행지 숙박 시설 종류 | 호텔, 콘도, 펜션, 민박, 게스트하우스 |

| 05 | 여행 유형 | 자유 여행, 패키지 여행, 배낭 여행, 크루즈 여행 |

06	여가 활동의 유형	문화 예술 활동, 취미 활동, 휴식 활동, 스포츠 활동

07	공공 시설	도서관, 병원, 공원, 학교, 복지관, 문화센터

08	교통 수단의 예	지하철, 버스, 택시, 비행기, 배, 자전거, 오토바이

09	인터넷의 장점과 단점	장점	정보 얻기가 쉬움 / 교류 확대
		단점	개인 정보 노출 위험 / 인터넷 범죄 확산

10	영화 분류	멜로 영화, 액션 영화, 재난 영화 , 공포 영화

11	아파트의 장 · 단점	장점	관리가 쉬움 / 편의 시설 이용 편리
		단점	층간 소음 발생 / 실내 공기 질 안 좋음

Ⅲ 유형별 300자 쓰기

1 N의 현황 ➜ 원인

53. 다음을 참고하여 '외모 관리 필요성'에 대한 글을 200~300자로 쓰시오. 단, 글의 제목을 쓰지 마시오. (30점)

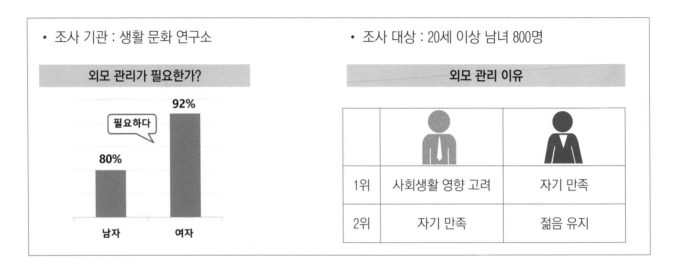

- 조사 기관 : 생활 문화 연구소
- 조사 대상 : 20세 이상 남녀 800명

외모 관리가 필요한가?

필요하다
남자 80%
여자 92%

외모 관리 이유

1위	사회생활 영향 고려	자기 만족
2위	자기 만족	젊음 유지

〈예시 답안〉

개요	생활 문화 연구소에서 20세 이상 남녀 800명을 대상으로 외모 관리의 필요성에 대한 설문 조사를 실시했다.
현황	조사 결과에 따르면 외모 관리가 필요하다는 응답은 여자가 92%로 남자 80%에 비해 높은 것으로 나타났다.
원인	외모를 관리하는 이유에 대해서는 남자의 경우 사회생활에 미치는 영향을 고려한다가 1위를 차지한 반면에 여자의 경우 자기 만족을 위해서가 가장 높은 것으로 나타났다. 이어서 남자는 자기만족이 2위로 나타났으며 여자는 젊음을 유지하기 위해서가 2위로 조사되어 각각 다르게 나타났다. (278자)

■ 연습 문제 – 최신 경향

1 다음을 참고하여 '서주시 1인 가구 현황'에 대한 글을 200~300자로 쓰시오. 단, 글의 제목을 쓰지 마시오. (30점)

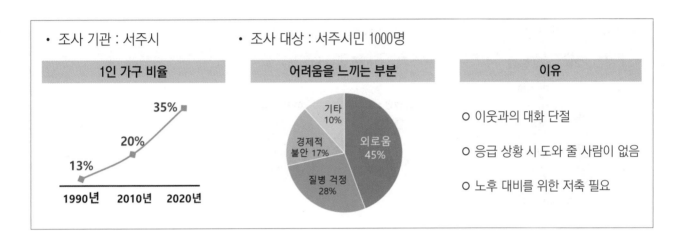

〈 쓰기 연습 〉

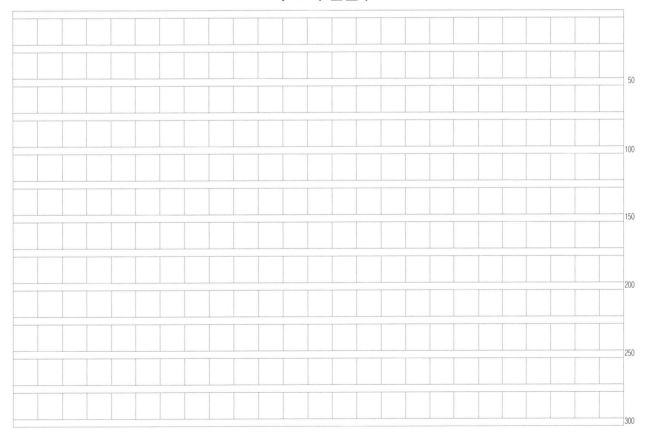

■ 연습 문제

2 다음을 참고하여 '온라인 쇼핑 변화'에 대한 글을 200~300자로 쓰시오. 단, 글의 제목을 쓰지 마시오. (30점)

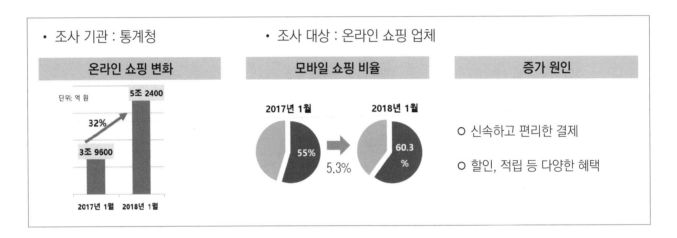

- 조사 기관 : 통계청
- 조사 대상 : 온라인 쇼핑 업체

| 온라인 쇼핑 변화 | 모바일 쇼핑 비율 | 증가 원인 |

온라인 쇼핑 변화
단위: 억 원
5조 2400
32%
3조 9600
2017년 1월   2018년 1월

모바일 쇼핑 비율
2017년 1월   2018년 1월
55%   60.3%
5.3%

증가 원인
○ 신속하고 편리한 결제
○ 할인, 적립 등 다양한 혜택

〈 쓰기 연습 〉

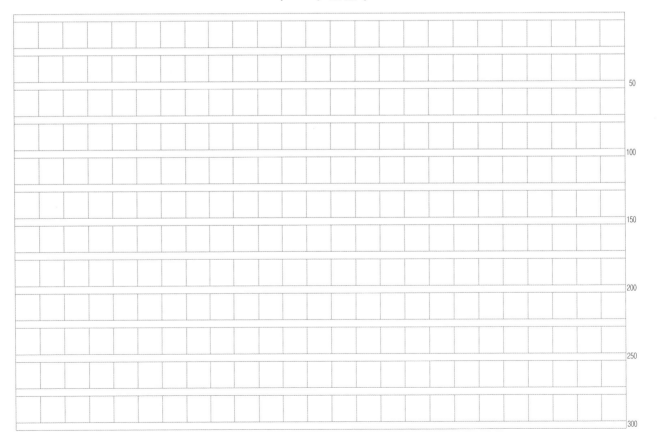

■ 연습 문제

3 다음을 참고하여 '공유 자전거 이용과 사고 현황'에 대한 글을 200~300자로 쓰시오. 단, 글의 제목을 쓰지 마시오. (30점)

• 조사 기관 : 교통안전 문화 연구소

사고 감소 원인
○ 자전거 안전 문화 정착
○ 자전거 도로 정비

〈 쓰기 연습 〉

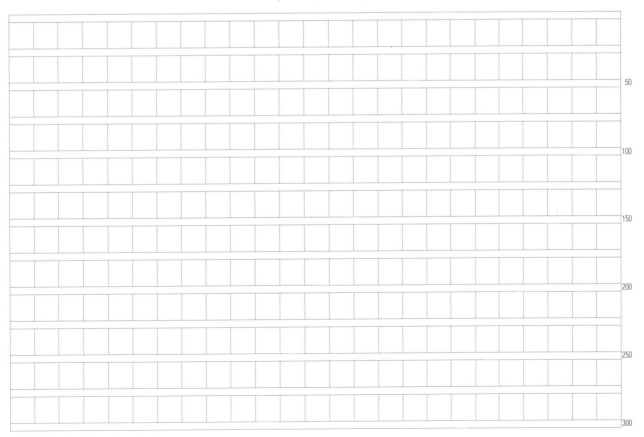

■ 연습 문제 – 최신 경향

4 다음을 참고하여 '가공 식품 구매액 변화'에 대한 글을 200~300자로 쓰시오. 단, 글의 제목을 쓰지 마시오. (30점)

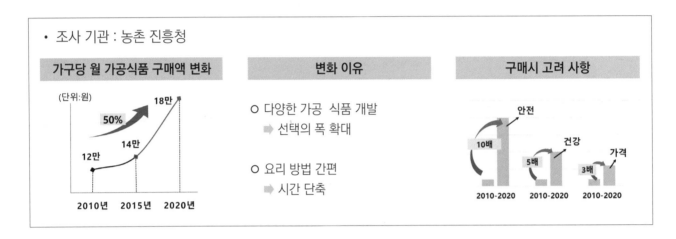

- 조사 기관 : 농촌 진흥청

가구당 월 가공식품 구매액 변화

(단위:원)

18만

50%

14만

12만

2010년 2015년 2020년

변화 이유

○ 다양한 가공 식품 개발
  ➡ 선택의 폭 확대

○ 요리 방법 간편
  ➡ 시간 단축

구매시 고려 사항

안전

10배

건강

5배

가격

3배

2010-2020 2010-2020 2010-2020

〈 쓰기 연습 〉

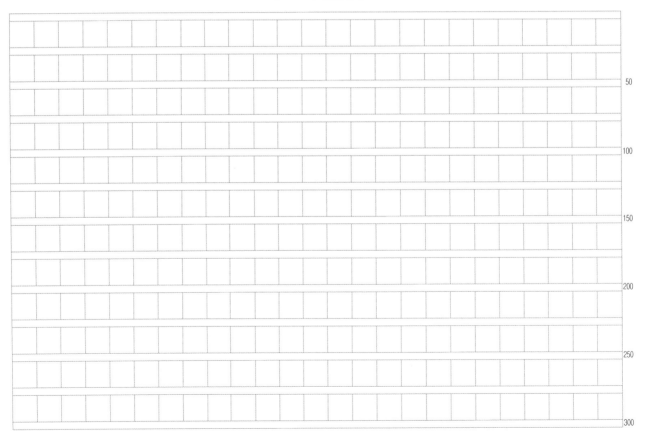

50

100

150

200

250

300

2 N의 현황 ➔ 원인 ➔ 방안

53. 다음을 참고하여 '자원 봉사 참여 현황'에 대한 글을 200~300자로 쓰시오. 단, 글의 제목을 쓰지 마시오. (30점)

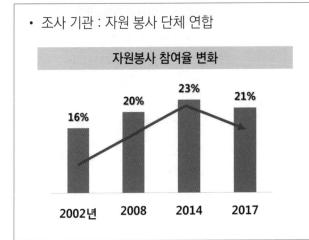

• 조사 기관 : 자원 봉사 단체 연합	• 조사 대상 : 20세 이상 남녀 800명

자원봉사 참여율 변화

16% (2002년) 20% (2008) 23% (2014) 21% (2017)

참여 감소 원인

○ 자원 봉사에 대한 인식 부족

참여 확대를 위한 방안

○ 소셜미디어를 통한 홍보

○ 직업, 연령별 활동 방안 제시

〈예시 답안〉

개요	자원 봉사 단체 연합에서 20세 이상 남녀 800명을 대상으로 자원 봉사 참여 현황에 대한 설문 조사를 실시했다.
현황	조사 결과에 따르면 자원 봉사 참여율은 2002년에는 16%에 불과했으나 2008년 20%, 2014년 23%로 꾸준히 증가했다. 그러나 이후 다시 감소하기 시작해서 2017년에는 21%에 머물렀다.
원인	이처럼 자원 봉사 참여가 줄어든 원인은 자원 봉사에 대한 인식이 부족한 것을 들 수 있다.
방안	따라서 참여율을 확대하기 위해서는 소셜미디어를 통해 적극적으로 홍보하고 직업 및 연령별 활동 방안을 제시할 필요가 있다. (298자)

■ 연습 문제

1 다음을 참고하여 '일회용품 사용 현황'에 대한 글을 200~300자로 쓰시오. 단, 글의 제목을 쓰지 마시오. (30점)

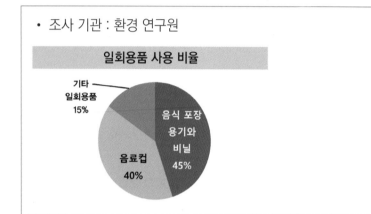

- 조사 기관 : 환경 연구원

일회용품 사용 비율

- 음식 포장 용기와 비닐 45%
- 음료컵 40%
- 기타 일회용품 15%

일회용품 줄이기 어려운 이유

- 1위 : 쓰고 버리기 편해서
- 2위 : 다른 방법이 없어서
- 3위 : 습관적으로 사용해서

방안

- 친환경 포장재 사용
- 재활용 방안 마련

〈 쓰기 연습 〉

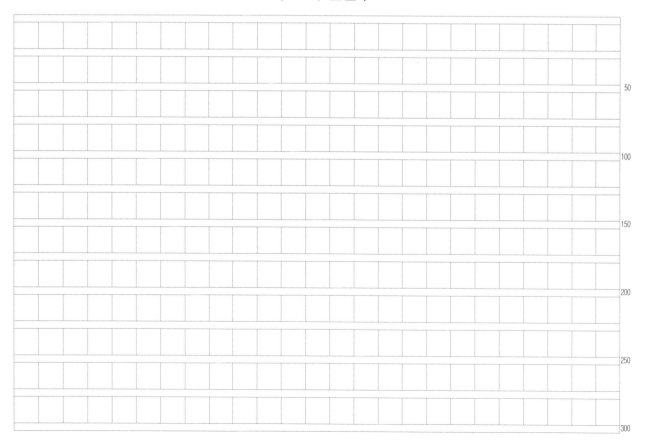

■ 연습 문제

> **2** 다음을 참고하여 '유 · 아동 스마트폰 중독 현황'에 대한 글을 200~300자로 쓰시오. 단, 글의 제목을 쓰지 마시오. (30점)

• 조사 기관 : 유아 교육 연구소

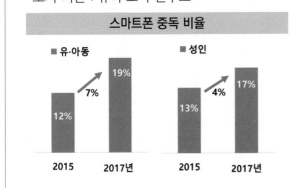

유 · 아동 스마트폰 중독 증가 원인

O 중독 위험에 대한 인식 부족
O 스마트폰에 의존하는 부모의 양육 태도

해결 방안

O 예방 교육 강화
O 양육 태도 개선

〈 쓰기 연습 〉

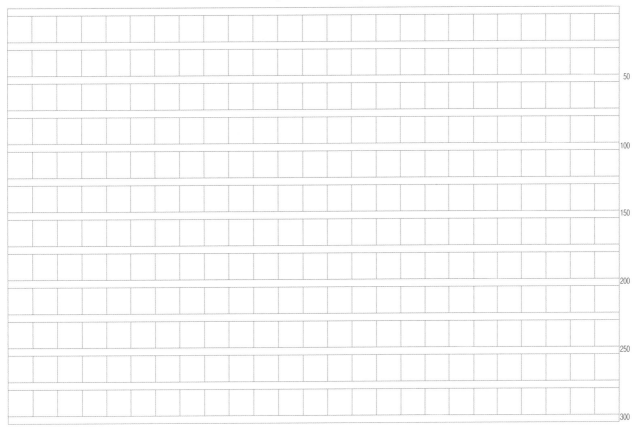

■ 연습 문제

3 다음을 참고하여 '결혼관 변화'에 대한 글을 200~300자로 쓰시오. 단, 글의 제목을 쓰지 마시오. (30점)

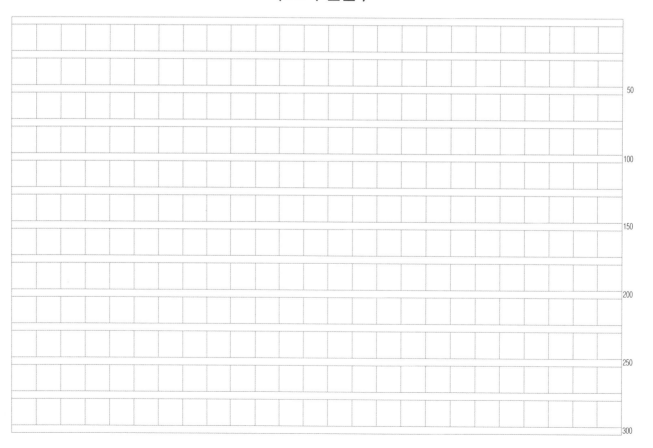

- 조사 기관 : 사회 문제 연구소   • 조사 대상 : 미혼 남녀 300명

결혼관 변화

결혼은 꼭 해야 한다

65%

48%

2010   2018

변화 이유

○ 1위 : 경제적 부담
○ 2위 : 양육 부담

방안

○ 결혼 비용에 대한 경제적 지원
○ 양육을 위한 제도적 지원

〈 쓰기 연습 〉

3 **N의 현황 ➔ 원인 ➔ 전망**

53. 다음을 참고하여 '기부 형태 변화'에 대한 글을 200~300자로 쓰시오. 단, 글의 제목을 쓰지 마시오.
 (30점)

• 조사 기관 : 기부 문화 연구소

기부 문화 변화의 요인
○ 정보 통신 기술 발전 → 기부 방법 변화
○ 기부에 대한 개념 확장

전망
○ 사회적 기부 형태 다양화

〈예시 답안〉

개요	기부 문화 연구소에서 기부 형태 변화에 대한 조사를 실시했다.
현황	조사 결과에 따르면 비공식적 개인 또는 기관에 기부하는 것은 2017년 36%에서 2018년 21%로 감소했다. 반면에 같은 기간 사회 공헌 활동을 통한 참여 기부는 15%에서 21%로 증가했다.
원인	이처럼 기부 문화가 변한 요인은 두 가지로 나타났다. 먼저 정보 통신 기술의 발전으로 기부 방법에 변화가 나타났기 때문이다. 다음으로 기부에 대한 개념이 확장되었다는 데에도 원인이 있다.
전망	따라서 앞으로는 이러한 사회적 기부 형태가 더욱 다양화될 것으로 전망된다. (292자)

■ 연습 문제

1 다음을 참고하여 '대학 진학률 변화'에 대한 글을 200~300자로 쓰시오. 단, 글의 제목을 쓰지 마시오. (30점)

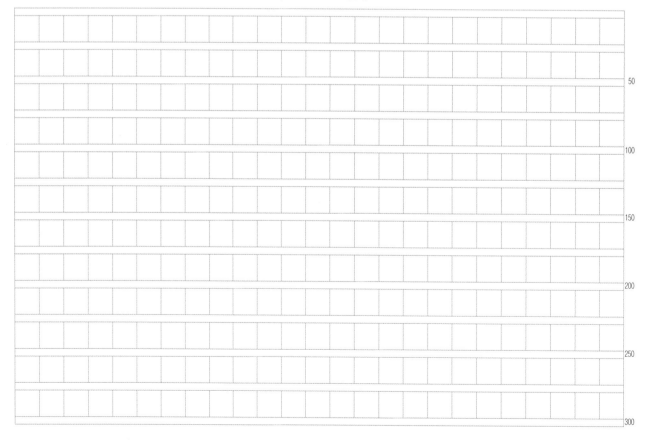

| • 조사 기관 : 한국 교육 개발원 | • 조사 대상 : 고등학교 졸업생 |

대학 진학률 변화

74% (2006년)
78% (2009년)
69% (2016년)

대학 진학률 감소 원인

O 대졸자 취업난 심해짐
O 정부의 직업 기술 교육 정책 강화

전망

O 2030년 대학 진학률 60%

〈 쓰기 연습 〉

4 N의 현황 ➔ 원인 ➔ 과제

53. 다음을 참고하여 '향후 채식 의향'에 대한 글을 200~300자로 쓰시오. 단, 글의 제목을 쓰지 마시오. (30점)

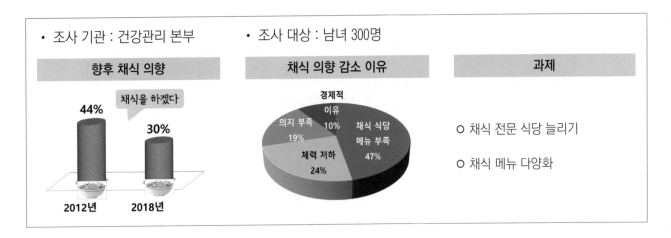

• 조사 기관 : 건강관리 본부 · 조사 대상 : 남녀 300명

향후 채식 의향	채식 의향 감소 이유	과제

채식을 하겠다
44% 30%
2012년 2018년

경제적 이유 10%
의지 부족 19%
채식 식당 메뉴 부족 47%
체력 저하 24%

ㅇ 채식 전문 식당 늘리기

ㅇ 채식 메뉴 다양화

〈예시 답안〉

개요	건강관리 본부에서 남녀 300명을 대상으로 향후 채식 의향에 대한 설문 조사를 실시했다.
현황	조사 결과에 따르면 2012년에는 채식을 하겠다는 응답이 44%에 이르렀지만 2018년에는 30%에 그친 것으로 나타났다.
원인	이처럼 채식 의향이 감소한 이유를 살펴보면 먼저 채식 식당 메뉴 부족이 47%로 1위를 차지했다. 다음으로 체력 저하가 24%로 2위, 의지 부족이 19%로 3위, 경제적 이유가 10%로 가장 낮게 나타났다.
과제	따라서 이러한 문제를 해결하려면 먼저 채식 전문 식당을 늘려야 한다. 또한 채식 메뉴를 다양화할 필요가 있다. (299자)

■ 연습 문제 – 최신 경향

1 다음을 참고하여 '한국 라면류 수출 현황'에 대한 글을 200~300자로 쓰시오. 단, 글의 제목을 쓰지 마시오. (30점)

〈 쓰기 연습 〉

■ 연습 문제

2 다음을 참고하여 '남녀평등 인식'에 대한 글을 200~300자로 쓰시오. 단, 글의 제목을 쓰지 마시오. (30점)

- 조사 기관 : 양성 평등 위원회
- 조사 대상 : 20세 이상 남녀 500명

남녀평등 인식

■ 현재 ■ 5년 후

66% / 37% — 여성이 불평등하다
16% / 25% — 남성이 불평등하다

남녀평등 위한 우선 과제

1위	성차별적 표현 개선	가사 및 육아 분담
2위	가사 및 육아 분담	성별 임금 격차 해소

〈 쓰기 연습 〉

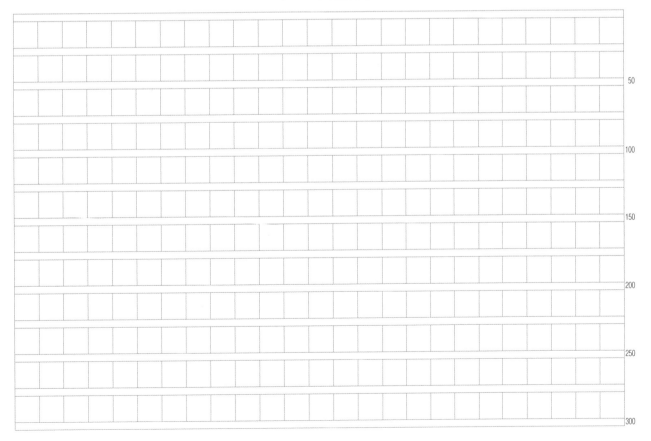

5 　N의 현황 ➜ 원인 ➜ 배경

53. 다음을 참고하여 '직장인의 자기 계발'에 대한 글을 200~300자로 쓰시오. 단, 글의 제목을 쓰지 마시오. (30점)

• 조사 기관 : 직장 문화 연구소	• 조사 대상 : 직장인 600명

직장인 자기 계발 비율

45% (2016)
56% (2017)
68% (2018)

자기 계발 이유

노후 대비 12%
자기 만족 19%
이직 준비 39%
업무역량 향상 30%

배경

○ 경쟁 심화

○ 미래에 대한 불안감

〈예시 답안〉

개요	직장 문화 연구소에서 직장인 600명을 대상으로 직장인의 자기 계발에 대한 설문 조사를 실시했다.
현황	조사 결과에 따르면 자기 계발을 한다는 응답이 2016년에는 45%에 불과했지만 2017년에는 56%, 2018년에는 68%에 이르렀다.
이유	자기 계발을 하는 이유로는 이직 준비가 39%로 가장 높게 나타났고 업무 역량 향상이 30%, 자기만족이 19%, 노후 대비는 12%로 가장 낮았다.
배경	이러한 현상이 나타난 배경으로는 먼저 경쟁이 심화된 것을 들 수 있다. 또한 미래에 대한 불안감이 높아진 것도 한 요인으로 꼽을 수 있다. (297자)

■ 연습 문제

1 다음을 참고하여 '남성 육아 휴직'에 대한 글을 200~300자로 쓰시오. 단, 글의 제목을 쓰지 마시오. (30점)

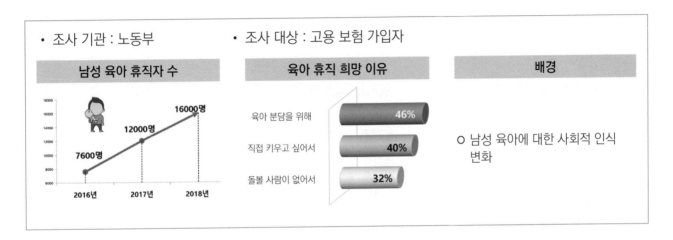

〈 쓰기 연습 〉

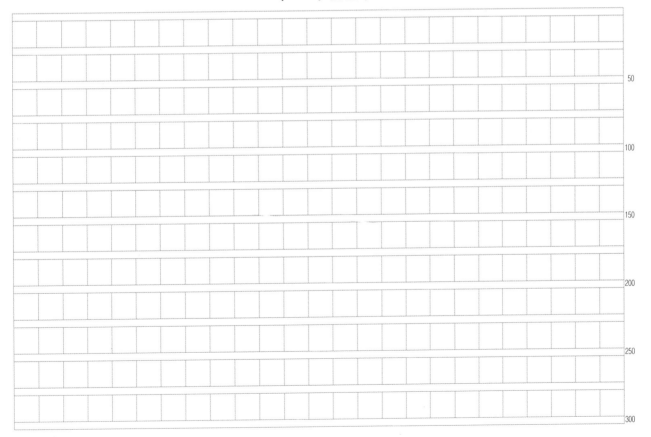

53. 다음을 참고하여 '패스트푸드 섭취와 운동량'에 대한 글을 200~300자로 쓰시오. 단, 글의 제목을 쓰지 마시오. (30점)

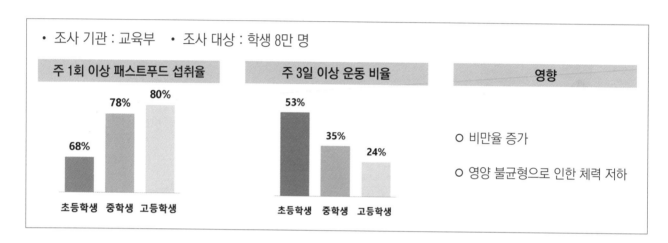

- 조사 기관 : 교육부   • 조사 대상 : 학생 8만 명

주 1회 이상 패스트푸드 섭취율	주 3일 이상 운동 비율	영향
초등학생 68%, 중학생 78%, 고등학생 80%	초등학생 53%, 중학생 35%, 고등학생 24%	○ 비만율 증가 ○ 영양 불균형으로 인한 체력 저하

〈예시 답안〉

개요	교육부에서 학생 8만 명을 대상으로 패스트푸드 섭취와 운동량에 대한 조사를 실시했다.
현황	조사 결과를 살펴보면 주 1회 이상 패스트푸드 섭취율은 초등학생의 경우 68%로 가장 낮게 나타났으며 다음으로 중학생이 78%, 고등학생은 80%로 가장 높게 나타났다. 반면에 주 3일 이상 운동을 하는 비율은 초등학생이 53%로 가장 많았고 중학생은 35%, 고등학생은 24%로 학년이 높아질수록 감소했다.
영향	이러한 결과가 미치는 영향을 살펴보면 먼저 비만율이 증가할 수 있다. 또한 영양 불균형으로 인해 체력이 떨어질 수 있다. (290자)

■ 연습 문제 – 최신 경향

1 다음을 참고하여 '고등학생 수면 실태'에 대한 글을 200~300자로 쓰시오. 단, 글의 제목을 쓰지 마시오. (30점)

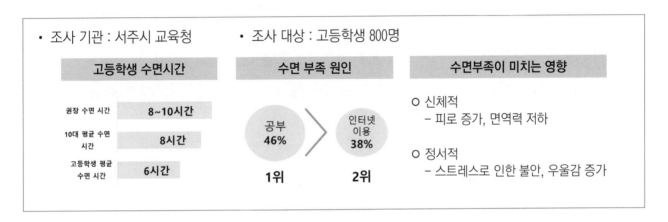

〈 쓰기 연습 〉

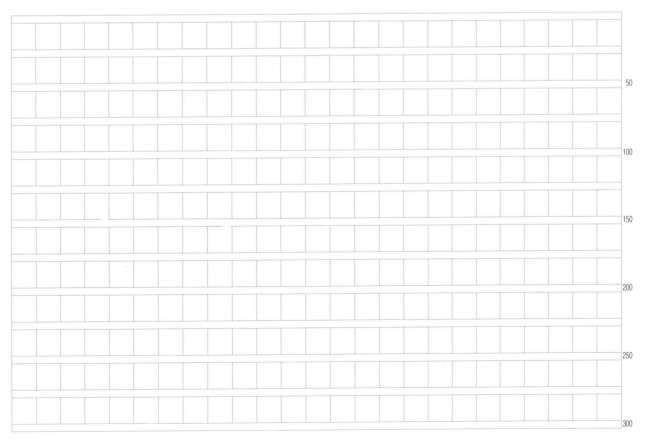

■ 연습 문제

<table>
<tr><td>2</td><td>다음을 참고하여 '미세먼지 대처 방법'에 대한 글을 200~300자로 쓰시오. 단, 글의 제목을 쓰지 마시오. (30점)</td></tr>
</table>

- 조사 기관 : 한국 환경 공단
- 조사 대상 : 서주 시민 500명

미세먼지 주의보 횟수	미세먼지 대처 방법	건강에 미치는 영향
2016년 51회 / 2017년 86회 (1.5배 ↑)	1위: 미세먼지 농도 확인 2위: 실외 활동 줄이기 3위: 마스크 착용	○ 폐암 발생률 증가 ○ 기침 등 호흡기 질환 증가

〈 쓰기 연습 〉

7 N의 현황 ➡ 효과

53. 다음을 참고하여 '신재생 에너지 비중 변화'에 대한 글을 200~300자로 쓰시오. 단, 글의 제목을 쓰지 마시오. (30점)

• 조사 기관 : 에너지 정책 연구소

신재생 에너지 비중 변화

신재생 에너지 5%
석탄 54%
원자력 41%
2018년

신재생 에너지 32%
원자력 28%
석탄 40%
2030년

신재생 에너지의 예

○ 태양 에너지
○ 풍력 에너지
○ 지열 에너지

효과

○ 공기 질 개선
○ 새 일자리 창출

〈예시 답안〉

개요	에너지 정책 연구소에서 신재생 에너지 비중 변화에 대한 조사를 실시했다.
현황	조사 결과에 따르면 2018년에는 석탄이 54%로 가장 높은 비중을 차지했으며 이어서 원자력은 41%, 신재생 에너지는 5%에 불과했다. 그러나 2030년에는 석탄은 40%, 원자력은 28%로 줄어들고 신재생 에너지는 32%로 대폭 늘어날 것으로 예상된다.
예	신재생 에너지의 예로는 태양 에너지, 풍력 에너지, 지열 에너지 등이 있다.
효과	이처럼 신재생 에너지의 비중이 증가하면 공기의 질이 개선될 뿐만 아니라 새 일자리를 창출하는 효과도 기대할 수 있다. (293자)

■ 연습 문제

1 다음을 참고하여 '문화 생활 형태'에 대한 글을 200~300자로 쓰시오. 단, 글의 제목을 쓰지 마시오. (30점)

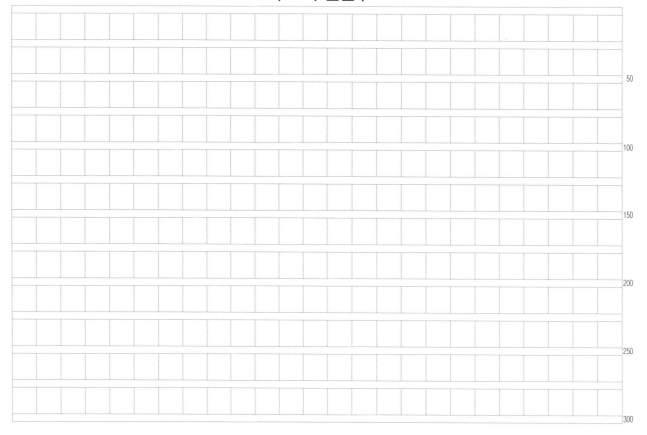

- 조사 기관 : 생활 문화 연구소
- 조사 대상 : 서주시 주민 300명

문화 생활 형태

체험 프로그램 참여	44%
공연 감상	33%
전시 관람	23%

문화생활의 유형

○ 참여형, 감상형, 관람형

문화생활의 효과

○ 개인적: 문화 감수성 발달
　　　　다양한 문화 경험

○ 사회적: 문화 산업 활성화

〈 쓰기 연습 〉

■ 연습 문제 – 최신 경향

2 다음을 참고하여 '도시 숲 조성 결과'에 대한 글을 200~300자로 쓰시오. 단, 글의 제목을 쓰지 마시오.(30점)

- 조사 기관 : 서주시 환경 연구소

도시 숲 조성

50개 (2018)
70개 (2019)
90개 (2020)

미세먼지 나쁨 일수

30일 (2018)
25일 (2019)
16일 (2020)

도시 숲 효과

○ 대기오염 물질 흡수 → 공기 질 개선

○ 여름 평균 기온 낮춤 → 에너지 절약 효과

○ 숲 이용 증가 → 시민 건강 증진

〈 쓰기 연습 〉

53. 다음을 참고하여 '전자책 이용 변화'에 대한 글을 200~300자로 쓰시오. 단, 글의 제목을 쓰지 마시오.
    (30점)

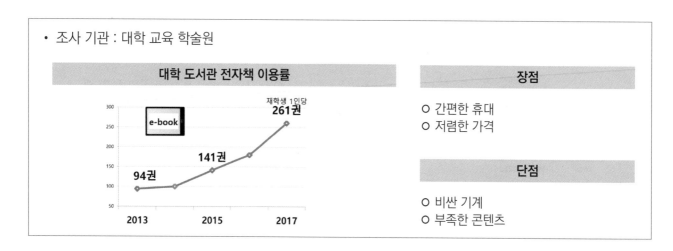

- 조사 기관 : 대학 교육 학술원

〈예시 답안〉

개요	대학 교육 학술원에서 전자책 이용 변화에 대한 조사를 실시했다.
현황	조사 결과에 따르면 대학 도서관 전자책 이용률은 2013년 재학생 1인당 94권에서 2015년 141권, 2017년에는 261권으로 늘어난 것으로 나타났다.
장점	이처럼 전자책 이용이 늘어나고 있지만 전자책은 장점이 있는 반면 단점도 있다. 먼저 장점은 휴대가 간편하고 가격이 저렴하다는 것이다.
단점	반면에 단점은 전자책을 읽을 때 필요한 기계가 비싸다는 것이다. 게다가 아직까지는 전자책에 필요한 콘텐츠도 부족하다는 것이 단점이다. (275자)

■ 연습 문제 – 최신 경향

1 다음을 참고하여 '전통 시장 매출액 변화'에 대한 글을 200~300자로 쓰시오. 단, 글의 제목을 쓰지 마시오. (30점)

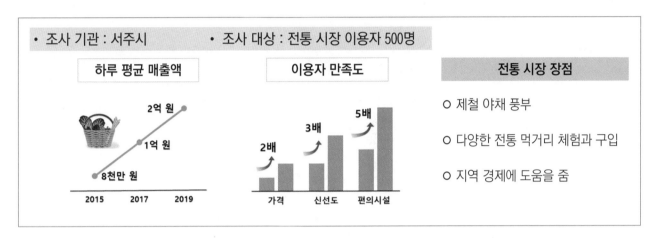

〈 쓰기 연습 〉

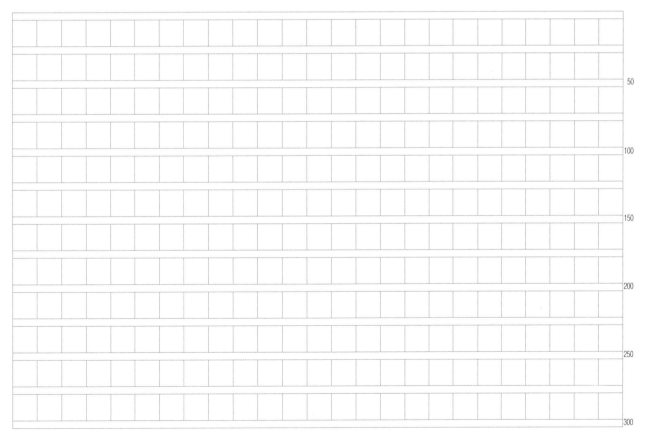

자기 생각 쓰기

54번 유형

Ⅰ 준비하기

1 유형 정리

주 제	글쓰기 능력, 건강, 경쟁, 습관, 인간관계, 소비, 대화, 배움, 문화 이해, 대중문화, 나눔, 예술, 세대 갈등, 기업, 협업 능력, 여행, 신조어, 독서, 인공 지능, 사과, 거절, 지구 온난화, 신문, 교육자, 긍정적인 생각, 관광 산업, 토론, 차별, 전통문화, 조기 외국어 교육, 감시 카메라, 친구, 직업, 창의적인 사고, 바른말, 외모지상주의, 황금만능주의, 시간 관리, 노후 생활, 공공장소 예절, 말, 영화, 동물원, 학교 교육, 스마트폰 중독, 자신감, 후회, 게임, 대중교통 이용...

중 요 성	중요성 원인/이유 방안	• **N은/는 왜 중요한가?** • N이/가 어렵다면 그 이유는 무엇인가? • N을/를 위해서는 어떤 방법[노력]이 필요한가?	• N은/는 −기 때문에 중요하다 • N은/는 −다(라)는 점에서 중요하다
	중요성 문제점 방안	• N은/는 왜 중요한가? • N이/가 잘 안 되면 어떤 문제가 생기는가? • **N을/를 위해서는 어떤 방법[노력]이 필요한가?**	• N을/를 위해서는 −아/어야 한다 • −(으)ㄹ 필요가 있다 • −(으)ㄴ/는 것이 좋다 • −(으)ㄴ/는 것도 좋은 방법이다 • −아/어서는 안 된다 • −지 않도록 주의해야 한다
필 요 성	필요한 경우 효과 방법/태도	• **N은/는 언제 필요한가?** • N을/를 통해 얻을 수 있는 효과는 무엇인가? • N을/를 위해 어떻게 해야 하는가?	• N은/는 −(으)ㄹ 때 필요하다
	필요성 방법	• **N은/는 왜 필요한가?** • N을/를 위한 효과적인 방법은 무엇인가?	• N은/는 −기 때문에 필요하다 • N은/는 −다(라)는 점에서 필요하다
양 면 성	긍정적 영향 부정적 영향 방안	• **N의 긍정적인 영향은 무엇인가?** • 부정적인 영향은 무엇인가? • 이를 극복하기 위한 방법은 무엇인가?	• N은/는 (−에) 긍정적인 영향을 미친다 • N은/는 −에 도움을 준다 • N(으)로 인해 −(으)ㄹ 수 있다
	장점 / 단점 문제점 찬반 의견	• N의 장점[단점]은 무엇인가? • N(으)로 인해 생길 수 있는 문제점은 무엇인가? • **N에 대해 찬성하는가, 반대하는가?**	• 나는 −에 찬성한다[반대한다] • 나는 −에 찬성하는 입장이다[반대하는 입장이다]
문 제 점	문제점 원인/이유 방안/대책	• **N(으)로 인해 생길 수 있는 문제점은 무엇인가?** • N의 원인은 무엇인가? • N을/를 해결할 수 있는 방안은 무엇인가?	• N은/는 큰 문제를 일으킬 수 있다 • N은/는 심각한 문제가 되고 있다 • N이/가 심해지면 여러 문제가 나타날 수 있다
기 타	의견	• **바람직한 N(이)란 무엇이라고 생각하는가?**	• N은/는 −다(라)고 할 수 있다
	조건	• **N이/가 갖추어야 할 조건은 무엇인가?**	• N은/는 N이/가 있어야 한다
	역할	• **N의 역할은 무엇인가?**	• N은/는 −는 역할을 한다

2 문제 분석

가. 예시 문제

■ 다음을 주제로 하여 자신의 생각을 600~700자로 글을 쓰시오. 단, 문제를 그대로 옮겨 쓰지 마시오. (50점)

글은 의사소통 수단 중의 하나이다. 자신의 의사를 제대로 전달하기 위해서는 그에 맞는 적절한 내용과 형식의 글을 쓸 수 있어야 한다. 그래서 학교에서도 글쓰기 능력을 키우기 위한 교육이 강조되고 있다. 아래의 내용을 중심으로 '글쓰기 능력의 중요성'에 대한 자신의 생각을 쓰시오.

- 글쓰기 능력은 왜 중요한가? --------과제 ①
- 글쓰기 능력이 부족하다면, 그 이유는 무엇인가? -------과제 ②
- 글쓰기 능력을 기르기 위해서는 어떤 노력이 필요한가? -------과제 ③

나. 예시 답안

중요성	글쓰기 능력은 의사소통 및 목표 성취의 수단으로서 아주 중요하다. 친구에게 메시지 보내기, 공식적인 메일 쓰기 등 우리는 여러 형태의 글쓰기를 하고 있는데, 이때 쓰기 능력이 뒷받침되면 소통이 더 원활해진다. 또한 대학에서 논문을 쓸 때나 회사에서 보고서를 쓸 때도 그에 맞는 적절한 글쓰기 능력이 요구된다. 이렇듯 각각의 상황에 맞는 글을 쓸 수 있으면 목표를 이루는 데 도움이 되므로 쓰기 능력은 중요하다.
이유	그러나 글쓰기 능력을 갖추는 일이 쉬운 것은 아니다. 대체로 쓰기 능력은 독서량과 비례하는데, 요즘 학생과 성인들의 독서량이 갈수록 줄어들고 있다고 한다. 이는 생활이 바빠지고 스마트폰 사용시간이 증가한 데에도 원인이 있다. 또한 영상매체의 발달로 재미있는 콘텐츠가 넘쳐나면서 책 대신 영상물을 보는 시간이 늘었다. 그러나 글쓰기에 필요한 사고력과 표현력은 독서를 통해 기를 수 있다.
방법	따라서 글쓰기 능력을 키우기 위해서는 먼저 독서 습관을 길러야 한다. 습관 형성에 가장 중요한 것이 날마다 꾸준히 하는 것이므로, 매일 조금씩 책을 읽어야 한다. 아무리 바빠도 자투리 시간을 활용하고, 스마트폰 사용 시간을 줄이면 그리 어렵지 않을 것이다. 또한 쓰는 연습도 꾸준히 해야 한다. 많이 써 봐야 실력도 좋아지는 법이므로 매일 일기를 쓰거나 개인 블로그에 꾸준히 글을 올리는 것도 좋은 방법이 될 수 있다. (687자)

- 점검하기

- 3개 과제에 대한 내용을 3개 단락으로 나누어 썼다. ☑
- 각 단락에 중심 생각이 잘 표현되어 있다. ☑
- 문어체를 사용했다. ☑

3 답안 작성법

가. 문제 개요

- 이 유형은 제시된 주제로 자신의 생각을 논리적으로 쓸 수 있는가를 살펴보는 문제입니다. 주제와 관련된 내용을 서술하고 주어진 과제를 모두 수행해야 합니다.

나. 채점 기준

구분	채점 근거
내용 및 과제 수행	1. 제시된 과제를 잘 이해하고 수행했는가? 2. 주제와 관련된 내용을 썼는가? 3. 내용을 풍부하고 다양하게 썼는가?
글의 전개 구조	1. 글을 논리적으로 구성했는가? 2. 내용에 따라 단락을 잘 나누어 구성했는가? 3. 각 단락이 자연스럽게 연결되는가?
언어 사용	1. 적절한 문법과 어휘를 사용했는가? 2. 문법과 어휘를 다양하고 풍부하게 사용했는가? 3. 문법, 어휘, 맞춤법을 정확하게 사용했는가? 4. 격식에 맞게 글을 썼는가?

출처: Topik한국어능력시험

다. 답안 작성 시 유의할 점

시간
- 쓰기 시간은 총 50분이다. 이 문제는 25분에서 30분 안에 모두 써야 한다.

분량
- 600자 이상 700자 이내로 써야 한다. 적게 쓰거나 더 많이 쓰면 안 된다.

내용
- 문제에서 요구한 과제에 대한 중심 생각을 모두 써야 한다.
- 주제와 관련된 내용을 써야 한다. 마음대로 쓰면 안 된다.
- 각 단락의 내용이 논리적으로 자연스럽게 연결되어야 한다.
- 자신의 생각이나 경험을 일반화해서 서술해야 한다. 예 우리는~ , 사람들은~

언어
- 중급 이상의 어휘와 문법을 사용해서 글을 쓰는 것이 좋다.
- 글의 격식에 맞게 '-다'로 쓰고 조사를 생략하지 않도록 한다.

라. 원고지 작성법

	O								X							
시작	√	글	쓰	기		능	력	은			글	쓰	기		능	력
	반	드	시		필	요	하	다.	은		꼭		필	요	하	다
'.' 위치	글	쓰	기		능	력	이		.	글	쓰	기		능	력	이
	곧		경	쟁	력	이		되		곧		경	쟁	력	이	
	기		때	문	이	다	.		되	기		때	문	이	다	.
새 단락 시작	√	따	라	서		글	쓰	기	따	라	서		글	쓰	기	
	능	력	을		키	우	기		능	력	을		키	우	기	
	위	해	서	는		책	을		위	해	서	는		책	을	
띄어쓰기	많	이		읽	어	야		한	많	이		읽	어	야		한
	다	.	또	한		평	소	에	다	.			또	한		평

Ⅱ 확인하기

1 문어체

가. 예시

문어체(글말)	구어체(입말)
• 대화가 <u>필요하다</u> (A-다) • 대화를 <u>해야 한다</u> (V-는/ㄴ다) • 대화는 좋은 <u>방법이다</u> (N이다) • 대화는 좋은 방법<u>이 아니다</u> (N이/가 아니다)	• 대화가 필요합니다 / 필요해요 • 대화를 해야 합니다 / 해야 해요 • 대화는 좋은 방법입니다 / 방법이에요 • 대화는 좋은 방법이 아닙니다 / 아니에요

• 대화란 <u>무엇일까</u>? / 무엇인가? (N일까? / N인가?)
• 대화는 왜 <u>필요한가</u>? (A-(으)ㄴ가?)
• 대화는 왜 <u>해야 하는가</u>? (V-는가?)
• 대화는 왜 <u>필요할까</u>? / 해야 할까? (A,V-(으)ㄹ까?)
  * '-(으)ㄴ/는가?'와 '-(으)ㄹ까?'는 큰 차이 없이 모두 쓸 수 있음.
  '-(으)ㄴ/는가?'가 문어적인 느낌이 더 강함.
	• 대화란 <u>무엇입니까</u>? / 뭐예요?
	• 대화는 왜 필요합니까? / 필요해요?
	• 대화는 왜 <u>해야 합니까</u>? / 해야 해요?

• <u>나는/우리는</u> 부모님<u>과</u> 자주 대화해야 한다 • 친구<u>에게</u> 말을 함부로 하면 안 된다 • 대화를 <u>아주/매우</u> 많이 <u>해서</u> 오해가 풀렸다 • <u>가장</u> 중요한 것은 대화이다	• <u>저는/당신은/여러분은</u> 부모님<u>이랑</u> 자주 대화해야 해요 • 친구<u>한테</u> 말을 함부로 하면 안 돼요 • 대화를 <u>진짜/꽤</u> 많이 <u>하니까</u> 오해가 풀렸어요 • <u>제일/젤</u> 중요한 것은 대화예요
• <u>그런데</u> 대화도 쉬운 <u>것이[것은]</u> 아니다 • <u>그렇다면</u> 대화는 언제 필요할까?	• <u>근데</u> 대화도 쉬운 <u>게[건]</u> 아니에요 • <u>그럼 / 그러면</u> 대화는 언제 필요할까요?
• 대화<u>가</u> 부족해서 생기는 <u>문제가</u> 많다 • <u>우리는</u> 소통하기 위해 자주 대화해야 한다	• 대화 부족해서 생기는 <u>문제</u> 많아요 • <u>우리</u> 소통하기 위해 자주 대화해요

나. 연습

01

① 진짜 →
② 이해할 수 있으니까 → ~있어서
③ 그럼 →
④ 합니까? →
⑤ 들어주세요 → 들어야 한다.
⑥ 안 그러면 → 그렇지 않으면
⑦ 없겠다 → 없을 것이다.
⑧ 제일 →

대화는 우리 삶에서 ①진짜 중요하다. 대화를 하면 서로에 대해 잘 ②이해할 수 있으니까 관계가 좋아진다. ③그럼 대화할 때 어떤 태도를 가져야 ④합니까? 먼저 상대방의 말을 잘 ⑤들어주세요. ⑥안 그러면 대화가 잘 이루어질 수 ⑦없겠다. 즉 대화할 때 ⑧제일 필요한 것은 바로 경청하는 자세이다.

02

	구어체		문어체
1	<u>우리 환경 보호합시다.</u>	➡	우리는 환경을 보호해야 한다.
2	<u>그럼 어떤 노력이 필요합니까?</u>	➡	
3	열심히 하면 성공할 수 <u>있겠습니다.</u>	➡	
4	<u>여러분, 절약하시기 바랍니다.</u>	➡	우리는 절약해야 한다.
5	좋은 <u>습관 가진 사람 성공할 수 있습니다.</u>	➡	
6	<u>이번엔 꼭 합격해야 하거든요.</u>	➡	이번에는 꼭 [반드시] 합격해야 하기 때문이다.
7	열심히 <u>노력했으니까 목표를 이루었어요.</u>	➡	
8	<u>근데 단점도 있어요.</u>	➡	
9	서로 오해가 <u>생겨 가지고 좀 다퉜어요.</u>	➡	서로 오해가 생겨서 조금 다투었다.
10	건강은 <u>진짜 중요한 것 같아요.</u>	➡	건강은 아주 중요하다.
11	<u>아까 말했는데 건강하려면 운동해야 돼요.</u>	➡	앞서 언급했듯이 건강하려면 운동해야 한다.
12	요즘 독감에 걸려서 <u>아프신 분이 많으세요.</u>	➡	
13	인생에서 <u>젤 중요한 건 건강입니다.</u>	➡	
14	<u>운동 안 하면 당연히 안 건강해요.</u>	➡	운동을 안 하면 건강해질 수 없다.
15	글을 잘 쓰는 게 쉬운 건 <u>아니에요.</u>	➡	
16	이런 일은 하면 큰일 나요.	➡	이런[이러한] 일은 하면 안 된다. / ~해서는 안 된다.
17	<u>여러분 아시다시피, 소통이 중요하잖아요.</u>	➡	소통이 중요하다는 것은 누구나 알고 있다.
18	토픽 시험이 얼마나 어려운지 몰라요.	➡	토픽 시험이 아주 어렵다.
19	<u>당신은 적성에 맞는 직업을 선택하세요.</u>	➡	
20	최근 환경 오염 때문에 문제가 <u>꽤 많아요.</u>	➡	
21	자신이 <u>뭘 좋아하는지 잘 알아야 합니다.</u>	➡	
22	이렇게 하면 <u>아마 실력이 좋아질 거예요.</u>	➡	
23	<u>우리 성공 위해 노력해야 해요.</u>	➡	
24	<u>월급 얼마나 받을 수 있어요? 알아봐야지요.</u>	➡	월급을 얼마나 받을 수 있는지 알아봐야 한다.
25	사람은 누구나 실수한 적이 <u>있을 거예요.</u>	➡	

2 연결 및 지시 표현

• 문장과 문장 사이의 관계를 잘 나타내면 글이 더욱 논리적이고 자연스러워집니다. 이러한 문장 간의 관계는 접속 표현, 지시 표현, 연결 어미 등을 사용해 나타낼 수 있습니다. 단, 기본 연결 어미(-고, -지만 등)는 다른 문법책을 참고해서 공부해 두십시오.

가. 예시

O	?
글쓰기 능력은 우리 삶에서 아주 중요하다. 글을 잘 쓰면 목표를 이루는 데 도움이 되기 때문이다. 예를 들어 직장에서 보고서 작성을 잘하면 능력을 인정받기 쉽다. 그뿐만 아니라 대학에서 논문을 잘 쓰면 좋은 학점도 받을 수 있다.	글쓰기 능력은 우리 삶에서 아주 중요하다. 목표를 이루는 데 도움이 되기 때문이다. 직장에서 보고서 작성을 잘하면 능력을 인정받기 쉽다. 대학에서 논문을 잘 쓰면 좋은 학점도 받을 수 있다.
따라서 글쓰기 능력을 키우기 위해서는 평소에 책을 많이 읽어야 한다. 독서를 통해 표현력과 어휘력을 길러야 글을 잘 쓸 수 있다.	글쓰기 능력을 키우기 위해서는 평소에 책을 많이 읽어야 한다. 책을 많이 읽어서 표현력과 어휘력을 길러야 글을 잘 쓸 수 있다.

나. 표현

문장	• 연결 표현	그리고, 그러나 따라서, 그러므로…	문장
	• 지시 표현	이는, 그들은, 이때, 이러한 사회, 그러한 문제…	

① 연결 표현

❶ 나열	그리고 또 또한 그뿐만 아니라 그 밖에 그 외에
예	• 글쓰기 연습은 표현력을 길러 준다. 또[=또한, 그리고] 사고력을 키워준다. • 글쓰기 연습은 표현력을 길러 준다. 그뿐만 아니라 사고력도 키워준다. • 글쓰기 연습은 표현력과 사고력을 길러 준다. 그 밖에[그 외에] 창의력 향상 등에도 효과적이다.
√	• 그 밖에 [그 외에] → 부가적인 내용 추가 • 그 밖에도, 그 밖에는[그 외에도, 그 외에는] ✍

❷ 순서	첫째 둘째 셋째 / 먼저[우선] 그 다음으로 마지막으로
예	• 글을 잘 쓰기 위해서는 첫째, 독서를 많이 해야 한다. 둘째, 꾸준한 쓰기 연습이 필요하다. 셋째…… • 글을 쓸 때는 먼저 주제를 선정해야 한다. 그 다음으로 근거를 수집하고, 마지막으로 개요를 짜야 한다.

❸ 대조	그러나 반면에 반대로 이와 달리 이에 반해
예	• 글쓰기 능력은 중요하다. 그러나 글을 잘 쓰는 사람은 그리 많지 않다. • 설명문은 어떤 정보를 쉽고 객관적으로 전달해 독자의 이해를 돕고자 한다. 반면에 [=반대로, 이와 달리, 이에 반해] 논설문은 주관적인 의견을 논리적으로 표현해 다른 사람을 설득하고자 한다.

❹ 공통	이와 마찬가지로
예	• 무엇이든지 꾸준히 하면 잘할 수 있다. 이와 마찬가지로 글도 날마다 쓰면 잘 쓸 수 있다.

❺ 원인	그래서　　　따라서　　　그러므로　　　그리하여　　　이로 인해　　　이 때문에
예	• 글을 쓸 때 많은 학생들이 불안을 느낀다.　따라서[그러므로] 그 불안을 해소할 수 있는 방안이 필요하다. • 글을 쓸 때 많은 학생들이 불안을 느낀다.　이로 인해[이 때문에, 그래서, 그리하여] 글을 쓰기 전부터 부담을 느낀다.
√	• 따라서 → 앞 내용에 따른 필요성 제시　　• 이로 인해 → 앞 내용의 직접적인 결과

❻ 결과	그 결과　　　결국
예	• 이 책으로 매일 꾸준히 토픽 쓰기 연습을 했다.　그 결과 토픽 6급에 합격할 수 있었다. • 글쓰기가 어렵다고 해서 피할 수만은 없다.　결국 후회하게 될 것이다. (앞 내용이 계속되다가 끝에는) • 글쓰기 실력이 늘지 않는가?　결국 연습량의 부족이 문제다. (원인을 자세히 살펴보면)

❼ 보충	즉　　　말하자면　　　다시 말해　　　쉽게 말해　　　바꿔 말해
예	• 흔히 '글쓰기에 비법은 없다'라고 한다.　즉[말하자면, 다시 말해, 쉽게 말해, 바꿔 말해] 글을 잘 쓰기 위해서는 많이 읽고 많이 쓰는 수밖에 없다는 것이다. • 글에는 '일관성'이 있어야 한다.　즉[말하자면, 다시 말해, 쉽게 말해, 바꿔 말해] 하나의 주제로 문장과 문장, 문단과 문단이 서로 긴밀하게 연결되어야 한다.
√	• 인용하거나 어려운 말을 설명할 때 주로 사용함　　• 다시 말하자면, 쉽게 말하자면, 바꿔 말하자면 ☑

❽ 예	예를 들면　　　예를 들어　　　이를테면　　　가령
예	• 살다 보면 글을 꼭 써야 할 때가 있다.　예를 들면[예를 들어, 이를테면, 가령] 대학에서는 논문을 써야 졸업할 수 있고 회사에서는 보고서를 작성해야 일을 처리할 수 있다.
√	• 앞 내용과 관련된 예가 제시되어야 함.

❾ 전환	그런데 한편 그렇다면
예	• 글쓰기를 어려워하는 유학생이 많다. 그들은 글을 쓸 때 불안을 느낀다고 한다. 자신이 쓴 글에 대한 타인의 평가를 걱정하기 때문이다. 그런데 불안감이 오히려 성취도를 향상시킨다는 연구 결과도 있다. • 이처럼 유학생들이 글쓰기를 어려워하는 이유에는 여러 가지가 있다. 한편 이 문제를 해결하는 방법은 각자 다른 것으로 나타났다. • 이처럼 유학생들이 글쓰기를 어려워하는 이유에는 여러 가지가 있다. 그렇다면 학생들이 글을 잘 쓰게 하려면 어떻게 해야 할까?
√	• 그런데, 그렇다면 → 앞 내용과 관련된 새 화제 시작 • 한편 → 앞 내용과 다른 측면의 내용을 말할 때

■ 연습

■ 〈보기〉에서 알맞은 표현을 골라 쓰십시오.

살다 보면 다른 사람에게 부탁을 할 때도 있고, 부탁을 받을 때도 있다. 한번 부탁을 해 본 사람은 그것이 얼마나 어렵고 조심스러운 일인지 알기 때문에 부탁을 받았을 때 쉽게 거절하지 못한다. ①_____ 들어주기 어려운 부탁은 거절할 줄 알아야 한다. ②_____ 친구가 급하게 큰돈을 빌려달라고 하면 거절하기가 미안해서 어쩔 수 없이 빌려주는 사람이 있다. 하지만 ③_____ 자신이 필요할 때 정작 쓸 돈이 없어 곤란해질 수도 있고 친구가 여러 가지 이유로 돈을 갚지 못하면 친구와의 관계가 악화될 수도 있다.

그렇다고 해서 너무 냉정하게 부탁을 거절하면 그 사람에게 상처를 줄 수도 있고 정작 자신이 필요할 때 아무도 부탁을 들어주지 않는 상황이 생길 수도 있다. ④_____ 거절을 할 때에도 기술이 필요하다. ⑤_____ 거절을 할 때는 상대방의 어려운 상황을 충분히 이해하고 있음을 보여주어야 한다. 이는 상대방의 마음이 상하지 않도록 배려하기 위한 것이다. ⑥_____ 다른 대안을 제시하는 것도 좋은 방법 중의 하나이다. 그 대안이 상대방에게 큰 도움이 되지 않더라도, 문제 해결을 위해 함께 고민했다는 것을 보여줄 수 있기 때문에 상대방의 기분을 크게 상하지 않게 하여 관계 악화를 막을 수 있다.

보기

또한

먼저

그러나

그러므로

예를 들어

이로 인해

❷ 지시 표현

❶

앞 내용	• 이+N, 그+N	• 말과 글은 의사소통의 수단이라는 점에서 그 **중요성이** 크다.
	• 이는, 이를, 이에, 이와	• '티끌 모아 태산'이라는 말이 있다. **이는** 절약의 중요성을 강조한 것이다.
		• 예절은 중요하다. **이를** 지키지 않으면 상대방에게 좋은 인상을 주기 어렵다.
		• 1인 가구가 늘고 있다. 노인 인구 증가가 **이에** 영향을 미쳤다.
		• 글쓰기 능력이 중요해지면서 **이와** 관련된 도서 및 강의가 인기를 끌고 있다.
사람	• 그는, 그들은, 이들은	• 인생에서 돈을 가장 중요하게 생각하는 사람들이 있다. **그들은** 돈만 있으면 무엇이든지 다 할 수 있다고 믿는다.
시간 상황	• 이때, 그때	• 칭찬은 아이들에게 자신감을 주기 때문에 칭찬을 자주 해 주면 좋다. **이때** 결과가 아니라 과정을 칭찬하는 것이 중요하다.

❷

앞 내용	• 이런[그런] +N • 이러한[그러한] +N 방법, 문제, 경우, 사회, 의미, 사람들, 사실, 현실, 질문…	• 운동 부족은 흡연보다 건강에 더 나쁘지만, **이러한 사실을** 아는 사람은 많지 않다.
		• 지진이 나면 책상 아래 숨거나 넓은 공간으로 피해야 한다. **이런 방법을** 통해 사 고를 예방할 수 있다.
	• 이처럼, 이렇듯, 이(와) 같이	• 각종 대책에도 불구하고 출생 인구가 급격히 줄고 있다. **이처럼** 상황이 갈수록 나빠지자 정부는 신혼 부부 지원 정책을 발표했다.
앞 내용을 가리키는 단어		• 누구나 살면서 실패로 인한 **어려움을** 겪는다. 그러나 시련이 항상 부정적인 영향 을 주는 것은 아니다.

■ 연습

■〈보기〉에서 알맞은 표현을 골라 쓰십시오.

보기	이를,　　이러한 문제에,　　이런 경우에는,　　이러한 변화에는,　　어러한 의미에서, 이러한 노력을 통해,　　이와 관련된 정책을,　　이러한 과소비의,　　이런 믿음은

01　　'윗물이 맑아야 아랫물도 맑다'라는 속담이 있다. 윗사람이 잘해야 아랫사람도 잘한다는 뜻이다.　이러한 의미에서 어른들부터 공공장소에서 예절을 잘 지켜야 한다. 아이들은 어른들의 말과 행동을 보고 배우면서 크기 때문이다. 따라서 어른들이 먼저 모범을 보임으로써 아이들이 자연스럽게 예절을 배울 수 있도록 해야 한다.

02　　우리는 과소비를 하지 않도록 조심해야 한다.　자신의 수입보다 돈을 많이 쓰게 되면 빚이 늘어서 신용불량자가 될 수 있기 때문이다. ＿＿＿＿＿＿＿＿＿＿＿＿＿＿＿＿＿＿＿ 원인으로는 광고의 영향을 들 수 있다. 광고는 제품의 성능을 과장하는 경우가 많은데, ＿＿＿＿＿＿＿＿＿＿＿＿＿＿＿＿＿＿＿ 그대로 믿으면 과소비로 이어지기 쉽다.

03　　계획을 세우는 것이 비효율적이라고 말하는 사람도 있다.　항상 계획대로 일이 진행되는 것은 아니기 때문이다. 예를 들어 퇴근 후 헬스클럽에 가려고 등록해 놓았는데, 갑자기 일이 생겨 야근을 해야 하는 일이 생길 수 있다.＿＿＿＿＿＿ ＿＿＿＿＿＿＿＿＿＿＿＿＿＿＿＿ 계획을 지키지 못해서 오히려 스트레스만 더 많이 받게 될 뿐이다.

04　　인공 지능 기술의 발달은 우리 사회에 큰 변화를 가져올 것으로 전망된다. ＿＿＿＿＿＿＿＿＿＿＿＿ 긍정적인 면도 있지만 부정적인 면도 있다. 가장 큰 문제는 인공 지능 로봇이 사람의 업무를 대신하게 되어서 우리의 일자리가 줄어들 수 있다는 것이다. 따라서 우리는 ＿＿＿＿＿＿＿＿＿＿＿＿＿＿＿＿＿＿＿ 미리 대비하지 않으면 안 된다.

05　　평균 수명이 길어져 '100세 장수 시대'가 올 것이라고 한다. 그러나 은퇴 후에는 돈을 벌기도 어렵고, 노인이 되면 병원비도 많이 필요하다. 따라서 행복한 노후 생활을 위해서는 평소 건강관리에 신경을 쓰고 돈도 충분히 모아 두어야 한다. ＿＿＿＿＿＿＿＿＿＿＿＿＿＿＿＿＿＿＿＿＿ 노후 생활을 미리 준비할 수 있도록 해야 한다.

06　　바쁜 맞벌이 부부들은 자녀 양육에 어려움을 겪는다.　이로 인해 기혼 여성이 일을 그만두는 경우가 많아졌다. 문제는 그 여성들이 자녀를 키우고 난 후 다시 일을 구하기가 쉽지 않다는 점이다.　그래서 정부는 문제를 해결하고자 ＿＿＿＿＿＿＿＿＿＿＿＿＿＿＿＿＿＿＿ 발표했다. 그 중의 하나가 바로 '아이 돌봄 서비스'이다.

07 자신감이 있는 사람은 무엇이든지 잘할 수 있다고 믿는다. _____ 실제로 좋
은 결과를 가져오기도 한다. 그러나 지나친 자신감은 나쁜 결과를 가져온다. 자신감으로 인해 자신의 능력만 믿고 노
력하지 않거나 일을 할 때 쉽게 생각하고 신중하지 못할 수 있기 때문이다.

■ 다음은 '게임의 양면성'에 관해 쓴 글의 일부입니다. 마지막 문장 뒤에 이어질 내용을 밑줄 친 부분에 쓰십시오.

> 사람들은 컴퓨터 게임이 공부나 일에 방해가 되고 중독성이 강하기 때문에 좋지 않다고 생각한다. 예를 들면 게임
> 을 하느라고 시간 가는 줄 모르다가 약속 장소에 늦기도 하고, 온통 게임 생각에 빠져 해야 할 일에 집중하지 못하는
> 경우가 적지 않기 때문이다. 일부 학부모들은 자녀의 공부를 위해 게임을 못하도록 스마트폰 사용 시간이나 컴퓨터
> 게임 시간을 제한하기도 한다.

- 그러나 이렇게 하면 오히려 _____
  _____.

- 그러나 보통 사람들의 생각과 달리 _____
  _____.

- 이로 인해 _____
  _____.

참고 노트

강조 ①	특히　무엇보다도　가장　더욱
	· 글을 쓴 후에는 주제가 분명히 드러나는지 확인해야 한다. 특히 중심 문장이 주제를 명확하게 표현하고 있는지 살펴봐야 한다.
	· 주제가 잘 드러나 있는지 확인하는 것이 가장[무엇보다도] 중요하다.
	· 최근 글쓰기 능력이 더욱 중요해지고 있다.

강조 ②	(단지) N이/가 아니라~
	· 좋은 글이란 단지 표현만 풍부한 글이 아니라 주제가 명확한 글이다.

Ⅲ 한 단락 쓰기

■ 단락은 어떻게 쓸까?

- 단어가 모이면 문장이 되고, 문장이 모이면 단락이 됩니다. 한편의 글은 바로 한 개 이상의 '단락(paragraph)'으로 구성됩니다. 단락은 '문단'이라고 부르기도 합니다.

- 한 단락에는 한 가지 생각만을 쓰는 것이 좋습니다. 한 단락에 너무 많은 생각을 쓰면 독자는 글쓴이가 말하고 싶은 것이 무엇인지 알기 어려워집니다. 그러므로 한 단락 속에는 하나의 생각을 한 문장으로 표현하고, 왜 그렇게 생각하는지 자세히 써 주면 됩니다. 즉, 한 단락은 중심 문장과 그것을 보충 설명하는 도움 문장으로 구성하면 됩니다.

단락	➡	중심 문장 · 과제에 대한 중심 생각	+	도움 문장 · 중심 생각에 대한 보충 설명

가. 예시

과제: 환경오염의 원인은 무엇인가?

환경오염은 어제오늘만의 일이 아니다. 문제는 환경오염이 갈수록 더욱 심각해지고 있다는 사실이다. **그 이유로는 일회용품 사용이 증가한 것을 들 수 있다.** 이는 인간이 환경보호보다는 편리함만 추구했기 때문이다. 생활 속에서 편리하게 사용하는 비닐봉지, 일회용 컵 등은 음식물과는 달리 시간이 지나도 잘 썩지 않는다. 그래서 많은 양이 쌓이게 되어 환경을 오염시키는 것이다. 또한 **급격한 산업화, 도시화 때문이다.** 예를 들어 산업 시설 및 주거 단지가 만들어지면서 수많은 숲이 사라지고 생활 쓰레기와 산업 폐수가 바다를 오염시켰다. 즉 개발이 환경오염을 심화시키고 있는 것이다.

나. 분석

중심 문장	그 이유로는 일회용품 사용이 증가한 것을 들 수 있다. (환경오염의 '원인'이 무엇인가에 대한 생각 ①)
도움 문장	인간이 환경보호**보다는** 편리함만 추구**했기 때문이다.** (강조, 이유) 일회용 컵은 음식물**과는 달리** 시간이 지나도 잘 썩지 않는다. (비교)

중심 문장	급격한 산업화, 도시화 때문이다. (환경오염의 '원인'이 무엇인가에 대한 생각 ②)
도움 문장	**예를 들어** 산업 시설 및 주거 단지가 만들어지면서 수많은 숲이 사라졌다. (예) 즉, 개발이 환경오염을 심화시키고 **있는 것이다.** (보충, 환언)

다. 표현하기

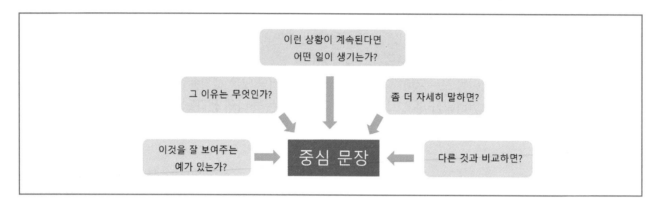

이유	• (그 이유는 / 왜냐하면)	–기 때문이다 –았/었기 때문이다	• 다양한 경험은 중요하다. 많이 보고 듣고 느낌으로써 생각의 폭을 넓힐 수 있기 때문이다. ⊠ ~ 생각의 폭을 넓히기 때문이다.
가정	• (만약) A–다면 [–(으)면] • (만일) V–는/ㄴ다면 • N(이)라면	–(으)ㄹ 수 있다 –(으)ㄹ 것이다 –기(가) 쉽다 –기(가) 어렵다 –기(가) 쉽지 않다 ⊠ –았/었다	• 해외여행을 하면 다양한 문화를 직접 경험해 볼 수 있다. • 해외여행을 하면 다양한 문화를 직접 경험할 수 있을 것이다.
반대 상황 가정	• (만약) A–지 않다면 [–지 않으면] (만일) V–지 않는다면 N이/가 아니라면		• 도전하지 않으면 새로운 경험을 해보기가 어렵다. • 도전하지 않으면 새로운 경험을 해보기가 어려울 것이다.
예	• 그 예로 • 가령, 예를 들면, 이를테면	–을/를 들 수 있다 –은/는 이를 잘 보여준다	• 현대 사회에서는 다양한 경험을 가진 인재를 선호한다. 기업이 지원서에 활동과 경력 사항을 반드시 쓰도록 하는 것은 이를 잘 보여준다
	• –은/는 대표적인 사례이다 • –는 경우를 쉽게 볼 수 있다		
보충	• 즉, 다시 말해, 말하자면	–은/는 것이다	• 다양한 경험은 정신적 성숙에 영향을 미친다. 즉, 다양한 경험이 자기 자신과 세상에 대한 이해의 폭을 넓혀주는 것이다.
강조	• (단순히, 단지) N이/가 아니라 • N보다는 / –기보다는 • 특히 • (N은/는) N와/과(는) 달리	–(이)다 –ㄴ/는다	• 공부만 하는 것보다는 경험을 많이 해보는 것이 중요하다. • 진로가 고민될 때는 단순히 경험을 해보는 게 중요한 것이 아니라 그 경험을 통해 자신의 적성을 찾는 것이 중요하다.

라. 확인하기

■ 〈보기〉와 같이 표시해 보십시오. (중심 문장: _____ 도움 문장: _____)

〈보기〉	⇨	**과제 : 창의적인 사고는 왜 필요한가?**

단락	⇨	창의적인 사고는 현대 사회에서 필수적으로 요구된다. 세계화로 인해 경쟁이 더욱 치열해지고, 과거와 달리 지식 산업이 크게 발달했기 때문이다. 지식 산업 사회에서는 지식과 정보가 경쟁력이 된다. 그래서 기업의 경우에는 창의적인 사고를 통해 새로운 제품을 만들지 못하면 소비자들을 만족시키지 못해 시장에서 살아남기 어렵다. 또한 창의적인 사고는 어떤 문제를 효과적으로 해결하는 데에도 도움이 된다. 창의적인 사고는 다양하고 새로운 관점에서 문제에 접근할 수 있도록 하기 때문이다.

01	⇨	**과제 : 뛰어난 연설가의 조건은 무엇인가?**

단락	⇨	뛰어난 연설가의 조건으로는 크게 두 가지를 들 수 있다. 첫째, 연설가는 사람들의 관심과 호기심을 불러일으켜야 한다. 공감대를 만들어 내거나 사람들의 호응을 얻지 못하면 아무리 주제가 좋아도 그 발표는 지루할 수밖에 없다. 둘째, 연설가는 솔직하고 자신 있는 태도로 말해야 한다. 청중들은 연설 내용뿐만 아니라 연설가의 태도에서도 신뢰감을 느끼기 때문이다.

02	⇨	**과제 : 인공 지능(AI) 로봇이 발달하면 좋은 점은 무엇인가?**

단락	⇨	최근 인공 지능 로봇이 사회적으로 큰 관심을 불러일으키고 있다. 이러한 기술의 발달에는 여러 가지 장점이 있다. 먼저 일의 효율성이 높아질 수 있다. 인공 지능 로봇은 신속성과 정확성의 측면에서 인간보다 더 뛰어나기 때문이다. 그래서 인공 지능 로봇이 단순 작업을 하게 되면, 인간은 단순 노동에서 벗어나서 인간만이 할 수 있는 일에 집중할 수 있게 된다. 또한 생활이 더욱 편리해질 것이다. 가령 자동차가 스스로 운전할 수 있게 되면 우리는 피곤할 때 운전을 하는 대신 잠을 잘 수도 있다.

03	⇨	**과제 : 현대인들이 이웃에게 무관심해지는 원인은 무엇인가?**

단락	⇨	현대인들은 다른 사람에게 그리 관심을 가지지 않는 경향이 있다. 이러한 무관심의 원인으로는 먼저 개인주의의 심화를 들 수 있다. 공동의 가치보다는 개인의 성공을 중요하게 생각하면서 다른 사람의 일에 큰 관심을 갖지 않게 된 것이다. 또한 많은 사람들이 타인에 대한 믿음을 잃었기 때문이다. 이는 갈수록 자신의 목적을 이루기 위한 수단으로 사람을 대하는 사람들이 많아진 탓이다.

마. 연습하기

■ 〈보기〉와 같이 단락을 완성해 보십시오.

[중심 문장] 다양한 경험은 생각의 폭을 넓혀 준다. 예를 들어 다른 나라로 여행을 자주 떠나는 사람은 다양한 문화와 생활 방식을 경험해 보게 된다. 그리고 많은 사람과 대화하고 교류할 기회를 가지게 된다. 그 결과 다른 문화에 대한 이해가 깊어지고 시야도 넓어지게 되는 것이다.

01. 과제: 에너지 절약 방법은 무엇인가?

[중심 문장] 에너지를 절약하기 위해서는 생활 습관을 바꿔야 한다.

02. 과제: 책을 많이 읽으면 좋은 점은 무엇인가?

[중심 문장] 책을 많이 읽으면 다양한 지식을 쌓을 수 있다.

03. 과제: 자기 계발은 왜 필요한가?

[중심 문장]

❶ 문제점 쓰기

• N(으)로 인해 나타날 수 있는 일반적인 문제를 생각해 보십시오. 문제 상황을 다양하게 생각해 보고, 그것을 일반화해서 써야 합니다.

가. 구성

과제: 글쓰기 능력이 부족하면 어떤 문제점이 생기는가?

중심 문장	글을 못 쓰면 글을 쓰는 일에 부담을 느끼고 스트레스를 받게 된다. (문제점 ①)
도움 문장	예를 들어 논문을 쓰거나 보고서를 작성할 때 어떻게 써야 할지 몰라 걱정하는 사람들이 많다. 글을 써야 하는 상황에서 이렇게 스트레스를 받는다면 자신의 생각과 의견을 보여줄 수 있는 기회를 잃게 된다.

중심 문장	글쓰기 능력의 부족은 일의 결과에도 부정적인 영향을 미친다. (문제점 ②)
도움 문장	필요에 따라 형식에 맞는 글을 쓰지 못하면 학교에서는 높은 학점을 받기 어렵다. 그리고 회사에서는 업무 능력을 인정받기 힘들어진다.

나. 예시

글쓰기 능력이 부족하면 여러 가지 문제에 부딪히게 된다. **우선 글을 못 쓰면 글쓰기에 부담을 느끼고 스트레스를 받게 된다.** 예를 들어 논문을 쓰거나 보고서를 작성할 때 어떻게 써야 할지 몰라 걱정하는 사람들이 많다. 글을 써야 하는 상황에서 이렇게 스트레스를 받는다면 자신의 생각과 의견을 제대로 보여줄 수 있는 기회를 잃게 된다. **또한 글쓰기 능력의 부족은 일의 결과에도 부정적인 영향을 미친다.** 필요에 따라 형식에 맞는 글을 쓰지 못하면 학교에서는 높은 학점을 받기 어렵고, 회사에서는 업무 능력을 인정받기 힘들어진다.

다. 단계별 연습

1. 파악하기

과제	지나친 경쟁의 문제점은 무엇인가

2. 중심 문장 표현하기

도입 ⇨	• 경쟁이 심해지면 우리 사회에 여러 가지 문제가 나타날 수 있다. • 지나친 경쟁은 우리 사회에 여러 가지 부작용을 가져올 수 있다.
중심 문장 ⇨	• 우선 경쟁으로 인해 사람들 사이에 불신이 쌓일 수 있다. • 먼저 경쟁 사회가 되면 주변 사람들을 경쟁의 대상으로만 볼 수 있다. • 또한 과정은 무시하고 결과만을 중시하는 사회가 될 수 있다. • 다음으로 결과만 중시해서 공정하지 못한 방법을 쓰게 될 수 있다.

과제 : 거절을 못하면 어떤 문제점이 생길 수 있는가?

도입 ⇨	•
중심 문장 ⇨	• •

과제 : 스마트폰 중독의 문제점은 무엇인가?

도입 ⇨	•
중심 문장 ⇨	• •

✎ 한 단락에 과제 한 개를 수행합니다. 그리고 그 과제에 대한 중심 문장은 1~2개 정도가 좋습니다.
내용의 흐름과 글의 분량을 고려해서 쓰십시오.

3. 도움 문장 표현하기

▶도움 문장에는 어떤 내용을 쓸까?

• 그 이유는 무엇인가?

• 이것을 잘 보여주는 예가 있는가?

• 경쟁이 심해지면 어떤 일이 발생하는가?

▶어떻게 표현할까?

경쟁 + A/V			
뚫다	뜨겁다	뒤처지다	심하다
이기다	벌이다	치열하다	살아남다

• 경쟁이 <u>심하다,</u>

• 경쟁을 _____

• 경쟁에서 _____

과제 : 지나친 경쟁의 문제점은 무엇인가?

중심 문장	⇨	• 우선 경쟁으로 인해 사람들 사이에 불신이 쌓일 수 있다.
도움 문장 ①	⇨	상대방을 협력의 대상이 아닌 경쟁의 대상으로만 보기 때문이다.
도움 문장 ②	⇨	이러한 태도는 일을 할 때도 팀워크를 악화시켜서 일의 효율성을 떨어뜨릴 수 있다.

중심 문장	⇨	• 또한 과정은 무시하고 결과만을 중시하는 사회가 될 수 있다.
도움 문장 ①	⇨	경쟁에서 이기는 것만이 중요해지면 사람들은 공정하지 못한 방법을 쓰고 싶은 유혹을 받게 된다.
도움 문장 ②	⇨	예를 들어 시험을 볼 때도 좋은 점수를 얻으려고 최선을 다하기보다는 남의 시험지를 몰래 보는 등 옳지 못한 행동을 하게 될 수 있다.

중심 문장	⇨	•
도움 문장	⇨	

4. 단락 구성하기

단락	
도입 문장	**경쟁이 심해지면 우리 사회에 여러 가지 문제가 나타날 수 있다.**

어떤 문제?　　　　　　　　　　어떤 문제?

첫째		중심 문장	둘째

⬇ 더 자세히 말하면?　　　　　　　　　　⬇ 더 자세히 말하면?

	도움 문장	

▶ Ⅳ-4. N의 문제점 **239pg**로 이동

라. 한 단락 쓰기

01	**스마트폰 중독의 문제점은 무엇인가?** ※ 중심 문장과 도움 문장을 생각하면서 쓰세요.

02	**허위·과장 광고의 문제점은 무엇인가?** ※ 중심 문장과 도움 문장을 생각하면서 쓰세요.

중심생각	소비자가 피해를 입음	

2 원인 쓰기

- N의 원인은 개인적, 사회적 차원에서 한번 생각해 보십시오. 특히 사회적 차원에서는 이러한 문제와 관련된 사회 배경 및 사회 현실을 구체적으로 떠올려 보면 도움이 될 것입니다.

가. 구성

과제: 글쓰기를 어려워하는 사람이 많은 이유는 무엇인가?

중심 문장	첫째, 인터넷 및 SNS의 발달로 간편한 소통 방식에 익숙해졌기 때문이다. (이유 ①)
도움 문장	평소 메신저를 통해 짧고 간단한 문장으로만 대화를 나누다가 갑자기 완성도 높은 긴 글을 쓰려면 부담을 느낄 수밖에 없다. 일상적인 말과 달리 글에는 풍부한 어휘와 표현, 논리적인 사고가 필요하기 때문이다.

중심 문장	둘째, 독서가 부족해진 것에도 원인이 있다. (이유 ②)
도움 문장	글을 쓸 때 필요한 표현력과 사고력은 꾸준한 독서를 통해 기를 수 있는데, 사람들의 생활이 더 바빠지면서 독서 시간 및 독서량이 크게 줄어들었다.

나. 예시

　글쓰기를 어려워하는 사람이 많은 이유로는 두 가지를 들 수 있다. **첫째, 인터넷 및 SNS의 발달로 간편한 소통 방식에 익숙해졌기 때문이다.** 평소 메신저를 통해 짧고 간단한 문장으로만 대화를 나누다가 갑자기 완성도 높은 긴 글을 쓰려면 부담을 느낄 수밖에 없다. 일상적인 말과 달리 글에는 풍부한 어휘와 표현, 논리적인 사고가 필요하기 때문이다. **둘째, 독서가 부족해진 것에도 원인이 있다.** 글을 쓸 때 필요한 표현력과 사고력은 꾸준한 독서를 통해 기를 수 있다. 그런데 사람들의 생활이 점점 더 바빠지면서 독서 시간 및 독서량이 크게 줄어들었다. 그 결과 글쓰기에 필요한 능력을 충분히 갖추지 못해 글쓰기를 어려워하는 사람이 늘게 되었다.

다. 단계별 연습

1. 파악하기

과제	세대 갈등의 원인은 무엇인가

2. 표현하기

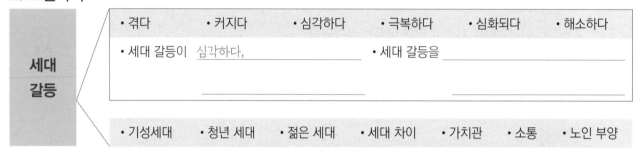

세대 갈등	• 겪다　　• 커지다　　• 심각하다　　• 극복하다　　• 심화되다　　• 해소하다
	• 세대 갈등이 <u>심각하다,</u> _____　　• 세대 갈등을 _____ _____　　_____
	• 기성세대　• 청년 세대　• 젊은 세대　• 세대 차이　• 가치관　• 소통　• 노인 부양

3. 한 단락 쓰기

01	**세대 갈등의 원인은 무엇인가?** ※ 중심 문장과 도움 문장을 생각하면서 쓰세요.

▶ IV-4. N의 문제점 **241pg**로 이동

02	**건강을 해치는 요인은 무엇인가?** ※ 중심 문장과 도움 문장을 생각하면서 쓰세요.

중심생각	불규칙한 생활 습관과 식습관	

3 방안(대책) 쓰기

- N의 방안은 개인적, 사회적, 제도적 차원에서 한번 생각해 보십시오. 이때 N의 발생 원인을 떠올려 보고 그 원인을 해결할 수 있는 방법을 써 주면 좋습니다. 개인적 차원에서는 생활 속에서 실천할 수 있는 방법, 사회적 차원에서는 학교 교육이나 캠페인 활용, 제도적 차원에서는 관련법과 제도를 마련하는 방향으로 생각해 볼 수 있습니다. 단, 방안을 많이 쓴다고 해서 좋은 것이 아닙니다. 1~2가지 정도를 구체적으로 쓰는 것이 좋습니다.

가. 구성

과제: 글쓰기 능력을 기르기 위해서는 어떻게 해야 하는가?

중심 문장	잘 쓴 글을 많이 읽어야 한다. (글쓰기 능력을 기르기 위한 방법 ①)
도움 문장	글을 잘 쓰는 사람은 자신의 생각을 어떻게 표현하고 논리적으로 전개해 나가는지를 자세히 관찰하면서 읽는 것이 좋다. 좋은 글을 골라서 따라 써 보는 것도 도움이 될 수 있다.

중심 문장	꾸준한 쓰기 연습이 필요하다. (글쓰기 능력을 기르기 위한 방법②)
도움 문장	경험하고 느낀 것을 매일 일기장에 쓰거나 개인 블로그에 올리는 것이 좋은 방법이 될 수 있다. 특히 개인 블로그는 스마트폰으로 언제 어디서든지 간편하게 글을 쓸 수 있으므로 꾸준히 글을 써 나가는 데 효과적이다.

나. 예시

　글쓰기 능력을 기르기 위해서는 잘 쓴 글을 많이 읽어야 한다. 이때 글을 잘 쓰는 사람은 자신의 생각을 어떻게 표현하고, 논리적으로 전개해 나가는지를 자세히 관찰하면서 읽는 것이 좋다. 좋은 글을 골라서 따라 써 보는 것도 도움이 될 수 있다. **그리고 꾸준한 쓰기 연습이 필요하다.** 경험하고 느낀 것을 매일 일기장에 쓰거나 개인 블로그에 올리는 것이 좋은 방법이 될 수 있다. 특히 개인 블로그는 스마트폰으로 언제 어디서든지 간편하게 글을 올릴 수 있으므로 꾸준히 글을 써 나가는 데 효과적이다.

다. 단계별 연습

1. 파악하기

과제	지구 온난화를 막기 위해서는 어떻게 해야 하는가?

2. 표현하기

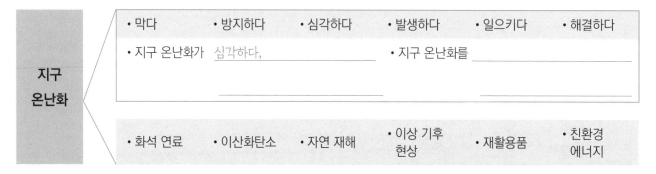

지구 온난화	• 막다　　• 방지하다　　• 심각하다　　• 발생하다　　• 일으키다　　• 해결하다
	• 지구 온난화가 심각하다, _____　　• 지구 온난화를 _____
	_____
	• 화석 연료　• 이산화탄소　• 자연 재해　• 이상 기후 현상　• 재활용품　• 친환경 에너지

3. 한 단락 쓰기

01	지구 온난화를 막기 위해서는 어떻게 해야 하는가? ※ 중심 문장과 도움 문장을 생각하면서 쓰세요.

▶ IV-4. N의 문제점 **240pg**로 이동

02	안전사고를 줄이기 위한 대책은 무엇인가? ※ 중심 문장과 도움 문장을 생각하면서 쓰세요.

중심생각	사고 예방 교육 확대	

4 예(경우) 쓰기

• N이/가 필요한 상황을 구체적으로 떠올려 보십시오. 그리고 2~3가지 정도 자세히 써 주는 것이 좋습니다.

가. 구성

과제: 글쓰기 능력은 언제 필요한가?

중심 문장	보고서나 논문, 자기소개서를 쓸 때 글쓰기 능력이 필요하다. (글쓰기 능력이 필요한 상황 ①)
도움 문장	아무리 글쓰기를 싫어하는 사람이라도 이런 경우에는 글로써 자신의 생각을 보여줘야 하기 때문이다.

중심 문장	대학에서 좋은 학점을 받고 싶을 때, 그리고 원하는 학교에 입학하거나 직장에 들어가야 하는 목표가 있을 때도 글쓰기 능력이 필요하다. (글쓰기 능력이 필요한 상황 ②)
도움 문장	쓰기 실력이 없으면 그 목표를 이루기가 어렵다.

중심 문장	의사소통 수단으로서 가벼운 글쓰기도 필요하다. (글쓰기 능력이 필요한 상황 ③)
도움 문장	동호회에서 안내문이나 초대장을 만들 때, 교수님이나 어른들에게 안부를 전할 때에도 목적에 맞는 다양한 형식의 쓰기 능력이 필요하다.

나. 예시

살다 보면 글을 써서 평가를 받아야 하는 경우가 생긴다. **보고서나 논문, 자기소개서를 쓸 때처럼 아무리 글쓰기를 싫어하는 사람이라도 이런 경우에는 글로써 자신의 생각을 보여줘야 하므로 글쓰기 능력이 필요하다.** 또 대학에서 좋은 학점을 받고 싶을 때, 그리고 원하는 학교에 입학하거나 직장에 들어가야 한다는 목표가 있을 때에도 쓰기 실력이 없으면 그 목표를 이루기가 어렵다. **이렇듯 평가 수단으로서의 글쓰기뿐만 아니라 일상생활 속에서 의사소통 수단으로서 가벼운 글쓰기도 필요하다.** 동호회에서 안내문이나 초대장을 만들 때, 교수님이나 어른들에게 안부를 전할 때에도 목적에 맞는 다양한 형식의 쓰기 능력이 필요하다.

다. 단계별 연습

1. 파악하기

과제	세대 갈등의 원인은 무엇인가

2. 표현하기

여행	일상생활 •	• 을/를 •	• 쌓다
	경험 •		• 접하다
	피로감 •	• 에 대해 •	• 벗어나다
	다양한 문화 •		• 되돌아보다
	자기 자신 •	• 에서 •	• 해소하다

3. 한 단락 쓰기

01	**여행은 언제 필요한가?** ※ 중심 문장과 도움 문장을 생각하면서 쓰세요.

▶ Ⅳ-2. N의 필요성 **228pg**로 이동

02	**온라인 강의는 언제 필요한가?** ※ 중심 문장과 도움 문장을 생각하면서 쓰세요.

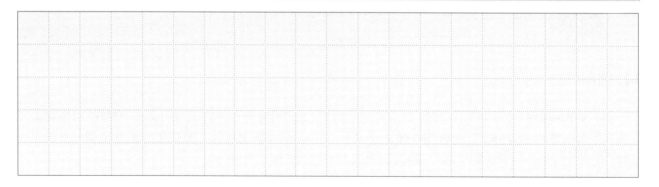

중심생각	자기 계발을 하고 싶어도 시간을 내기가 어려울 때	

5 조건 쓰기

- N의 조건은 당위적 차원의 조건과 현실적 차원의 조건을 한번 생각해 보십시오. 이때 사회 현실을 고려해서 N이/가 꼭 갖추어야 하는 것을 떠올려 보면 도움이 될 것입니다.

가. 구성

과제: 좋은 글이 갖추어야 할 조건은 무엇인가?

중심 문장	첫째, 주제가 명확해야 한다. (좋은 글이 갖추어야 할 조건 ①)
도움 문장	아무리 주제가 좋아도 글쓴이가 말하고자 하는 내용이 글에서 쉽게 드러나지 않는다면 좋은 글이라고 하기 어렵다.

중심 문장	둘째, 내용이 새로워야 한다. (좋은 글이 갖추어야 할 조건 ②)
도움 문장	기존의 내용을 반복하는 것이 아니라 글쓴이의 새로운 관점과 해석이 있어야 독자의 관심을 끌 수 있다.

중심 문장	셋째, 문장이 쉽고 정확해야 한다. (좋은 글이 갖추어야 할 조건 ③)
도움 문장	문장이 너무 길고 복잡하면 틀리기 쉽고 독자들도 글을 이해하기 어렵다.

나. 예시

사람마다 생각하는 좋은 글의 조건은 다르지만 대체로 세 가지로 정리해 볼 수 있다. **첫째, 주제가 명확해야 한다.** 아무리 주제가 좋아도 글쓴이가 말하고자 하는 내용이 글에서 쉽게 드러나지 않는다면 좋은 글이라고 하기 어렵다. **둘째, 내용이 새로워야 한다.** 기존의 내용을 반복하는 것이 아니라 글쓴이의 새로운 관점과 해석이 있어야 독자의 관심을 끌 수 있다. **셋째, 문장이 쉽고 정확해야 한다.** 문장이 너무 길고 복잡하면 틀리기 쉽고 독자들도 글을 이해하기 어렵다.

다. 단계별 연습

1. 파악하기

과제	직업을 선택할 때 고려해야 할 조건은 무엇인가?

2. 표현하기

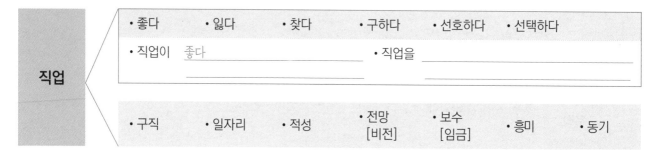

3. 한 단락 쓰기

01	**직업을 선택할 때 고려해야 할 조건은 무엇인가** ※ 중심 문장과 도움 문장을 생각하면서 쓰세요.

▶ Ⅳ-5. 기타 **246pg**로 이동

02	**성공적인 유학 생활의 조건은 무엇인가?** ※ 중심 문장과 도움 문장을 생각하면서 쓰세요.

중심생각	체력	

6 역할 쓰기

• N이/가 우리 생활과 사회에 어떤 도움을 주고 있는지 생각해 보십시오. 특히 N의 사회적 영향과 역할을 구체적으로 떠올려 보십시오.

가. 구성

과제: 작가의 역할은 무엇인가?

중심 문장	첫째 작가는 사람들이 새로운 시선으로 주변을 볼 수 있게 도와준다. (역할 ①)
도움 문장	새로운 관점으로 세상을 바라보고 그것을 글로 표현하는 것이 바로 작가이기 때문이다. 사람들은 그러한 작가의 글을 읽고 똑같은 일상 속에서도 새로운 것을 발견하고 느낄 수 있게 된다.

중심 문장	둘째 작가는 사람들이 바른 언어를 사용할 수 있도록 돕는다. (역할 ②)
도움 문장	작가란 근본적으로 언어를 다루는 사람으로 그 나라의 말을 정확하고 풍부하게 사용한다. 그래서 사람들의 언어 사용에 영향을 미치게 된다.

나. 예시

　작가는 글로써 말을 하는 사람이다. 어떤 글을 쓰는지 어떤 성향을 지녔는지에 따라 그 역할은 조금씩 다를 수 있지만 대체로 작가는 다음과 같은 역할을 한다고 할 수 있다. **첫째 작가는 사람들이 새로운 시선으로 주변을 볼 수 있게 도와준다.** 새로운 관점으로 세상을 바라보고 그것을 글로 표현하는 것이 바로 작가이기 때문이다. 사람들은 그러한 작가의 글을 읽고 똑같은 일상 속에서도 새로운 것을 발견하고 느낄 수 있게 된다. **둘째 작가는 사람들이 바른 언어를 사용할 수 있도록 돕는다.** 작가란 근본적으로 언어를 다루는 사람으로 그 나라의 말을 정확하고 풍부하게 사용한다. 그래서 사람들의 언어 사용에 영향을 미치게 된다.

다. 단계별 연습

1. 파악하기

과제	신문의 역할은 무엇인가?

2. 표현하기

신문	• 나다　　• 나오다　　• 실리다　　• 보도하다　　• 보도되다　　• 기고하다　　• 구독하다
	• 신문에서 _보도하다_____　　• 신문에 _____　　• 신문을 _____ 　　_____　　　_____　　　_____
	• 여론 형성　　• 정보 제공　　• 신속성　　• 윤리성　　• 객관성

3. 한 단락 쓰기

01	**신문의 역할은 무엇인가?** ※ 중심 문장과 도움 문장을 생각하면서 쓰세요.

▶ Ⅳ-5. 기타 **248pg**로 이동

02	**부모의 역할은 무엇인가?** ※ 중심 문장과 도움 문장을 생각하면서 쓰세요.

중심생각	아이의 정서 발달을 도움	

7 중요성 쓰기

- N이/가 우리에게 어떤 영향을 미치는지 어떤 의미나 가치를 지니는지 한번 생각해 보십시오.

가. 구성

과제: 글쓰기 교육은 왜 중요한가?

중심 문장	글쓰기 교육은 생각하는 힘을 기르는 데 도움을 주기 때문에 중요하다. (중요성 ①)
도움 문장	한 편의 글을 완성하려면 다양한 방식으로 생각해야 하며, 그 생각을 주제에 맞게 정리하고 조직할 수 있어야 한다. 그래서 사고력과 논리력을 기르려면 글쓰기를 해야 한다.

중심 문장	글쓰기 교육은 문장을 정확하게 쓰고 표현을 풍부하게 할 수 있도록 도와준다. (중요성 ②)
도움 문장	바른 문장을 쓰기 위해서는 문장 규칙을 알아야 하며 효과적인 표현을 위해서는 다양한 표현 방식을 이해해야 한다. 글쓰기 교육은 이런 능력을 갖출 수 있도록 해 준다.

나. 예시

예로부터 학교에서는 글쓰기 교육을 중요하게 생각해 왔다. **생각하는 힘을 기르는 데 도움을 주기 때문이다.** 한 편의 글을 완성하려면 다양한 방식으로 생각해야 하며, 그 생각을 주제에 맞게 정리하고 조직할 수 있어야 한다. 그래서 사고력과 논리력을 기르려면 글쓰기를 해야 하는 것이다. **또한 글쓰기 교육은 문장을 정확하게 쓰고 표현을 풍부하게 할 수 있도록 도와준다.** 바른 문장을 쓰기 위해서는 문장 규칙을 알아야 하며 효과적인 표현을 위해서는 다양한 표현 방식을 이해해야 한다. 글쓰기 교육에서는 이런 능력을 갖출 수 있도록 해 주기 때문에 중요성이 크다고 할 수 있다.

다. 단계별 연습

1. 파악하기

과제	인간관계는 왜 중요한가?

2. 표현하기

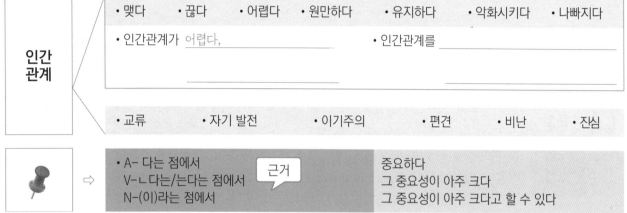

3. 한 단락 쓰기

01	**인간관계는 왜 중요한가?**　※ 중심 문장과 도움 문장을 생각하면서 쓰세요.

▶ Ⅳ-1. N의 중요성　**221pg**로 이동

02	**꿈을 가지는 일은 왜 중요한가?**　※ 중심 문장과 도움 문장을 생각하면서 쓰세요.

중심생각	현실의 어려움을 견딜 수 있게 함.	

8 필요성 쓰기

• N의 필요성을 쓸 때는 N이/가 있으면 무엇이 더 좋아지고 편리해지는지 생각해 보십시오.
 그로 인해 어떤 효과가 나타나는지에 대해서도 함께 떠올려 보면 도움이 될 것입니다.

가. 구성

과제: 글쓰기 능력은 왜 필요한가?	
중심 문장	우리가 쌓은 지식들을 체계적으로 정리하고 알려야 할 때 말보다는 글쓰기 능력이 필요하다. (필요한 이유 ①)
도움 문장	지금까지 인류가 축적해 온 지식들은 대부분 글을 통해 전해 내려왔다. 현대에 와서도 지식을 전달하는 방법으로서의 글쓰기는 여전히 유용하다.

중심 문장	자신의 생각을 널리 알리고 상대방을 설득하기 위해서 글쓰기 능력이 필요할 때가 있다. (필요한 이유 ②)
도움 문장	즉, 자신의 의사를 표현할 때 직접 만나서 말로 하는 것이 좋을 때도 있지만 글을 써서 전하는 것이 효과적일 때도 있다.

나. 예시

 말과 글은 다르다. **우리가 쌓은 지식들을 체계적으로 정리하고 알려야 할 때 말보다는 글이 효과적이다. 그래서 글쓰기 능력이 필요하다.** 지금까지 인류가 축적해 온 지식들은 대부분 글을 통해 전해 내려왔다. 현대에 와서도 지식을 전달하는 방법으로서의 글쓰기는 여전히 유용하다. **또한 자신의 생각을 널리 알리고 상대방을 설득하기 위해서 글쓰기 능력이 필요할 때가 있다.** 즉, 자신의 의사를 표현할 때 직접 만나서 말로 하는 것이 좋을 때도 있지만 글을 써서 전하는 것이 효과적일 때도 있다. 말보다는 편지가 사람의 마음을 움직일 수 있고 백 마디 칭찬의 말보다는 한 장의 추천서가 힘을 발휘할 때가 있다.

다. 단계별 연습

1. 파악하기

과제	토론은 왜 필요한가?

2. 표현하기

토론	• 하다 • 벌이다 • 벌어지다 • 참여하다 • 진행되다
	• 토론이 <u>벌어지다,</u> _____ • 토론을 _____ • 토론에 _____
	_____
	• 주장 • 근거 • 논리 • 입장 • 설득 • 반론 • 문제해결

X	• N을/를 필요하다	• 필수적인 요구되다	• 필요해야 한다
O	• N이/가 필요하다	• N이/가 필수적으로 요구되다	• N의 필요성이 크다고 할 수 있다

3. 한 단락 쓰기

01	**토론은 왜 필요한가?** ※ 중심 문장과 도움 문장을 생각하면서 쓰세요.

▶ IV-2. N의 필요성   227pg로 이동

02	**사회 참여 활동은 왜 필요한가?** ※ 중심 문장과 도움 문장을 생각하면서 쓰세요.

중심생각	공동체의 문제 개선	

9 양면성 쓰기

- N의 양면성은 N의 장점과 단점을 말합니다. 따라서 이를 쓸 때는 N이/가 우리 삶과 생활, 현대 사회에 미친 긍정적 영향과 부정적 영향을 한번 생각해 보십시오. N(으)로 인한 편리한 점과 불편한 점, 얻은 것과 잃은 것 등을 떠올려 보면 도움이 될 것입니다.

가. 구성

과제: 불안이 글쓰기에 미치는 긍정적인 영향과 부정적인 영향은 무엇인가?

중심 문장	불안은 글을 더 잘 쓰기 위한 동기로 작용할 수 있다. (긍정적인 영향)
도움 문장	불안하기 때문에 다른 사람보다 더 많이 준비하고 더 열심히 연습하게 된다. 그러다 보면 글쓰기가 자연스럽게 좋아진다.

중심 문장	불안은 글쓰기를 피하게 만들 수도 있다. (부정적인 영향)
도움 문장	불안하면 더 노력하기보다 아예 포기하는 사람들도 있다. 불안감이 커지면 더 긴장하고 스트레스를 받기 때문에 글쓰기 결과도 좋지 않다. 그래서 자신감이 더 떨어져서 피하고 싶어지는 것이다.

나. 예시

　일반적으로 글을 쓸 때 많은 사람들이 불안을 느낀다고 한다. 이러한 불안은 글쓰기에 긍정적인 영향을 미치는가 하면 부정적인 영향을 미치기도 한다. 먼저 **불안은 글을 더 잘 쓰기 위한 동기로 작용할 수 있다.** 불안하기 때문에 다른 사람보다 더 많이 준비하고 더 열심히 연습하게 된다. 그러다 보면 글쓰기가 자연스럽게 좋아진다. 반면에 불안은 글쓰기를 피하게 만들 수도 있다. 불안하면 더 노력하기보다 아예 포기하는 사람들도 있다. 불안감이 커지면 더 긴장하고 스트레스를 받기 때문에 글쓰기 결과도 좋지 않다. 그래서 자신감이 더 떨어져서 피하고 싶어지는 것이다.

다. 단계별 연습

1. 파악하기

과제	신조어 사용은 어떤 영향을 미치는가?

2. 표현하기

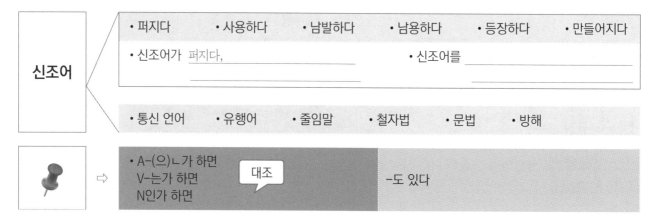

3. 한 단락 쓰기

01	신조어 사용의 긍정적인 면과 부정적인 면은 무엇인가?	※ 중심 문장과 도움 문장을 생각하면서 쓰세요.

▶ IV-3. N의 양면성 **233pg**로 이동

02	선의의 거짓말의 긍정적인 면과 부정적인 면은 무엇인가?	※ 중심 문장과 도움 문장을 생각하면서 쓰세요.

10 의견 쓰기

• 바람직한[올바른, 진정한] N(이)란 무엇인가에 대해 자신이 생각한 것을 쓸 수 있어야 합니다. 이때 N에 대한 보통 사람들의 생각이나 일반적인 견해와는 다른 자신만의 생각을 강조해서 서술할 수도 있고, 현실 속 N의 문제점을 고려해 쓸 수도 있습니다.

가. 구성

과제: 좋은 글이란 무엇이라고 생각하는가?

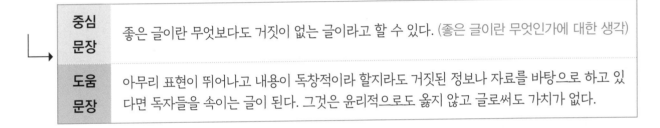

중심 문장	좋은 글이란 무엇보다도 거짓이 없는 글이라고 할 수 있다. (좋은 글이란 무엇인가에 대한 생각)
도움 문장	아무리 표현이 뛰어나고 내용이 독창적이라 할지라도 거짓된 정보나 자료를 바탕으로 하고 있다면 독자들을 속이는 글이 된다. 그것은 윤리적으로도 옳지 않고 글로써도 가치가 없다.

나. 예시

　좋은 글이 무엇인가에 대한 기준은 사람마다 다르다. 좋은 글은 표현이 뛰어나야 한다는 사람도 있고 표현보다는 내용의 독창성을 강조하는 사람도 있다. 또 쉽고 재미있는 글을 좋은 글로 보는 사람이 있는가 하면 어렵고 재미없더라도 깊이가 있어야 좋은 글이라고 생각하는 사람도 있다. 그러나 **좋은 글이란 무엇보다도 거짓이 없는 글이라고 할 수 있다.** 아무리 표현이 뛰어나고 내용이 독창적이라 할지라도 거짓된 정보나 자료를 바탕으로 하고 있다면 독자들을 속이는 글이 된다. 그것은 윤리적으로도 옳지 않고 좋은 글이라고 할 수도 없다.

다. 단계별 연습

1. 파악하기

과제	바람직한 소비란 무엇인가

2. 중심 문장 표현하기

도입	⇨	• 바람직한 소비란 무엇인가에 대해서는 사람마다 생각이 다르다. • 흔히 사람들은 물건을 구매할 때 저렴한 가격에 고품질의 제품을 사려고 한다.
중심 문장	⇨	• 바람직한 소비란 사회적 영향을 고려한 후 소비하는 것을 말한다. • 바람직한 소비란 사회적 영향을 고려한 후 소비하는 것이라고 생각한다. • 바람직한 소비란 사회적 영향을 고려한 후 소비하는 것이라고 할 수 있다.

과제 : 바람직한 리더십이란 무엇이라고 생각하는가?

도입	⇨	•
중심 문장	⇨	•

과제 : 진정한 친구란 어떤 사람이라고 생각하는가?

도입	⇨	•
중심 문장	⇨	•

3. 도움 문장 표현하기

▶도움 문장에는 어떤 내용을 쓸까?
• 그 이유는 무엇인가?
• 이것을 잘 보여주는 예가 있는가?
• 이것은 다른 종류의 소비와 어떻게 다른가?

▶어떻게 표현할까?

소비 + A/V			
하다	늘다	줄다	줄이다
조장하다	부추기다	증가하다	촉진하다

• 소비가 늘다, _____

• 소비를 _____

중심 문장 ⇨	• 바람직한 소비란 사회적 영향을 고려한 후 소비하는 것을 말한다.
도움 문장 ① ⇨	이러한 소비를 하면 자연스럽게 사회 활동에도 동참할 수 있다.
도움 문장 ② ⇨	예를 들어 동물을 아끼는 사람이라면 동물 실험을 하지 않는 기업의 제품을 구매함으로써 동물 보호 운동에 참여할 수 있다.
도움 문장 ③ ⇨	이런 사람이 늘면 더 많은 기업들이 이에 동참하게 될 수도 있다.

중심 문장 ⇨	•
도움 문장 ① ⇨	
도움 문장 ② ⇨	
도움 문장 ③	

4. 단락 구성하기

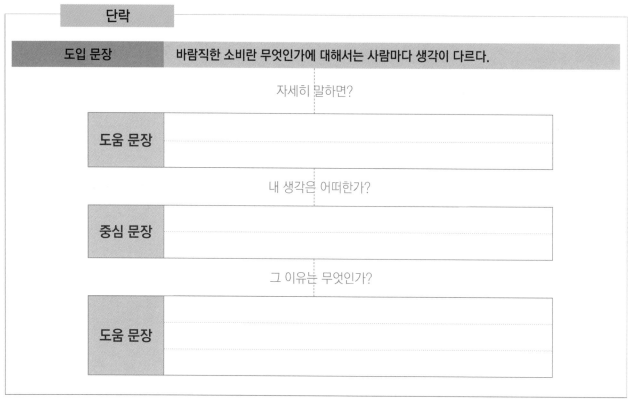

▶ Ⅳ-5. 기타 **244pg**로 이동

라. 한 단락 쓰기

01	**바람직한 가족 관계란 무엇이라고 생각하는가?** ※ 중심 문장과 도움 문장을 생각하면서 쓰세요.

11 찬반 쓰기

• N에 대해 찬성하는지, 반대하는지 자신의 입장을 분명하게 밝힐 수 있어야 합니다. 찬반 중 하나를 선택하고 끝까지 그 입장을 지키는 것이 중요합니다. 그리고 그렇게 생각하는 이유를 잘 설명해야 하는데, 이때 자신과 반대되는 입장의 근거를 고려해서 써 주면 좋습니다.

가. 구성

과제: 대학에 입학할 때 글쓰기 시험을 보게 하는 교육 정책에 찬성하는가, 반대하는가?

중심 문장	대학 입학 시 의무적으로 글쓰기 시험을 보게 하는 교육 정책에 나는 반대한다. (나의 찬반 의견)
도움 문장	글쓰기는 생각하는 힘을 기르기 위해서 필요한 것인데 시험을 위한 글쓰기 공부는 오히려 사고력을 떨어뜨릴 수 있다. 점수를 잘 받기 위해 단순히 글쓰기 기술을 배우게 될 가능성이 높기 때문이다. 물론 그러한 정책이 실시되면 글쓰기에 대한 관심도 늘고 실력 향상에 도움이 될 수도 있다. 그렇지만 그로 인해 글쓰기 관련 사교육이 늘어날 수 있고 대학에 입학하려는 학생들은 더 큰 부담을 느낄 수 있다.

나. 예시

대학 입학 시 의무적으로 글쓰기 시험을 보게 하는 교육 정책에 나는 반대한다. 글쓰기는 생각하는 힘을 기르기 위해서 필요한 것인데 시험을 위한 글쓰기 공부는 오히려 사고력을 떨어뜨릴 수 있다. 점수를 잘 받기 위해 단순히 글쓰기 기술을 배우게 될 가능성이 높기 때문이다. 물론 그러한 정책이 실시되면 글쓰기에 대한 관심도 늘고 실력 향상에 도움이 될 수도 있다. 그러나 그로 인해 글쓰기 관련 사교육이 늘어날 수 있고 대학에 입학하려는 학생들은 더 큰 부담을 느낄 수 있으므로 이러한 정책을 실시하는 것은 바람직하지 않다고 생각한다.

다. 단계별 연습

1. 파악하기

과제	조기 외국어 교육에 찬성하는가, 반대하는가

2. 중심 문장 표현하기

도입	• 요즘 조기 외국어 교육을 어떻게 볼 것인지에 대해 활발한 논의가 이루어지고 있다. • 조기 외국어 교육에 대해 찬성하는 사람이 있는가 하면 반대하는 사람도 있다.
중심 문장	• 나는 조기 외국어 교육에 (대해) 찬성한다[반대한다]. • 나는 조기 외국어 교육에 (대해) 찬성하는 입장이다[반대하는 입장이다].

과제 : 동물원 폐지에 대해 찬성하는가, 반대하는가?

도입 ⇨	•
중심 문장 ⇨	•

3. 도움 문장 표현하기

▶도움 문장에는 어떤 내용을 쓸까?

- 이렇게 주장한 이유는 무엇인가?

- 이 주장에 대해 있을 수 있는 비판은?

- 그 비판을 받으면 어떤 논리로 반박할 것인가?

▶어떻게 표현할까?

외국어 + A/V

배우다	습득하다	능통하다	공부하다
구사하다	유창하다	학습하다	

- 외국어가 _____
- 외국어를 배우다, _____
- 외국어에 _____

중심 문장 ⇨	나는 조기 외국어 교육에 대해 반대한다.
도움 문장 ①	조기 외국어 교육은 아이의 언어 능력을 오히려 떨어뜨릴 수 있다.
도움 문장 ②	모국어도 잘하지 못하는 상황에서 외국어까지 공부하면 학습에 대한 부담감이 커져서 스트레스를 받게 되기 때문이다. 이로 인해 학습에 흥미를 잃게 되어 모국어 구사 능력에도 지장이 생길 수 있다.
도움 문장 ③ ⇨	물론 어린 나이에 외국어를 배우기 시작하면 실력이 더 좋아질지 모른다. 그러나 시기보다는 배우고자 하는 의지가 중요하므로 아이가 흥미를 느끼고 동기를 가지게 될 때 외국어를 배워도 늦지 않다.

4. 단락 구성하기

단락	
도입 문장	요즘 조기 외국어 교육을 어떻게 볼 것인지에 대해 활발한 논의가 이루어지고 있다.

나의 입장은 무엇인가?

중심 문장	

그 이유는 무엇인가?

도움 문장	

다른 입장의 근거는 무엇인가? 이에 대한 나의 생각은 무엇인가?

도움 문장	

▶ IV-3. N의 양면성 **234pg**로 이동

라. 한 단락 쓰기

01	**동물원 폐지에 대해 찬성하는가, 반대하는가?** ※ 중심 문장과 도움 문장을 생각하면서 쓰세요.

■ 도입과 마무리는 어떻게 할까?

■ 도입

- 글의 첫 단락: 도입 + 과제 ①에 대한 내용 전개
- 글을 시작할 때 도입 문장은 주제와 관련된 화제로 써야 합니다. 이때 도입은 1~2문장으로 쓰고 단락의 나머지 부분에는 주어진 과제에 대한 생각을 충분히 쓰는 것이 좋습니다.

> **문제**
>
> 봉사나 기부는 자신의 재능이나 재산을 나누어서 다른 사람을 도와주는 것이다. 우리 사회에는 도움을 필요로 하는 사람들이 많기 때문에 나눔은 반드시 필요하다. '나눔의 필요성'에 대해 아래의 내용을 중심으로 자신의 생각을 쓰라.
>
> - 나눔은 왜 필요한가? --------**과제 ①** √
> - 나눔을 실천하는 사람들이 많아지게 하려면 어떻게 해야 하는가? --------**과제 ②**

가. 확인하기

01. 다음에 해당하는 것을 찾아보십시오.

| 이렇게 쓰면 안 돼요 | → | ㉠ 도입 문장이 과제와 관련이 없음
㉡ 도입 문장을 개인적인 경험으로 시작함
㉢ 도입 문장을 문제 속 지문과 똑같이 씀
㉣ 도입 문장이 주제와 직접적인 관련이 없음 |

흔히 사람들은 나눔을 실천하려면 돈이 필요하다고 생각한다. 그러나 이웃에 대한 관심이 있어야 한다. 우리 사회에는 어려운 이웃이 많이 있는데 관심이 없으면 도와줄 생각조차 할 수 없기 때문이다. 그래서 어려운 이웃에게 관심을 가지고 나눔을 실천해야 한다.

①

봉사나 기부는 자신의 재능이나 재산을 나누어서 다른 사람을 도와주는 것이다. 우리 사회에는 도움을 필요로 하는 사람들이 많기 때문에 나눔은 반드시 필요하다. 나눔의 필요성에 대한 자신의 생각은 다음과 같다.

②

이기주의는 현대사회의 문제점 중의 하나이다. 이기주의는 자기만 생각하는 것이다. 그래서 이기적인 사람들은 아무리 어려운 사람이 있어도 자신의 재능이나 재산을 나누어 줄 생각을 하지 않는다. 이것은 큰 문제이다.

③

나는 지난 연말에 친구하고 명동에 갔는데 불우이웃돕기 모금을 하는 사람들을 우연히 봤다. 그래서 모금함에 오천 원을 넣었다. 무척 기분이 좋았다. 이렇게 나눔은 우리 사회에서 꼭 필요한 것이다.

④

02. 다음에 해당하는 것을 연결해 보십시오.

이렇게 쓰세요

⊙ 주제와 관련된 **속담, 경구 등을 인용**함
ⓒ 주제와 관련된 **사건, 현상 등을** 씀
ⓒ 주제와 관련된 **일반적인 사실이나 진리를** 씀
ⓔ 중요하게 쓰이는 **단어의 뜻을** 씀

① 이 사회는 서로 다른 삶의 조건을 가진 사람들이 어울려 살아가는 곳이다. 이 사람들이 사이좋게 공존하기 위해서는 나눔을 실천해야 한다. 나눔을 실천해야 사람들 간에 신뢰가 생긴다. 또 내가 어려울 때에도 도움을 받을 수 있다. (⋯)

• ㉠

② '콩 한쪽도 나누어 먹는다'라는 말이 있다. 이는 아무리 작은 것이라도 다른 사람에게 베풀 줄 알아야 한다는 것을 강조한 것이다. 이처럼 나눔은 함께 살아가기 위한 덕목으로서 우리의 삶에서 꼭 필요한 것이다. 우리는 나눔을 통해 신뢰를 쌓고 더 나은 공동체 사회를 만들 수 있다. (⋯)

• ㉡

③ 오늘날에는 개인주의의 심화로 이웃에 대한 관심이 줄면서 나눔을 실천하는 사람들도 점점 줄어들고 있다. 그러나 여러 사람이 함께 살아가는 사회에서 나눔은 꼭 필요한 일 중의 하나이다. 예를 들어 가난 때문에 수술을 받지 못하는 아이를 위해 이런 사정을 알리고 수술비를 모금해 준다면 아이에게는 큰 도움이 될 것이다. 그리고 도움을 받은 그 아이도 누군가에게 도움을 주는 사람으로 성장할 수 있다. (⋯)

• ㉢

④ '나눔'이란 자신이 가진 것을 도움이 필요한 사람에게 나누어 주는 것을 말한다. 이러한 나눔은 더 좋은 사회를 만들기 위해 우리 사회에 반드시 필요하다. 나눔을 실천하는 사람이 많아지면 사람들 사이에 믿음과 신뢰가 생기게 된다. (⋯)

• ㉣

나. 표현하기

현상	• 최근[요즈음] • 현대 사회에서는 /오늘날에는 • -(으)ㄹ수록 • -(으)면서 / -(으)ㅁ에 따라	-고 있다	• 오늘날에는 과거에 비해 나눔을 실천하는 사람들이 크게 줄어들고 있다 • 갈수록 나눔을 실천하는 사람들이 줄어들고 있다
일반 사실	• 일반적으로 (N은/는)	-(으)로 알려져 있다	• 일반적으로 '기부'는 돈이나 물품을 어려운 사람에게 나누어주는 활동으로 알려져 있지만 재능도 기부의 대상이 될 수 있다
	• 예로부터 N은/는	-아/어 왔다	• 예로부터 사람들은 나눔의 중요성을 강조해 왔다
	• 사람은 누구나	-기 마련이다 -고 싶어 한다[기를 원한다] -게 된다	• 사람은 누구나 다른 사람과 도움을 주고 받으며 살아가게 된다
	• 누구나 (한번쯤)	-(으)ㄴ 경험이 있을 것이다	• 누구나 살면서 한번쯤 나눔을 통해 다른 사람을 도와준 경험이 있을 것이다
정의	• N(이)란 N은/는	-(이)다 -을/를 말한다 -(이)라고 정의할 수 있다	• 나눔이란 자신의 재산이나 재능을 나누어서 다른 사람을 도와주는 것이라고 정의할 수 있다
인용	• A-다는 V-는/ㄴ다는 N(이)라는	말[속담]이 있다	• '콩 한쪽도 나누어 먹는다'라는 말이 있다

다. 연습하기

01	⇨	**과제 : 건강은 왜 중요한가?**
도입	⇨	• ....

02	⇨	**과제 : 친구는 왜 필요한가?**
도입	⇨	• ....

■ 마무리

- 글의 마지막 단락: 마지막 과제에 대한 내용 (+ 마무리 문장)
- 일반적인 글과는 달리 토픽 54번에서는 마무리 문장이 반드시 필요한 것은 아닙니다. 마지막 단락에서도 주어진 과제를 충실하게 수행하는 것이 좋습니다.
- 마무리 문장을 쓴다면 첫 단락에서 쓴 내용과 주제를 고려해서 1문장 정도로 짧게 쓰십시오.

문제

　봉사나 기부는 자신의 재능이나 재산을 나누어서 다른 사람을 도와주는 것이다. 우리 사회에는 도움을 필요로 하는 사람들이 많기 때문에 나눔은 반드시 필요하다. '나눔의 필요성'에 대해 아래의 내용을 중심으로 자신의 생각을 쓰라.

- 나눔은 왜 필요한가? --------**과제** ①
- 나눔을 실천하는 사람들이 많아지게 하려면 어떻게 해야 하는가? --------**과제** ② √

가. 확인하기

■ 다음에 해당하는 것을 연결해 보십시오.

이렇게 쓰세요	→

　➡　㉠ 마지막 과제 수행 + **전망**
　　㉡ 마지막 과제 수행 + **내용 요약**
　　㉢ 마지막 과제 수행 + 중심 내용 **재확인**

〈보기〉

　따라서 나눔을 실천하는 사람들이 많아지도록 하려면 나눔의 가치와 효과에 대해 적극적으로 알릴 필요가 있다. 학교에서는 교육을 통해 나눔의 필요성을 느끼도록 하고 이를 체험해 볼 수 있는 기회를 제공하는 것이 좋다. 또한 사회적으로는 공익 광고 등을 활용해 나눔 문화가 확산될 수 있도록 홍보하는 방법이 있다. ＿＿＿＿＿＿

＿＿＿＿＿＿ (마무리 문장의 예-① / ② / ③) .

① 이처럼 다양한 방법을 통해 우리 사회에 나눔을 실천하는 사람이 많아질 수 있도록 노력해야 할 것이다.　·

② 이러한 사회적 노력이 뒷받침된다면, 앞으로 더욱 많은 사람들이 나눔을 실천하게 될 것이다.　·

③ 지금까지 살펴본 바와 같이 나눔은 사람들이 서로 신뢰할 수 있도록 돕는다는 점에서 반드시 필요하며, 학교 교육 및 캠페인을 통해 그 가치를 널리 알려야 할 것이다.　·

·㉠

·㉡

·㉢

나. 표현하기

전망	• –(으)면	앞으로 –(으)ㄹ 것이다	• 이러한 사회적 노력이 뒷받침된다면, 앞으로 더욱 많은 사람들이 나눔을 실천하게 될 것이다. • 이렇게 하면 앞으로 우리 사회에 나눔을 실천하는 사람들이 더욱 많아질 것이다.
요약 및 재확인	• 지금까지 살펴본 바와 같이 / 요컨대	–다는/ㄴ다는/는다는 점에서 –다	• 지금까지 살펴본 바와 같이 나눔은 사람들이 서로 신뢰할 수 있도록 돕는다는 점에서 반드시 필요하다.
	• 이처럼[이렇듯, 이 같이]	–을/를 통해 –아/어야 할 것이다	• 이처럼 다양한 방법을 통해 우리 사회에 나눔을 실천하는 사람이 많아질 수 있도록 노력해야 할 것이다.

다. 연습하기

과제 ⇨	• 과소비의 문제점은 무엇인가? • 과소비의 원인은 무엇인가? • 과소비를 막기 위해서는 어떤 노력이 필요한가?

① 우선 돈을 저축하지 못하게 되어서 돈이 꼭 필요한 상황에 대비할 수 없게 된다.

② 갑자기 사고를 당하거나 병에 걸려 병원비가 들게 되면 빚을 질 수밖에 없다.

③ 과소비를 하면 여러 가지 문제가 생길 수 있다.

④ 마음이 불안하거나 우울해서 충동적으로 과소비를 하는 사람도 있고, 자신을 과시하거나 주목을 받고 싶어서 과소비를 하는 사람도 있다.

⑤ 또 과소비를 하는 사람이 많아지면, 소비가 곧 최고의 가치라는 인식이 확산될 수 있다.

⑥ 그럼에도 불구하고 과소비를 하게 되는 이유로는 광고의 영향을 들 수 있다.

⑦ 신제품 광고를 보면 사람들은 쉽게 구매 욕구를 가지게 되고 이것이 실제 소비로 이어진다.

⑧ 또 심리적인 요인도 있다.

⑨ 이런 분위기가 확산되면, 소비 능력에 따라 사람을 판단하게 되어서 사회 갈등이 발생하게 된다.

⑩ 따라서 과소비를 막기 위해서는 먼저 돈을 계획적으로 써야 한다.

⑪ 이러한 노력을 한다면, 과소비를 막을 수 있을 것이다.

⑫ 가계부를 쓰면 수입과 지출 내역을 한눈에 볼 수 있어서 한 달에 돈을 얼마나 모으고 어떻게 쓸지 계획하는 데 도움이 된다.

⑬ 그리고 자신이 왜 과소비를 하게 되는지 그 원인을 정확하게 알아야만 소비를 절제하는 방법도 찾을 수 있다.

③ → _____ → _____ → _____ → ⑥ → _____ → _____ → _____ → ⑩ → _____ → _____ →

1 N의 중요성

① 중요성 ➡ 원인/이유 ➡ 방안

■ 다음을 주제로 하여 자신의 생각을 600~700자로 글을 쓰시오. 단, 문제를 그대로 옮겨 쓰지 마시오. (50점)

말은 중요한 의사소통의 수단이다. 그런데 유행어나 줄임말을 사용하는 사람이 많아지면서 말을 이해하지 못해 소통에 어려움을 겪는 일이 생기고 있다. 그래서 바른말을 사용하는 것이 중요하다. '바른말 사용의 중요성'에 대해 아래의 내용을 중심으로 자신의 생각을 쓰시오.

- 바른말 사용은 왜 중요한가?
- 바른말을 사용하지 않는 사람들이 늘어나는 원인은 무엇인가?
- 이를 해결하기 위해서는 어떻게 해야 하는가?

	예시
중요성	말은 그 사람의 생각과 태도를 드러낸다. 그래서 어떻게 말하느냐에 따라 그 사람에 대한 인상이 달라질 수 있다. 평소 바른 언어 습관을 가진 사람에게는 호감을 가지게 되지만 그렇지 않은 사람에게는 좋은 인상을 가지기 어렵다. 이뿐만 아니라 유행어나 줄임말은 세대 간 소통을 방해하기까지 한다. 이런 말들은 주로 인터넷을 통해 젊은 사람들 사이에서 퍼지기 때문에 인터넷을 즐겨 이용하지 않는 사람들은 그 말을 이해하기가 쉽지 않기 때문이다.
원인	바른말 사용이 이렇듯 중요한데도 불구하고 이를 실천하지 않는 사람이 늘어나는 원인으로는 두 가지가 있다. 첫째 대중매체의 영향을 들 수 있다. TV나 라디오에서 재미를 위해 유행어를 쓰기 시작하면서 사람들도 따라 쓰게 되었기 때문이다. 둘째 SNS의 발달도 영향을 미쳤다. SNS로 쉽고 편하게 소통하는 데 익숙해져서 줄임말을 자주 사용하다 보니 무엇이 바른말인지 잘 알지 못하는 사람도 많아지게 되었다.
방법	이를 해결하기 위해서는 우선 평소 유행어나 줄임말을 무분별하게 사용하지 않도록 스스로 노력해야 한다. 특히 공식적인 자리에서는 유행어나 줄임말을 피하는 것이 좋다. 대중매체에서도 바른말을 사용해 모범을 보여야 한다. 방송은 사회적 영향력이 크기 때문에 바른 언어를 사용할 수 있도록 방송사에서는 물론 시민 단체에서도 지속적으로 감시할 필요가 있다. (678자)

❷ 중요성 ➡ 문제점 ➡ 방안

■ 다음을 주제로 하여 자신의 생각을 600~700자로 글을 쓰시오. 단, 문제를 그대로 옮겨 쓰지 마시오. (50점)

시간은 누구에게나 똑같이 주어지지만 시간을 관리하는 태도와 능력은 사람마다 다르다. 계획을 세워 시간을 잘 관리하는 사람이 있는 반면 그렇지 않은 사람도 있다. 시간 관리에 실패하면 항상 시간에 쫓기게 되어 중요한 것을 놓칠 수 있다. '시간 관리의 중요성'에 대해 아래의 내용을 중심으로 자신의 생각을 쓰시오.

• 시간 관리는 왜 중요한가?
• 시간 관리가 잘 안 되면 어떤 문제점이 발생하는가?
• 효율적인 시간 관리 방법은 무엇인가?

___ : 도입
___ : 과제에 대한 중심문장

■ 다음을 읽고 표시해 보십시오.

중요성	현대 사회에서 시간은 재산을 관리하듯이 중요하게 다루어야 하는 것 중의 하나이다. 점점 빨라지는 변화 속도와 치열한 경쟁 속에서 시간을 어떻게 활용하느냐가 인생의 성공과 실패에 큰 영향을 미치기 때문이다. 가령 같은 시간이 주어져도 그 시간에 두세 가지 일을 모두 해 내는 사람이 있는가 하면 한 가지만 하기에도 바쁜 사람이 있다. 시간은 무한하게 주어지는 것이 아니며 되돌릴 수도 없으므로 원하는 목표를 이루기 위해서는 시간을 잘 다루는 사람이 되어야 한다.
문제점	이렇듯 시간 관리는 아주 중요하기 때문에 시간 관리를 잘 못하면 후회하게 되는 일이 많아진다. 그래서 바쁘기만 하고 삶에 대한 만족도는 떨어질 수밖에 없다. 늘 시간에 쫓기는 사람은 해야 하는 일과 하고 싶은 일 사이에서 헤매다가 결국 두 가지 모두를 잃게 된다. 별로 중요하지 않은 일에 시간을 낭비하다 보면 원래 계획했던 일조차 못하고 꿈꾸던 삶과 점점 멀어지게 된다.
방법	따라서 시간을 효율적으로 관리하기 위해서는 일의 우선순위를 정할 필요가 있다. 중요성이나 시급성을 기준으로 먼저 해야 하는 일과 나중에 해도 되는 일을 정해야 한다. 그리고 순서대로 실행하는 것이 좋다. 또한 자투리 시간을 잘 활용해야 한다. 출퇴근 할 때나 다른 사람을 기다릴 때 등 생활 속에서 조금씩 생기는 짧은 시간을 버리지 말고 그 시간에 할 만한 일들을 준비해서 하는 것이 좋다. (691자)

-도입: 현대 사회에서~하나이다 -중심 문장: 1. 변화 속도와~ 때문이다 /시간은~한다 2. 이렇듯~많아진다 3. 따라서~있다 /또한~한다

■ 단락 완성 PART 1

■ 다음을 주제로 하여 자신의 생각을 600~700자로 글을 쓰시오. (50점)

> 우리는 다른 사람들과 관계를 맺고 교류하며 살아간다. 가족, 친구, 동료들과 대화를 나누고 도움을 주고 받으며 살기 때문에 인간관계는 우리 삶에서 중요한 부분을 차지한다. 그래서 관계가 원만하지 않으면 스트레스를 많이 받게 된다. '인간관계의 중요성'에 대해 아래의 내용을 중심으로 자신의 생각을 쓰시오.
>
> • 인간관계는 왜 중요한가?
> • 인간관계가 어렵게 느껴지는 이유는 무엇인가??
> • 원만한 인간관계를 유지하기 위해서는 어떻게 해야 하는가?

중요성	
이유	이처럼 원만한 관계를 맺는 일은 아주 중요하지만 쉬운 일은 아니다. 그 이유로는 두 가지를 들 수 있다. 첫째, 성격 및 가치관의 차이로 인해 사람마다 생활 방식에 차이가 있다. 이 차이를 받아들이지 못하면 관계를 유지하기 어렵다. 둘째,
방법	

■ 단락 완성 PART 2

■ 다음을 주제로 하여 자신의 생각을 600~700자로 글을 쓰시오. (50점)

> 사람들은 누구나 건강하게 살고 싶어한다. 건강을 잃으면 모든 것을 잃는 것과 다름없기 때문이다. 그래서 건강을 잃어 본 사람들은 건강이 얼마나 중요한지 알게 된다. '건강의 중요성'에 대해 아래의 내용을 중심으로 자신의 생각을 쓰시오.
>
> • 건강은 왜 중요한가?
> • 건강이 나빠지면 어떤 문제점이 생기는가?
> • 건강을 유지하기 위해서는 어떤 노력이 필요한가?

중요성	
문제점	건강을 잃으면 우리는 경제적, 심리적으로 어려움을 겪게 된다. 먼저 경제적으로는 치료가 어려운 큰 병에 걸릴 경우 병원비 부담이 커진다. 그래서 예상치 못한 재정적 어려움에 빠질 수 있다. 또한 심리적으로도
방법	

■ 700자 쓰기

■ 다음을 주제로 하여 자신의 생각을 600~700자로 글을 쓰시오. (50점)

> '협업'이란 공동의 목표를 달성하기 위해 여러 구성원들이 힘을 합해 일하는 것을 말한다. 여러 사람이 같이 일을 하다 보면 효율성이 떨어질 때도 있지만 협업을 하면 더 좋은 결과를 얻을 수 있는 경우가 많다. '협업 능력의 중요성'에 대해 아래의 내용을 중심으로 자신의 생각을 쓰라.
>
> • 협업 능력은 왜 중요한가?
> • 협업이 쉽지 않은 이유는 무엇인가?
> • 효율적인 협업을 위해 어떤 태도가 필요한가?

■ 다음을 주제로 하여 자신의 생각을 600~700자로 글을 쓰시오. (50점)

> '공감 능력'은 다른 사람의 상황과 기분을 느낄 수 있는 능력을 말한다. 그 덕분에 상대방의 슬픔, 기쁨, 공포 등의 감정을 읽고 소통하게 된다. 그러나 공감 능력은 그 사람이 자라 온 환경에 영향을 받기 때문에 공감하는 능력은 사람마다 차이가 있다. '공감 능력의 중요성'에 대해 자신의 생각을 쓰라.
>
> • 공감 능력은 왜 중요한가?
> • 공감 능력이 부족하면 어떤 문제가 생길 수 있는가?
> • 공감 능력을 키우기 위해서는 어떻게 해야 하는가?

■ 다음을 주제로 하여 자신의 생각을 600~700자로 글을 쓰시오. (50점)

> 오늘날에는 세계화의 영향으로 일부 지역의 전통문화가 점점 사라지고 있다. 또한 젊은 세대일수록 전통문화 보존에 대한 인식도 약해지고 있다. 하지만 오랜 세월 동안 전해 내려 온 전통문화는 보존해야 할 가치가 있다. '전통문화 보존'에 대해 아래의 내용을 중심으로 자신의 생각을 쓰라.
>
> • 전통문화 보존은 왜 중요한가?
> • 전통문화 보존이 어려워진 원인은 무엇인가?
> • 전통문화를 보존하기 위해서는 어떤 노력이 필요한가?

• 점검하기

내용	□ 과제에 대한 답이 명확한가?	□ 내용이 풍부한가?	
구조	□ 단락이 잘 나뉘어져 있는가?	□ 단락 연결이 자연스러운가?	
언어	□ 표현이 바르고 다양한가?	□ 조사를 생략하지 않았는가?	□ '-다'를 썼는가?

표현 노트

바른말	• 무분별하다	예 유행어나 줄임말을 때와 장소를 구분하지 않고 마음대로 쓰면 안 된다.
		→ 유행어나 줄임말을 무분별하게 사용하면 안 된다.
	• 모범을 보이다	예 영향력이 큰 대중매체부터 바른말을 사용해서 사람들이 보고 배우게 해야 한다.
		→ 영향력이 큰 대중매체부터 바른말을 사용해 모범을 보일 필요가 있다.
시간 관리	• 자투리 시간을 활용하다	예 지하철로 출근할 때, 친구를 기다릴 때 등 생활 속에서 조금씩 남는 시간을 잘 사용해야 한다.
		→ 지하철로 출근할 때, 친구를 기다릴 때 등 자투리 시간을 잘 활용해야 한다.
	• 우선순위를 정하다	예 먼저 해야 할 일이 무엇인지 순서를 정해야 한다.
		→ 일의 우선순위를 정해야 한다.
인간 관계	• 피해를 주다	예 자기 마음대로 행동을 하면 상대방이 불편해질 수 있다.
		→ 자기 중심적으로 행동을 하면 상대방에게 피해를 줄 수 있다.
	• 관계를 유지하다	예 자기가 필요할 때만 상대방을 만나려고 하면 관계가 좋아질 수 없다.
		→ 자신의 필요에 따라 상대방을 만나려고만 하면 원만한 관계를 유지할 수 없다.
건강	• 건강을 잃다	예 병에 걸리면 할 수 없는 일이 많아져서 불편해진다.
		→ 건강을 잃으면 활동에 제약이 생겨서 불편을 겪게 된다.
	• 질병을 앓다	예 스트레스는 현대인들이 걸리는 병의 큰 원인 중의 하나이다.
		→ 스트레스는 현대인들이 앓는 질병의 근원으로 손꼽힌다.
협업 능력	• 일을 처리하다	예 일을 나눠서 하면 일하는 속도도 빨라진다.
		→ 업무를 분담하면 일을 처리하는 속도도 빨라진다.
	• 악영향을 미치다	예 자기 말만 하고 남의 말은 듣지 않으면 공동 작업에 나쁜 영향을 준다.
		→ 자기 말만 옳다고 고집하는 태도는 팀워크에 악영향을 미친다.
공감 능력	• 작품을 접하다	예 평소 소설을 자주 읽고 영화를 자주 보면 공감 능력을 키울 수 있다.
		→ 평소 예술 작품을 많이 접하면 공감 능력을 키울 수 있다.
	• 상황에 처하다	예 공감 능력이 높으면 힘든 사람들을 도울 수 있다.
		→ 공감 능력이 높으면 어려운 상황에 처한 사람들을 도울 수 있다.
전통 문화	• 지혜가 담겨 있다	예 전통문화에는 옛 사람들의 지식과 생각이 들어있다.
		→ 전통문화에는 조상들의 지혜가 담겨 있다.
	• 인재를 양성하다	예 전통문화를 지키고 이어나갈 인재를 키워야 한다.
		→ 전통문화를 보존하고 계승할 인재를 양성해야 한다.

2 N의 필요성

1 필요한 경우 ➡ 효과 ➡ 방법/태도

■ 다음을 주제로 하여 자신의 생각을 600~700자로 글을 쓰시오. (50점)

> 똑같은 상황이라도 보는 관점이 다르면 행동도 달라지고 결과도 달라질 수 있다. 생각도 마찬가지다. 긍정적이냐 부정적이냐에 따라 나타나는 결과는 크게 다를 수 있다. 그래서 가능하면 긍정적인 생각을 하는 것이 좋다고 한다. '긍정적인 생각의 필요성'에 대해 아래의 내용을 중심으로 자신의 생각을 쓰라.
>
> • 긍정적인 생각은 언제 필요한가?
> • 긍정적인 생각을 통해 얻을 수 있는 효과는 무엇인가?
> • 긍정적으로 생각하기 위해서는 어떤 노력을 해야 하는가?

	예시
필요한 경우	누구나 살다 보면 실패를 경험하기 마련이다. 이때 부정적인 생각보다는 긍정적인 생각을 하는 것이 좋다. '할 수 있다'라는 생각이 다시 힘을 주기 때문이다. 사람들은 목표나 꿈을 이루지 못했을 때 의욕을 잃는다. 또 일을 하다 보면 실수나 잘못을 할 수도 있고, 능력을 인정받지 못할 수도 있다. 그래서 좌절하게 될 때가 있는데 이때 긍정적인 생각이 필요하다.
효과	사실 힘든 상황에 처하면 자기 자신과 환경을 탓하면서 부정적인 생각에 빠지기 십상이다. 그러나 긍정적으로 생각하면 실패한 경험에서도 배울 점을 찾을 수 있다. 그래서 자신의 부족함을 탓하며 시간을 보내기보다는 실패를 교훈 삼아 새로운 도전을 준비할 수 있는 것이다. 또한 긍정적인 생각은 정신적, 신체적 건강에도 좋은 영향을 미친다. 가령 암에 걸린 환자도 죽음을 생각하며 절망할 것이 아니라 산책, 독서 등을 통해 긍정적인 생각을 하면 건강이 좋아질 수 있다고 한다.
방법	따라서 긍정적으로 생각하기 위해서는 평소 부정적인 말보다는 긍정적인 말을 많이 하도록 노력해야 한다. 칭찬하고 격려하는 말, 할 수 있다는 말을 자주 하면 생각도 바뀐다. 목표나 평가 기준을 낮출 필요도 있다. 부정적으로 생각하는 사람은 높은 기준을 가지고 자기 자신을 평가하고 있을 가능성이 높다. 큰 목표보다는 작은 목표를 하나씩 이루어 나간다면 성취감도 생기고 자신감도 키울 수 있을 것이다. (699자)

■ 다음을 주제로 하여 자신의 생각을 600~700자로 글을 쓰시오. (50점)

> 　누구나 좋은 습관을 가지고 싶어한다. 좋은 습관은 우리를 정신적, 육체적으로 성장시킬 수 있는 반면에 나쁜 습관은 오히려 방해가 된다. '좋은 습관의 필요성'에 대해 아래의 내용을 중심으로 자신의 생각을 쓰시오.
>
> • 좋은 습관은 왜 필요한가?
> • 나쁜 습관을 고치기 위해서는 어떻게 해야 하는가?

　　　＿＿ : 도입
　　　＿＿ : 과제에 대한 중심문장

■ 다음을 읽고 표시해 보십시오.

	예시
필요성	'세 살 버릇 여든까지 간다'는 말이 있다. 이는 한번 생긴 습관은 고치기 힘들다는 뜻으로 좋은 습관의 필요성을 강조한 말이다. 좋은 습관은 우리 삶에 긍정적인 영향을 미친다. 좋은 행동을 반복하면 좋은 결과를 얻기 마련이다. 자신의 꿈과 목표를 이루는 데 도움이 되는 것은 말할 것도 없다. 예를 들면 작가가 되고 싶은 사람에게는 매일 조금씩 책을 읽고 글을 쓰는 습관이 큰 힘이 될 것이다. 　뿐만 아니라 좋은 습관은 건강과 삶의 태도에도 큰 영향을 미친다. 흔히 사람들은 좋은 습관으로 일찍 자고 일찍 일어나기, 꾸준히 운동하기 등을 손꼽는다. 이러한 습관들은 건강을 지키는 데 도움이 되는 것이다. 그리고 좋은 습관을 통해 우리는 긍정적인 생각을 가지게 된다. 가령 돈을 아껴 쓰는 습관을 가진 사람은 미래에는 지금보다 경제적으로 더 나아질 것이라고 생각한다. 그렇기 때문에 상황이 어려워도 잘 견딜 수 있다.
방법	이처럼 습관의 힘이 크기 때문에 나쁜 습관을 좋은 습관으로 바꾸기 위해 노력해야 한다. 이를 위해서는 먼저 자신의 습관 중에서 좋은 습관과 나쁜 습관을 분석할 필요가 있다. 그리고 나쁜 습관에서 비롯된 행동을 고치도록 결심하고 이를 실천해야 하는데, 이때 처음부터 무리하면 실패하기 쉽다. 습관은 갑자기 생기는 것이 아니기 때문이다. 그러므로 인내심을 가지고 사소한 것부터 꾸준히 실천해 나가는 것이 좋다. (693자)

–도입: 세 살~있다. –중심 문장: 1. 좋은 습관은~미친다 / 뿐만 아니라~미친다 2. 이처럼~한다

■ 단락 완성 PART 1

■ 다음을 주제로 하여 자신의 생각을 600~700자로 글을 쓰시오. (50점)

> 토론은 서로 다른 의견을 가진 사람들이 상대방을 설득하기 위해 대화하는 과정이라고 할 수 있다. 의견을 하나로 모아야 할 때 또는 해결하기 어려운 문제가 있을 때 필요한 절차이다. '토론의 필요성'에 대해 아래의 내용을 중심으로 자신의 생각을 쓰시오.

- 토론은 왜 필요한가?
- 토론을 원활하게 하기 위해서 어떻게 해야 하는가?

필요성	
방법	따라서 토론을 원활하게 하기 위해서는 토론 전에 객관적인 자료를 충분히 준비해야 한다. 효과적으로 설득하기 위해서는 근거가 풍부해야 하기 때문이다. 그래서 사례뿐만 아니라 반론에 대한 근거 자료도 충분히 찾아놓을 필요가 있다. 그리고 토론을 할 때는 상대방의 말을 경청하는 것이 무엇보다 중요하다. 실제로 토론을 하면서 상대방의 말은 존중하지 않고 자기주장만 하는 경우를 쉽게 찾아볼 수 있는데 이러한 행동은 상대에 대한 예의가 아닐뿐더러 토론을 방해하는 것이다.

■ 단락 완성 PART 2

■ 다음을 주제로 하여 자신의 생각을 600~700자로 글을 쓰시오. (50점)

> 많은 사람들이 가장 하고 싶은 여가 활동 중의 하나가 여행이다. 매일 반복되는 일상에서 벗어나서 여행을 떠나면 새롭게 느껴지는 것이 많다. '여행의 필요성'에 대해 아래의 내용을 중심으로 자신의 생각을 쓰라.
>
> • 여행은 언제 필요한가?
> • 여행을 통해 얻을 수 있는 효과는 무엇인가?
> • 여행을 잘하기 위해서는 어떻게 해야 하는가?

필요한 경우	
효과	여행을 통해 우리가 얻을 수 있는 효과는 다양하다. 먼저 여행을 하면 스트레스를 해소하고 마음의 여유를 찾을 수 있다. 반복되는 일상생활에서 벗어날 수 있기 때문이다. 또한 자신의 삶에 대해 깊이 생각해볼 수 있다. 평소 바쁘게 살다 보면 그런 시간을 가지기 어려울 때가 많지만 여행을 떠나 다양한 사람을 만나거나 낯선 환경 속에서 혼자만의 시간을 가지게 되면 좀 더 객관적으로 자신을 되돌아보게 된다.
방법	

■ 700자 쓰기

■ 다음을 주제로 하여 자신의 생각을 600~700자로 글을 쓰시오. (50점)

> 매일 똑같은 생활을 하다 보면 어디로든 여행을 떠나고 싶다는 생각이 들기 마련이다. 새로운 곳에서 하고 싶은 것을 하면서 즐거운 시간을 보내다 보면 다시 일상을 살아갈 힘이 생긴다. '여행의 필요성'에 대해 아래의 내용을 중심으로 자신의 생각을 쓰라.
>
> • 여행은 왜 필요한가?
> • 여행할 때 가져야 할 태도는 무엇인가?

■ 다음을 주제로 하여 자신의 생각을 600~700자로 글을 쓰시오. (50점)

> 지식과 정보가 넘치는 디지털 정보화 시대에는 지식을 얻기도 쉽고 정보에 접근하기도 쉽다. 그런데 이제는 얼마나 많은 지식과 정보를 가졌느냐가 아니라 얼마나 새롭게 사고하느냐가 중요해졌다. 창의적인 사고 능력이 곧 디지털 시대에 경쟁력이 된 것이다. '창의적 사고의 필요성'에 대해 아래의 내용을 중심으로 자신의 생각을 쓰시오.
>
> • 창의적인 사고는 왜 필요한가?
> • 창의적인 사고를 하기 위해서는 어떤 노력을 해야 하는가?

■ 다음을 주제로 하여 자신의 생각을 600~700자로 글을 쓰시오. (50점)

> '사과'란 자신의 잘못을 인정하고 상대방에게 용서를 구하는 일이다. 사과를 통해 반성하고 책임감을 더 깊이 느낀다면 좋은 결과가 나타날 수 있지만 잘못된 사과는 오히려 더 나쁜 결과를 가져오기도 한다. '사과의 필요성'에 대해 아래의 내용을 중심으로 자신의 생각을 쓰라.
>
> • 사과는 언제 필요한가?
> • 사과를 통해 더 나아지는 것은 무엇인가?
> • 사과할 때 바람직한 태도는 무엇인가?

• 점검하기

내용	□ 과제에 대한 답이 명확한가?	□ 내용이 풍부한가?	
구조	□ 단락이 잘 나뉘어져 있는가?	□ 단락 연결이 자연스러운가?	
언어	□ 표현이 바르고 다양한가?	□ 조사를 생략하지 않았는가?	□ '-다'를 썼는가?

긍정적인 생각	• 목표를 달성하다	예 목표를 이루지 못했을 때 긍정적인 생각을 하면 좋다.
		→ 목표를 달성하지 못했을 때 긍정적인 생각이 도움이 된다.
	• 실패[좌절]를 겪다	예 실패를 많이 경험하면 부정적인 생각을 쉽게 하게 된다.
		→ 수차례 실패를 겪으면 부정적인 생각에 빠지기 십상이다.
습관	• 결과를 얻다	예 좋은 행동을 자주 하면 반드시 좋은 결과가 나온다.
		→ 좋은 행동을 반복하면 좋은 결과를 얻기 마련이다.
	• 건강을 지키다[유지하다]	예 일찍 자고 일찍 일어나기, 날마다 운동하기 등은 건강에 도움이 된다.
		→ 규칙적인 생활 습관은 건강을 지키는 데 도움이 된다.
토론	• 결정을 내리다	예 토론을 하면 한 사람이 혼자서 결정하는 것을 막을 수 있다.
		→ 토론을 하면 한 사람이 일방적으로 결정을 내리는 일을 막을 수 있다.
	• 근거가 풍부하다	예 상대방을 설득하려면 주장의 근거가 많이 있어야 한다.
		→ 상대방을 효과적으로 설득하기 위해서는 주장의 근거가 풍부해야 한다.
여행	• 열린 태도를 가지다	예 여행할 때 그 곳의 문화를 잘 이해하려는 태도가 아주 중요하다.
		→ 여행할 때 열린 태도를 가지는 것이 무엇보다도 중요하다.
	• 생각의 폭을 넓히다	예 여행지에서 다양한 경험을 하면 평소 하지 못했던 생각도 할 수 있게 된다.
		→ 다양한 경험은 생각의 폭을 넓혀준다.
창의적인 사고	• 제품을 출시하다	예 기업은 새로운 제품을 내놓지 못하면 경쟁에서 질 수 있다.
		→ 기업은 새로운 제품을 출시하지 못하면 경쟁에서 뒤처질 수 있다.
	• 고정관념을 깨다	예 생각의 틀을 깨고 무엇이든지 새롭게 보려고 노력해야 한다.
		→ 고정관념을 깨고 무엇이든지 새롭게 보고자 노력하지 않으면 안 된다.
사과	• 책임을 지다	예 자신의 잘못을 알면서 모르는 척하거나 그냥 지나가려고 하면 안 된다.
		→ 자신의 잘못에 대해 책임을 져야 한다.
	• 오해를 사다	예 너무 늦게 사과하거나 일찍 사과하면 상대방이 오해할 수 있다.
		→ 사과하기에 적절한 때를 놓치면 상대방에게 오해를 살 수 있다.

V-는 데	
운동 / 건강 유지	• 운동은 건강 유지에 도움이 된다.
	→ 운동은 건강을 유지하**는 데 도움이 된다.**
취미 활동 / 스트레스 해소	• 취미 활동은 스트레스 해소에 효과가 있다.
	→ 취미 활동은 스트레스를 해소하**는 데 효과가 있다.**
부정적인 생각 / 문제 해결	• 부정적인 생각은 문제 해결에 방해가 될 수 있다.
	→ 부정적인 생각은 문제를 해결하**는 데 방해가 될 수 있다.**

• -는 데: 동사를 명사로 바꿔줌
• -는 데 + _____
　　　목적이 있다
　　　목표가 있다
　　　중점을 두다
　　　방해가 되다

3 N의 양면성

① 부정적인 영향 ➡ 긍정적인 영향 ➡ 방안

■ 다음을 주제로 하여 자신의 생각을 600~700자로 글을 쓰시오. (50점)

복잡한 현대 사회에서 갈등은 피할 수 없다. 각자의 목표나 상황이 다르기 때문에 친구나 가족들 사이에서뿐만 아니라 세대나 집단 간에도 갈등이 빚어져 문제가 생긴다. 그러나 갈등이 항상 나쁜 영향만 미치는 것은 아니다. 갈등은 어떻게 해결하느냐에 따라 그 결과가 달라진다. 아래의 내용을 중심으로 '갈등의 양면성'에 대한 자신의 생각을 쓰시오.

- 갈등의 부정적인 영향은 무엇인가?
- 긍정적인 영향은 무엇인가?
- 갈등을 잘 해소하기 위해서는 어떻게 해야 하는가?

	예시
부정	흔히 사람들은 '갈등'이라고 하면 부정적으로 생각하는 경우가 많다. 만일 친구 간에 갈등이 생긴다면 마음이 무척 불편해진다. 그래서 그 문제를 해결하려고 애를 쓰게 되는데, 이에 시간과 노력이 많이 들어 스트레스가 쌓이게 된다. 같이 일하는 동료와도 오해가 생기거나 소통이 어려워질 경우 갈등이 생길 수 있는데 이를 빨리 해결하지 않으면 협업이 어려워져서 업무 처리에도 지장이 생긴다. 그래서 사람들은 가능하면 갈등을 피하고 싶어한다.
긍정	그러나 갈등이 부정적인 영향만 미치는 것은 아니다. 우선 갈등이 발생하면 무엇이 문제인지를 찾게 된다. 문제를 찾으면 자연스럽게 해결 방안을 모색하게 되므로 이는 갈등의 긍정적인 면이라고 할 수 있다. 또 갈등 해소를 위해 대화를 나누고 함께 대안을 찾다 보면 서로의 입장을 더 잘 이해할 수 있게 되고 문제도 더 빨리 해결할 수 있게 된다.
방법	따라서 갈등이 발생했을 때, 어떻게 대처하느냐가 중요하다. 자신의 입장만 내세우면서 상대방을 비난하거나 아예 말을 하지 않는 태도는 갈등 해결에 전혀 도움이 되지 않는다. 대화를 통해 갈등의 원인을 찾고 서로의 입장 차이를 이해하려고 노력해야 한다. 또한 상대방을 배려하고 자신의 입장을 양보하지 않으면 안 된다. 이 외에도 공공의 문제에 갈등이 생겼을 때는 신속하게 협상에 나서야 하는데, 이때 양쪽의 입장을 공정하게 반영하도록 신경을 써야 한다. (695자)

❷ 장점 ➡ 문제점 ➡ 찬반 의견

■ 다음을 주제로 하여 자신의 생각을 600~700자로 글을 쓰시오. (50점)

> 요즈음에는 은행, 백화점, 시장 골목 등 우리 주변 곳곳에 감시카메라가 설치되어 있다. 그런데 설치되는 감시카메라의 수가 늘어나면서 감시카메라 설치에 대한 사람들의 입장도 다르게 나타나고 있다. '감시카메라의 양면성'에 대해 아래의 내용을 중심으로 자신의 견해를 쓰시오.

- 감시카메라 설치의 장점은 무엇인가?
- 문제점은 무엇인가?
- 감시카메라 설치에 대해 찬성하는가, 반대하는가?

___ : 도입
___ : 과제에 대한 중심문장

■ 다음을 읽고 표시해 보십시오.

	예시

장점	오늘날에는 우리가 이동하는 곳곳에서 감시카메라를 쉽게 찾아볼 수 있다. 감시카메라 설치의 목적은 범죄 예방에 있다. 그래서 은행이나 백화점과 같이 보안이 중요한 곳뿐만 아니라 어두운 골목이나 사람이 드문 장소와 같이 범죄 발생율이 높은 곳에는 특히 감시카메라가 없으면 안 된다. 이렇게 하면 범죄가 발생하더라도 감시카메라에 찍힌 영상으로 사건 해결에 중요한 단서를 찾을 수 있다.
문제점	반면에 감시카메라로 인해 발생하는 문제점도 있다. 가장 큰 문제는 사생활이 침해될 수 있다는 것이다. 감시카메라가 너무 많이 설치되면 원하지 않아도 자신의 모습이 카메라에 찍힐 수 있고, 이것이 유출되어 범죄에 악용될 수도 있다. 또한 감시카메라를 설치하고 유지하는 데 비용도 많이 든다. 그래서 감시카메라가 설치되어 있어도 낡아서 있으나마나한 경우도 생기고 있다.
찬반	그러나 감시카메라 설치로 인한 단점보다는 장점이 더 크다고 생각한다. 사회적 약자인 아이, 노인, 여성 등을 대상으로 한 범죄가 늘어나는 현실 속에서 감시카메라는 이들의 불안감을 덜어줄 수 있다는 장점이 있다. 물론 감시카메라 설치가 사생활을 침해하고 범죄 예방 효과도 크지 않다는 반론도 있다. 그러나 이를 악용하지 않도록 제도적 보완책을 마련한다면, 공공의 이익과 안전을 위해서 감시카메라 설치가 반드시 필요하다고 본다. 이런 점에서 나는 감시카메라 설치에 찬성한다. (683자)

–도입: 오늘 날에는~있다. –중심 문장: 1. 감시카메라~있다 / 이렇게 하면~있다. 2. 가장~것이다 / 또한~든다 3. 이런 점에서 ~찬성한다.

■ 단락 완성 PART 1

■ 다음을 주제로 하여 자신의 생각을 600~700자로 글을 쓰시오. (50점)

> 새로 생긴 말인 신조어에는 줄임말, 유행어가 많다. 신조어는 주로 인터넷을 통해 퍼지는데 요즘에는 모바일 메신저로 이야기할 때, 친구를 만날 때 등 일상생활 속에서도 많이 사용되고 있다. 이러한 신조어 사용에는 긍정적인 면도 있지만 부정적인 면도 있다. 아래의 내용을 중심으로 '신조어 사용'에 대한 자신의 생각을 쓰라.
>
> • 신조어 사용의 긍정적인 면은 무엇인가?
> • 부정적인 면은 무엇인가?
> • 신조어를 대하는 바람직한 태도는 무엇인가?

긍정	
부정	
태도	따라서 우리는 무분별하게 신조어를 사용하지 않도록 해야 한다. 예의를 갖추어야 하는 자리에서는 신조어 사용을 피해야 한다. 또한 신조어를 비판적으로 받아들일 필요가 있다. 신조어에는 사회에서 소외된 사람들에 대한 편견이 담겨 있는 경우도 있기 때문이다. 그러한 말을 가벼운 농담거리로 삼아 편견을 확산시키지 않도록 조심해야 할 것이다.

■ 단락 완성 PART 2

■ 다음을 주제로 하여 자신의 생각을 600~700자로 글을 쓰시오. (50점)

> 아주 어린 나이에 교육을 시작하는 것을 조기교육이라고 한다. 그 중에서도 외국어의 중요성이 강조되면서 조기 외국어 교육을 하는 사람도 많아지고 있다. 그러나 조기 외국어 교육에는 장점도 있지만 단점도 있다. '조기 외국어 교육'에 대해 아래의 내용을 중심으로 자신의 견해를 쓰시오.
>
> • 조기 외국어 교육의 장점은 무엇인가?
> • 단점은 무엇인가?
> • 조기 외국어 교육에 찬성하는가, 반대하는가?

장점	세계화 시대가 되면서 외국어 능력의 중요성이 갈수록 커지고 있다. 이로 인해 조기 외국어 교육을 하는 가정도 늘고 있다. 부모들은 외국어 교육을 일찍 시작하면 아이가 외국어를 더 유창하게 구사할 수 있을 것이라고 생각한다. 언어 공부는 이른 나이에 시작할수록 더욱 효과적이라고 알려져 있기 때문이다. 실제로 성인이 되어 외국어를 배우면 원어민과 같은 발음과 억양으로 말을 하기가 쉽지 않다.
단점	
찬반	

■ 700자 쓰기

■ 다음을 주제로 하여 자신의 생각을 600~700자로 글을 쓰시오. (50점)

> 각종 매체의 발달로 우리는 일상생활 속에서 대중문화를 자주 접할 수 있게 되었다. 그래서 가요, 드라마와 같은 대중문화의 영향력도 더욱 커지고 있다. 그러나 이러한 대중문화가 우리에게 긍정적인 영향만 주는 것은 아니다. 아래의 내용을 중심으로 '대중문화의 양면성'에 대한 자신의 생각을 쓰라.

- 대중문화가 사회에 미치는 긍정적인 영향은 무엇인가?
- 부정적인 영향은 무엇인가?
- 대중문화를 대하는 바람직한 태도는 무엇인가?

■ 다음을 주제로 하여 자신의 생각을 600~700자로 글을 쓰시오. (50점)

> 교통과 통신 기술의 발달로 각 나라와 지역마다 관광 산업이 활발해지고 있다. 다양한 관광 상품을 개발하여 관광객을 유치하려고 한다. 그러나 이러한 관광 산업에는 긍정적인 영향도 있지만, 부정적인 영향도 있기 때문에 바람직한 관광 산업 활성화 방안을 고민해 볼 필요가 있다. 이를 참고하여 '관광산업의 양면성'에 대한 자신의 생각을 쓰시오.

- 관광 산업의 긍정적인 영향은 무엇인가?
- 부정적인 영향은 무엇인가?
- 바람직한 관광 산업의 활성화를 위해서는 어떻게 해야 하는가?

■ 다음을 주제로 하여 자신의 생각을 600~700자로 글을 쓰시오. (50점)

> 대도시일수록 버스, 지하철, 기차 등 대중교통이 발달해 있다. 이러한 대중교통을 이용하면 사회적으로 장점이 많기 때문에 정부에서는 대중교통 이용을 늘리려고 한다. 그러나 여러 가지 이유로 개인 자동차를 이용하는 사람들이 여전히 많다. 아래의 내용을 중심으로 '대중교통 이용률을 높이기 위한 방안'에 대한 자신의 생각을 쓰라.

- 대중교통 이용의 긍정적인 면은 무엇인가
- 대중교통 이용률이 늘지 않는 이유는 무엇인가
- 대중교통 이용률을 높이기 위해서는 어떻게 해야 하는가

• 점검하기

내용	□ 과제에 대한 답이 명확한가? □ 내용이 풍부한가?
구조	□ 단락이 잘 나뉘어져 있는가? □ 단락 연결이 자연스러운가?
언어	□ 표현이 바르고 다양한가? □ 조사를 생략하지 않았는가? □ '-다'를 썼는가?

갈등	• 힘을 모으다	예 갈등이 생기면 사람들은 문제를 해결하려고 같이 노력한다.
		→ 갈등이 생기면 사람들은 문제 해결을 위해 힘을 모은다.
	• 갈등이 빚어지다	예 복잡한 현대 사회에서는 세대나 집단 사이에 갈등이 생기기도 한다.
		→ 복잡한 현대 사회에서는 세대나 집단 간에 갈등이 빚어지기도 한다.
감시 카메라	• 범죄를 예방하다	예 감시카메라를 설치하면 범죄를 미리 막을 수 있다.
		→ 감시카메라 설치를 통해 범죄를 예방할 수 있다.
	• 사생활이 침해되다	예 감시카메라를 많이 설치하면 자신의 모습이 카메라에 찍혀 공개될 수도 있다.
		→ 감시카메라 설치로 인해 사생활이 침해될 수 있다.
신조어	• 친근감을 주다	예 신조어를 사용하면 상대방과 가깝다는 느낌을 줄 수 있다.
		→ 신조어를 사용하면 상대방에게 친근감을 줄 수 있다.
조기 외국어 교육	• 모국어를 습득하다	예 외국어 공부를 너무 일찍 시작하면 자기 나라 말도 잘 못하게 될 수 있다.
		→ 조기 외국어 교육으로 인해 모국어를 습득하는 데 어려움을 겪을 수 있다.
	• 잠재적 능력을 발견하다	예 어릴 때는 숨어 있는 능력을 찾고 키워주는 것이 좋다.
		→ 어릴 때는 잠재적 능력을 발견하고 길러주는 것이 바람직하다.
대중 문화	• 관심을 끌다[얻다]	예 대중문화 콘텐츠를 만드는 사람들은 대중의 관심을 얻으려고 노력한다.
		→ 대중문화 콘텐츠 제작자들은 대중의 관심을 끌고자 노력한다.
	• 수익을 얻다	예 제작자들은 돈을 많이 벌려고 작품 내용에 자극적인 소재를 사용하기도 한다.
		→ 제작자들은 높은 수익을 얻기 위해 콘텐츠에 자극적인 내용을 담기도 한다.
관광 산업	• 귀를 기울이다	예 주민들이 불편하지 않도록 그들의 의견을 들어야 한다.
		→ 주민들에게 피해가 가지 않도록 그들의 의견에 귀를 기울여야 한다.
	• 생태계를 파괴하다	예 계획없이 개발하면 자연 환경은 원래 모습을 잃어버린다.
		→ 무분별한 개발은 생태계를 파괴한다.
성형 수술	• 소홀히 하다	예 외모만 중요하게 생각하는 분위기가 생기면 마음을 가꾸려는 노력은 덜 하게 된다.
		→ 외모만 중시하는 분위기가 확산되면 내면의 아름다움을 가꾸기 위한 노력은 소홀히 할 수 있다.
	• 호감을 주다[얻다]	예 외모가 아름다우면 다른 사람들에게 좋은 인상을 줄 수 있다.
		→ 외모가 아름다우면 다른 사람들에게 호감을 줄 수 있다.

O	X
• 과학 기술이 발전함에 따라 생활이 편리해졌다.	과학 기술의 발전함에 따라 생활이 편리해졌다.
• 휴대전화는 생활 속에서 꼭 필요하다.	휴대전화는 생활 중에서 꼭 필요한다.
• 관광 산업은 지역 사회에 도움이 된다.	관광 산업은 지역 사회에게 도움이 된다.
• 수술 부작용을 조심할 필요가 있다.	수술 부작용을 조심하는 필요가 있다.
• 누구나 아름다운 외모를 갖고 싶어한다.	누구나 아름다운 외모를 갖고 싶다.

4 N의 문제점

① 이유/원인 ➡ 문제점 ➡ 방안/대책

■ 다음을 주제로 하여 자신의 생각을 600~700자로 글을 쓰시오. 단, 문제를 그대로 옮겨 쓰지 마시오. (50점)

요즘 스마트폰을 사용하는 사람이 늘면서 스마트폰 중독이 사회 문제로 떠오르고 있다. 스마트폰은 전화기와 인터넷의 기능을 모두 가지고 있어서 편리한 점이 많다. 그러다 보니 사용시간이 점점 길어지게 되고 심한 경우 중독에 이르기도 한다. 스마트폰으로 인해 일상생활을 제대로 할 수 없는 '스마트폰 중독의 문제점'에 대해 아래의 내용을 중심으로 자신의 생각을 쓰시오.

- 스마트폰 중독의 원인은 무엇인가?
- 스마트폰 중독으로 인해 생길 수 있는 문제점은 무엇인가?
- 스마트폰 중독을 해결하기 위해서는 어떻게 해야 하는가?

	예시
원 인	스마트폰은 현대인의 생활을 크게 바꾸어 놓았다. 스마트폰만 있으면 언제 어디서든지 전화, 인터넷, 게임을 할 수 있다. 이렇듯 스마트폰에는 편리한 기능이 많아서 갈수록 스마트폰에 의존하게 된다. 또한 스마트폰 메신저를 통해 실시간으로 연락을 주고받을 수 있다는 점도 중독의 원인으로 꼽을 수 있다. 관계 유지를 위해 메신저를 수시로 확인하는 사람이 많기 때문이다. 단절에 대한 불안감이 있을 경우 중독에 빠지기가 더욱 쉽다.
문 제 점	이러한 스마트폰 중독은 생활에 여러 문제를 일으킨다. 스마트폰을 하느라고 다른 일에는 집중을 잘하지 못하게 된다. 수업에 집중하지 못한다거나 길을 건널 때나 운전할 때에도 주변을 살피지 못해 사고가 나기도 한다. 또 자주 쓰는 전화번호도 외우지 않고 꼭 필요한 정보도 스마트폰 검색 기능에 의존하다 보니 기억력이 떨어질 수밖에 없다. 신체에도 나쁜 영향을 미쳐서 스마트폰을 오래 하다 보면 손목에 무리가 가고 자세가 나빠질 수 있다.
방 법	따라서 이를 해결하기 위해서는 스마트폰 사용 시간을 제한할 필요가 있다. 그 방법의 하나로 스마트폰 중독의 위험성을 인지하고 스마트폰 사용 시간을 통제할 수 있는 APP을 사용할 수도 있다. 또한 스스로 조절하기 힘든 청소년의 경우에는 사회에서도 적극적으로 나서야 한다. 청소년들이 흥미 있게 참여할 수 있는 다양한 활동들을 개발해서 스마트폰 사용시간을 줄이도록 해야할 것이다. (690자)

❷ 문제점 ➡ 원인/이유 ➡ 방안/대책

■ 다음을 주제로 하여 자신의 생각을 600~700자로 글을 쓰시오. (50점)

　'외모지상주의'란 외모만을 중시하는 태도를 말한다. 외모지상주의는 개인에게 나쁜 영향을 미칠 뿐만 아니라 사회 전체에도 부정적인 영향을 준다. 그래서 외모를 우선시하는 태도는 사회 문제가 될 수 있다. '외모지상주의의 문제점'에 대해 아래의 내용을 중심으로 자신의 생각을 쓰시오.

- 외모지상주의로 인해 생길 수 있는 문제점은 무엇인가?
- 외모지상주의의 원인은 무엇인가?
- 외모지상주의를 극복할 수 있는 방법은 무엇인가?

___ : 도입
___ : 과제에 대한 중심문장

■ 다음을 읽고 표시해 보십시오.

	예시
문제점	사람들은 대부분 외모의 아름다움에 관심을 갖는다. 그러나 외모만을 중시하는 외모지상주의는 여러 가지 문제를 가져올 수 있다. 먼저 외모로 사람을 평가하게 될 우려가 있다. 가령 면접에서 능력이 아니라 외모가 합격 여부에 결정적인 영향을 줄 수도 있다. 건강을 해치게 되는 것도 문제이다. 무리하게 다이어트를 하거나 성형수술을 하다가 심각한 부작용에 시달리는 경우도 많기 때문이다.
원인	그렇다면 외모지상주의가 나타난 원인은 무엇인가? 그 원인으로는 첫째, 대중문화의 영향력이 커졌기 때문이다. 대중문화 속에는 외모의 아름다움을 강조하는 콘텐츠가 많은데, TV나 스마트폰을 통해 그러한 콘텐츠를 접할 기회가 크게 늘어났다. 둘째, 우리 삶에서 진정으로 중요한 가치가 무엇인지에 대해 깊이 생각하지 않는 탓이다. 부와 성공을 추구하는 사람들이 많아지면서 눈에 보이는 것만 중시하는 경향이 이런 현상을 더욱 부추기고 있다.
방법	따라서 이를 극복하기 위해서는 먼저 개인적 차원에서는 대중문화를 비판적으로 수용할 줄 알아야 한다. 대중문화가 보여주는 외모의 아름다움을 기준으로 삼으면 자신이 가진 개성을 살릴 수 없게 된다. 그래서 대중문화를 비판적으로 보되 자신의 고유한 아름다움을 추구하는 것이 좋다. 사회적 차원에서는 성형수술이나 다이어트 관련 광고를 제한하고 대중매체에서도 외모의 아름다움을 지나치게 강조하지 않도록 해야 할 것이다. (687자)

-도입: 사람들은~갖는다. – 중심 문장: 1. 먼저~있다. / 건강을~ 문제이다. 2. 그 원인으로~때문이다 /둘째~탓이다 3. 따라서~한다 /사회적~할 것이다

■ 단락 완성 PART 1

■ 다음을 주제로 하여 자신의 생각을 600~700자로 글을 쓰시오. (50점)

현대 사회는 무한 경쟁의 시대라고 한다. 이처럼 경쟁이 치열하다 보니 사람들이 느끼는 스트레스나 불안감도 커지고 있다. 지나친 경쟁으로 인해 발생하는 문제 또한 적지 않다. '경쟁의 문제점'에 대해 아래의 내용을 중심으로 자신의 생각을 쓰시오.

- 경쟁이 심해진 이유는 무엇인가?
- 지나친 경쟁으로 인해 발생할 수 있는 문제점은 무엇인가?
- 이러한 부작용을 극복하기 위해서는 어떻게 해야 하는가?

이유	현대 사회에서는 갈수록 경쟁이 치열해지고 있다. 좋은 자원은 한정되어 있는데 인구 증가와 교육 수준의 향상으로 인해 그것을 원하는 사람들은 더욱 많아지고 있기 때문이다. 가령 근무 조건이 좋은 기업의 경우, 채용 인원은 적은데 지원하는 사람이 많으면 경쟁률이 높아질 수밖에 없다. 또한 세계화의 영향으로 경쟁의 무대가 더 넓어졌기 때문이다. 개인이든 기업이든 세계 시장에서 활동해야 하므로 비교대상이 많아져서 경쟁이 더욱 치열해진 것이다.
문제점	
방법	

■ 단락 완성 PART 2

■ 다음을 주제로 하여 자신의 생각을 600~700자로 글을 쓰시오. (50점)

> 지구 온난화는 지구의 온도가 상승하는 것을 말한다. 기온이 올라가면 환경에 변화가 생겨서 인간은 물론이고 동물에게도 위험하다. 그러나 갈수록 지구 온난화가 심각해지면서 이미 세계 곳곳에서 여러 문제가 생기고 있다. 아래의 내용을 중심으로 '지구 온난화의 문제점'에 대한 자신의 생각을 쓰라.

- 지구 온난화의 발생 원인은 무엇인가?
- 지구 온난화로 인해 어떤 문제점이 생기는가?
- 지구 온난화를 막을 수 있는 방안은 무엇인가?

원인	
문제점	이러한 지구 온난화는 세계적으로 이상 기후 현상을 일으키고 있다. 이로 인해 홍수, 태풍과 같은 자연 재해가 심해지고 평균 기온이 상승하면서 경제적 피해를 입는 사람들도 늘고 있다. 이러한 현상이 이어진다면 새로운 질병이 생길 뿐만 아니라 앞으로 사라지는 동물도 늘게 될 것이다. 가령 북극곰은 지구 온난화로 얼음이 녹으면 살 곳을 잃게 되고 먹이를 구하기도 어려워진다.
방안	

■ 700자 쓰기

■ 다음을 주제로 하여 자신의 생각을 600~700자로 글을 쓰시오. (50점)

> 돈은 우리가 살아가는 데 없어서는 안 되는 것이다. 그렇지만 '돈만 있으면 무엇이든지 할 수 있다'는 태도를 가리키는 '황금만능주의'는 돈을 수단이 아니라 목적으로 보기 때문에 사회 문제를 일으키는 요인이 된다. 아래의 내용을 중심으로 '황금만능주의의 문제점'에 대한 자신의 생각을 쓰라.

- 황금만능주의로 인해 발생할 수 있는 문제점은 무엇인가?
- 황금만능주의가 심해진 원인은 무엇인가?
- 황금만능주의를 극복하려면 어떤 노력이 필요한가?

■ 다음을 주제로 하여 자신의 생각을 600~700자로 글을 쓰시오. (50점)

> 기성세대와 청년 세대 간의 갈등은 어제오늘의 일이 아니지만 갈수록 심해지고 있다. 현대 사회의 변화 속도는 점점 빨라지고 있으며 이는 세대 간의 차이를 더 크게 만들고 있다. 따라서 이를 극복하는 일은 사회 화합을 위해서도 중요하다. 아래의 내용을 중심으로 '세대 갈등의 문제점'에 대한 자신의 생각을 쓰시오.

- 세대 갈등으로 인해 생길 수 있는 문제점은 무엇인가?
- 세대 갈등의 원인은 무엇인가?
- 세대 갈등을 해결할 수 있는 방법은 무엇인가?

■ 다음을 주제로 하여 자신의 생각을 600~700자로 글을 쓰시오. (50점)

> 차이와 차별은 다르다. 사람마다 외모나 생각 등이 다 다르지만, 차별은 이러한 다름을 이유로 피해를 주는 것을 말한다. 그 예로는 남녀 차별, 인종 차별, 학력 차별, 지역 차별 등이 있다. 이를 참고하여 아래의 내용을 중심으로 '차별의 문제점'에 대한 자신의 생각을 쓰시오.

- 차별이 생기는 원인은 무엇인가?
- 차별로 인해 어떤 문제점이 생기는가?
- 차별을 극복하기 위해서는 어떻게 해야 하는가?

- 점검하기

내용	□ 과제에 대한 답이 명확한가? □ 내용이 풍부한가?		
구조	□ 단락이 잘 나뉘어져 있는가? □ 단락 연결이 자연스러운가?		
언어	□ 표현이 바르고 다양한가? □ 조사를 생략하지 않았는가? □ '-다'를 썼는가?		

표현 노트

스마트폰 중독	• N 중독에 빠지다	예 스마트폰을 자주 하다 보면 습관이 되어서 스마트폰에 중독될 수 있다.
		→ 스마트폰을 자주 하다 보면 습관이 되어서 스마트폰 중독에 빠질 수 있다.
	• 통제하다	예 스마트폰을 사용하지 못하도록 해야 한다.
		→ 스마트폰 사용 시간을 통제해야 한다.
외모 지상 주의	• N 여부를 결정하다	예 면접에서 외모에 따라 합격과 불합격이 결정될 수 있다.
		→ 면접에서 외모에 따라 합격 여부가 결정될 수도 있다.
	• 부작용에 시달리다	예 심하게 다이어트를 하다가 부작용이 생겨서 고생하는 사람도 있다.
		→ 무리하게 다이어트를 하다가 심각한 부작용에 시달리는 경우도 있다.
경쟁	• 효율성을 떨어뜨리다	예 지나치게 경쟁을 하면 일이 제대로 진행되지 않는다.
		→ 지나친 경쟁은 일의 효율성을 떨어뜨릴 수 있다.
	• 일자리를 창출하다	예 정부와 기업에서 좋은 일자리를 만들기 위해 노력해야 한다.
		→ 정부와 기업에서 좋은 일자리를 창출할 수 있도록 노력해야 한다.
지구 온난화	• 경제적 피해를 입다	예 가뭄, 태풍 등이 자주 발생하면서 농민들의 피해가 커지고 있다.
		→ 자연 재해가 심해지면서 경제적 피해를 입는 농민들이 많아지고 있다.
	• 이상 기후 현상을 일으키다	예 지구 온난화로 인해 이상 기후 현상이 나타나고 있다.
		→ 지구 온난화는 세계적으로 이상 기후 현상을 일으키고 있다.
황금 만능 주의	• 불편을 겪다	예 돈이 없으면 생활이 불편해지기 때문에 돈은 꼭 필요하다.
		→ 돈이 없으면 생활에 불편을 겪게 되므로 돈은 없어서는 안 된다.
	• N 교육을 강화하다	예 학교에서 도덕 교육과 인문학 교육을 더욱 많이 해야 한다.
		→ 학교에서 윤리 교육 및 인문학 교육을 강화해야 한다.
세대 갈등	• 노인을 부양하다	예 청년 세대는 노인들을 돌보기 위한 세금을 많이 내야 해서 불만이 커졌다.
		→ 노인 부양을 위한 세금 부담이 늘게 되자 청년 세대의 불만이 커졌다.
차별	• 권리가 있다	예 사람은 차별 받아서는 안 된다.
		→ 사람은 성별, 인종 등에 따라 누구나 차별 받지 않을 권리가 있다.
	• 편견을 버리다	예 직접 경험해 보지도 않고 다른 사람을 판단하지 말고 다름을 존중해야 한다.
		→ 다른 사람에 대한 편견을 버리고 다름을 존중할 줄 알아야 한다.

5 기타

1 의견

■ 다음을 주제로 하여 자신의 생각을 600~700자로 글을 쓰시오. (50점)

> 사람들은 일생동안 끊임없이 무언가를 배운다. 지식이나 기술을 배우기도 하고 다른 사람의 행동과 태도를 보고 배우기도 한다. 또 경험을 통해 스스로 새로운 것을 배울 때도 있다. 이렇듯 배움의 과정과 방법은 달라도 우리는 배움을 통해 많은 것을 얻을 수 있다. 이를 참고하여 '진정한 배움이란 무엇인가'에 대한 자신의 생각을 쓰라.
>
> • 배움은 왜 필요한가?
> • 진정한 배움이란 무엇이라고 생각하는가?
> • 이를 실현하기 위해서는 어떻게 해야 하는가?

	예시
필요성	배움에는 '끝이 없다'고 한다. 아무리 지식이 많아도 빠르게 변화하는 세상에 적응하려면 새로 배워야하는 것이 있다. 가령 컴퓨터 사용법을 알지 못하면 직장에서 일하기 어려워지는 것은 물론이고 다양한 정보를 얻기도 힘들어진다. 또한 배움을 통해 우리는 부족한 점을 깨닫기도 한다. 배우면 배울수록 배워야 할 것이 더 많이 보이기 때문이다.
의견	그렇다면 배움이란 무엇인가? 배움은 단순히 지식을 쌓고 기술을 배우는 것이 아니다. 자신의 부족한 점을 채우는 것이 바로 배움이다. 그래서 배움은 조금이나마 깊이 생각하고 말할 수 있도록 도와주고 바르게 행동할 수 있는 계기를 마련해 준다. 이렇듯 진정한 배움은 자신의 부족한 점을 채워나가는 과정이므로 타인의 강요가 아니라 스스로 원할 때 비로소 의미가 있다. 가령 부모의 뜻에 따라 외국어를 배운다든지 졸업을 하기 위해 시험공부를 하는 것은 진정한 배움이 아니라 필요에 의한 수단에 불과한 것이다.
방법	그러므로 이를 실현하기 위해서는 누구에게나, 어디에서나 배우고자 하는 마음가짐이 필요하다. 심지어 실패의 경험에서도 배울 점을 찾아야 한다. 또한 사람과 세상에 대한 꾸준한 관심이 필요하다. 관심이 없다면 지속적으로 무언가를 배울 만한 동기가 생기기 어려울 것이기 때문이다. 이러한 노력을 통해 꾸준히 무언가를 배운다면 자신의 부족함을 채우며 더 발전해 나갈 수 있을 것이다. (688자)

■ 단락 완성

■ 다음을 주제로 하여 자신의 생각을 600~700자로 글을 쓰시오. (50점)

> 흔히 사람들은 돈을 어떻게 모을지에 관심을 갖는다. 그러나 돈을 모으는 것도 중요하지만 가치 있게 쓰는 것
> 도 중요하다. 이는 한 개인의 소비가 전체사회에 영향을 미칠 수 있기 때문이다. '바람직한 소비란 무엇인가'에 대
> 해 아래의 내용을 중심으로 자신의 생각을 쓰시오.
>
> • 바람직한 소비란 무엇인가?
> • 왜 그렇게 생각하는가?
> • 그러한 소비 습관을 갖기 위해서는 어떤 노력이 필요한가?

의견	
이유	
방법	

❷ 조건

■ 다음을 주제로 하여 자신의 생각을 600~700자로 글을 쓰시오. (50점)

> 인생에서 '친구'는 특별하고 소중한 존재이다. 기쁨과 슬픔을 함께 나누기 때문이다. 그런데 많은 친구를 사귈 수는 있어도 진정한 친구를 사귀는 것은 쉬운 일이 아니다. 그렇다면 어떤 친구를 진정한 친구라고 생각하는가? '진정한 친구의 조건'에 대한 자신의 생각을 쓰라.

- 친구는 왜 필요한가?
- 진정한 친구의 조건은 무엇인가?
- 좋은 관계를 유지하기 위해 조심해야 할 점은 무엇인가?

예시

필요성	우리에게 친구는 꼭 필요한 존재이다. 살다 보면 외로울 때도 많고 힘들 때도 많은데 그때마다 친구는 곁에서 힘이 되어 준다. 고민을 이야기할 수도 있고 위로받을 수도 있다. 그래서 친구가 있으면 믿고 의지할 수 있어 정서적 안정에 큰 도움이 된다. 이뿐만 아니라 친구와의 지속적인 교류를 통해 사회성을 기를 수도 있다. 자주 만나고 대화하면서 공감능력을 키우고 배려하는 방법을 배우게 된다.
조건	그렇다면 진정한 친구의 조건은 무엇일까? 첫째, 깊이 신뢰할 수 있어야 한다. 이는 친구가 어떤 말과 행동을 하더라도 오해 없이 받아들일 수 있게 해 준다. 둘째, 기쁨과 슬픔을 함께 나눌 수 있어야 한다. 이로써 기쁨은 두 배가 되고 슬픔은 반이 된다. 셋째, 대화가 잘 통해야 한다. 그렇지 않으면 고민을 나누기도 어렵고 대화의 즐거움을 느끼기도 힘들어 관계가 깊어질 수 없다.
조심할 점	이런 의미에서 우리는 다음과 같은 점을 조심해야 한다. 먼저 아무리 친해도 기본적인 예의는 지켜야 한다. 친하다고 해서 지나친 농담을 하거나 약속을 잘 안 지키는 등의 행동을 하면 기분이 상하기도 하고 믿음도 잃게 된다. 또한 다른 사람에게 그 친구에 대해 험담을 하면 안 된다. 친구란 어떤 경우에도 서로 믿어주어야 하므로 친구를 나쁘게 말하고 다닌다면 진정한 친구라고 하기 어려울 것이다. (655자)

■ 단락 완성

■ 다음을 주제로 하여 자신의 생각을 600~700자로 글을 쓰시오. (50점)

세상에는 다양한 직업이 있고 사람들은 원하는 직업을 갖기 위해 많은 노력을 한다. 이는 원하는 직업을 갖지 못하거나 직업을 잘못 선택할 경우 큰 어려움을 겪기 때문일 것이다. 그래서 직업을 선택할 때는 여러 가지 조건을 신중하게 고려할 필요가 있다. '직업 선택의 조건'에 대해 아래의 내용을 중심으로 자신의 생각을 쓰시오.

- 직업 선택은 왜 중요한가?
- 직업을 선택할 때 고려해야 할 조건은 무엇인가?
- 원하는 직업을 갖기 위해서는 어떤 노력이 필요한가?

중요성	직업은 우리 삶에서 아주 중요한 의미를 지닌다. 우선 직업이 있어야 돈을 벌어 생계를 유지할 수 있기 때문이다. 직업이 없으면 당장 생활에 어려움을 겪게 되므로 중요하기도 하지만 단순히 돈 때문에 직업을 가지는 것은 아니다. 직업을 통해 자신의 능력을 더 발전시킬 수도 있고, 그 과정에서 느끼는 즐거움과 보람도 크다.
조건	
방법	

❸ 역할

■ 다음을 주제로 하여 자신의 생각을 600~700자로 글을 쓰시오. (50점)

기업은 제품을 만들고 서비스를 제공함으로써 이익을 추구한다. 이를 통해 경제 발전뿐만 아니라 사회 발전에도 큰 도움을 준다. 이를 참고하여 '기업의 역할'에 대해 아래의 내용을 중심으로 자신의 생각을 쓰시오.

- 기업의 역할은 무엇인가? (2가지 이상)
- 기업이 그러한 역할을 수행하기 위해 갖추어야 할 조건은 무엇인가?

	예시
역할	오늘날에는 수많은 기업이 경쟁을 벌이며 이윤을 추구한다. 그러나 이런 기업 활동이 사회에 기여하는 부분도 있다. 먼저 기술 개발을 통해 새로운 제품과 서비스를 제공한다. 개인이 만들 수 없거나 꼭 필요한 제품을 생산해 제공함으로써 생활을 편리하게 해 준다. 또 기업은 일자리도 창출한다. 회사 규모를 키우려면 많은 인력이 필요하기 때문이다. 기업의 일자리 창출은 사람들에게 생계를 유지하고 능력을 개발할 수 있는 기회를 제공해 준다는 점에서 아주 중요하다. 이처럼 기업의 역할이 이윤 추구에만 그치는 것은 아니므로 공동체 발전을 위한 사회적 활동도 갈수록 활발해지고 있다. 가난한 학생들에게 장학금을 주거나 생활이 어려운 이웃에게 기부를 하는 기업들이 많아지고 있고, 일부 기업은 환경운동에도 동참한다. 지역 사회에 문화시설을 건립하는 등 공공의 이익을 위한 일에도 폭넓게 지원한다.
조건	그렇다면 기업이 이를 잘 수행하기 위해 갖추어야 할 조건은 무엇인가? 먼저 혁신성이 있어야 한다. 새로운 제품을 만들어내지 않으면 경쟁력을 잃을 수밖에 없기 때문이다. 또한 기업은 윤리성과 경영의 투명성을 갖추어야 한다. 즉 기업의 정보를 거짓 없이 공개하고 법을 잘 지켜야 신뢰 받는 기업이 될 수 있다. 마지막으로 책임 의식을 가져야 한다. 기업은 공동체의 발전을 위해 무엇을 해야하는지 고민하고 실천해야 한다. (677자)

■ 단락 완성

■ 다음을 주제로 하여 자신의 생각을 600~700자로 글을 쓰시오. (50점)

> 오늘날에는 인터넷의 발달로 날마다 수많은 정보가 쏟아지고 있다. 따라서 가치있는 정보를 제공해야 할 신문의 역할이 더욱 커졌다고 할 수 있다. 이를 참고하여 '신문의 역할'에 대한 자신의 생각을 쓰시오.
>
> • 신문의 역할은 무엇인가?
> • 그러한 역할을 수행하기 위해 신문이 갖추어야 할 조건은 무엇인가? (2가지 이상)
> • 신문이 제 역할을 하도록 하기 위해 우리는 어떻게 해야 하는가?

역할	
조건	
방법	따라서 우리는 신문이 바람직하게 기능할 수 있도록 감시하는 역할을 해야 한다. 신문이 어떤 일에 대해 객관적으로 보도하는지, 특정 이익 집단들과 거리를 두고 있는지 등에 대해 꾸준히 관심을 가지지 않으면 안 된다. 또한 신문을 비판적으로 수용할 줄 알아야 한다. 보도된 내용을 모두 진실로 믿고 성급하게 판단하거나 행동해서는 안 될 것이다.

■ 700자 쓰기

■ 다음을 주제로 하여 자신의 생각을 600~700자로 글을 쓰시오. (50점)

> 의학 기술의 발달로 인간은 곧 '100세 시대'를 맞이할 것이라고 한다. 수명이 길어지면 좋은 점도 있지만 나이가 들면 신체적, 심리적, 경제적 변화를 겪게 되므로 이에 대해 미리 대비할 필요가 있다. '행복한 노후 생활을 위한 준비'에 대해 아래의 내용을 중심으로 자신의 생각을 쓰시오.
>
> • 노후 준비는 왜 필요한가?
> • 행복한 노후 생활을 위해 필요한 조건은 무엇인가?
> • 행복한 노후 생활을 위해서는 어떤 준비를 해야 하는가?

■ 다음을 주제로 하여 자신의 생각을 600~700자로 글을 쓰시오. (50점)

> 교육이란 한 개인이 지적, 정신적으로 성장할 수 있도록 도와주는 것이다. 어떤 교육을 받느냐도 중요하지만 어떤 사람에게서 교육을 받느냐도 중요하다. 훌륭한 교육자는 한 사람의 인생을 바꿀 수도 있다. 이를 참고하여 '교육자의 역할과 조건'에 대한 자신의 생각을 쓰시오.
>
> • 교육자의 역할은 무엇인가?
> • 교육자가 갖추어야 할 요건은 무엇인가?
> • 그 중에서 가장 중요한 요건은 무엇이라고 생각하는가?

■ 다음을 주제로 하여 자신의 생각을 600~700자로 글을 쓰시오. (50점)

> 오늘날에는 영화 산업이 크게 발달하면서 다양한 영화들이 만들어지고 있다. 오락영화에서 예술영화에 이르기까지 수준 높은 작품들이 많이 나오면서 영화를 보는 관객들의 기준도 점점 까다로워지고 있다. '좋은 영화의 조건'에 대해 아래의 내용을 중심으로 자신의 생각을 쓰시오.
>
> • 사람들은 언제 영화를 보는가?
> • 좋은 영화의 조건은 무엇이라고 생각하는가?
> • 좋은 영화를 통해 우리가 얻을 수 있는 것은 무엇인가?

• 점검하기

내용	□ 과제에 대한 답이 명확한가? □ 내용이 풍부한가?		
구조	□ 단락이 잘 나뉘어져 있는가? □ 단락 연결이 자연스러운가?		
언어	□ 표현이 바르고 다양한가? □ 조사를 생략하지 않았는가? □ '-다'를 썼는가?		

표현 노트

배움	• 올바른 인성을 가지다	예 배움은 바른 마음과 태도를 가지도록 해 준다.
		→ 배움은 올바른 인성을 가질 수 있도록 돕는다.
소비	• 제품을 구매하다	예 물건을 살 때 정보를 꼼꼼하게 살피는 소비자가 되어야 한다.
		→ 제품을 구매할 때 정보를 꼼꼼하게 확인하는 소비자가 되어야 한다.
친구	• 고민을 털어놓다	예 친구에게 고민을 이야기할 수도 있고 위로를 받을 수도 있다.
		→ 친구에게 고민을 털어놓을 수도 있고 위로를 받을 수도 있다.
	• 신뢰를 쌓다	예 친구에 대해 나쁜 말을 하고 다니면 믿음을 잃게 된다.
		→ 친구에 대해 험담을 하고 다니면 신뢰를 쌓을 수 없다.
직업	• 생계를 유지하다	예 직업을 통해 돈을 벌어 기본적인 생활을 하면서 살아갈 수 있다.
		→ 직업을 통해 돈을 벌어 생계를 유지할 수 있다.
	• 보람을 느끼다	예 열심히 일해서 결과가 좋으면 만족감을 느낄 수 있다.
		→ 열심히 일해서 결과가 좋으면 보람을 느낄 수 있다.
	• 어려움을 겪다	예 직업이 없으면 돈을 벌지 못해 살기 힘들어진다.
		→ 직업이 없으면 수입이 없어서 생활에 어려움을 겪게 된다.
기업	• 이윤을 추구하다	예 기업이 제품과 서비스를 개발하는 것은 이익을 얻기 위한 것이다.
		→ 기업은 근본적으로 이윤 추구를 목적으로 제품과 서비스를 개발한다.
신문	• 역할을 다하다	예 우리는 신문이 제 기능을 할 수 있도록 감시해야 한다.
		→ 우리는 신문이 제 역할을 다 할 수 있도록 감시해야 한다.
	• 호기심을 자극하다	예 인터넷에는 내용은 없으면서 자극적인 제목의 신문 기사도 많다.
		→ 인터넷에는 호기심만 자극하는 제목을 단 신문 기사도 많다.
노후 준비	• 사고[질병]에 대비하다	예 여러 사고와 질병이 일어날 수 있으므로 미리 준비해야 한다.
		→ 각종 사고와 질병에 대비할 필요가 있다.
교육자	• 가치관을 정립하다	예 교육자는 학생들이 올바른 가치관을 가질 수 있도록 해야 한다.
		→ 교육자는 학생들이 올바른 가치관을 정립할 수 있도록 도와야 한다.
영화	• 스트레스가 쌓이다	예 스트레스가 많을 때 영화를 보면 스트레스가 풀린다.
		→ 스트레스가 쌓였을 때 영화를 보면 스트레스 해소에 도움이 된다.
	• 한계가 생기다	예 늘 비슷한 환경에서 살다 보면 풍부한 경험을 쌓기가 어렵다.
		→ 늘 비슷한 환경에서 살다 보면 경험에 한계가 생긴다.

실전 모의고사

※ [51~52] 다음을 읽고 ㉠과 ㉡에 들어갈 말을 각각 한 문장으로 쓰시오. (각 10점)

[51]

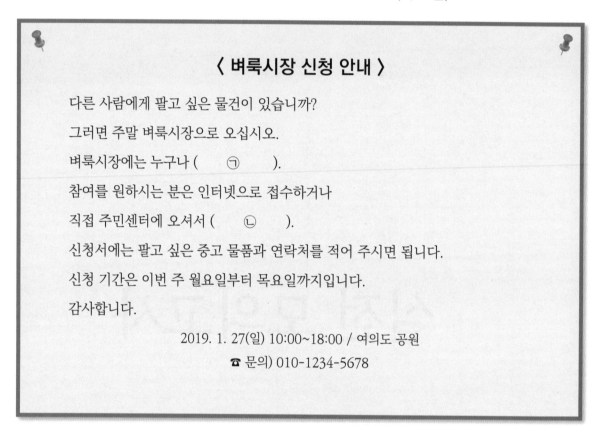

> **〈 벼룩시장 신청 안내 〉**
>
> 다른 사람에게 팔고 싶은 물건이 있습니까?
>
> 그러면 주말 벼룩시장으로 오십시오.
>
> 벼룩시장에는 누구나 (㉠   ).
>
> 참여를 원하시는 분은 인터넷으로 접수하거나
>
> 직접 주민센터에 오셔서 (㉡   ).
>
> 신청서에는 팔고 싶은 중고 물품과 연락처를 적어 주시면 됩니다.
>
> 신청 기간은 이번 주 월요일부터 목요일까지입니다.
>
> 감사합니다.
>
> 2019. 1. 27(일) 10:00~18:00 / 여의도 공원
>
> ☎ 문의) 010-1234-5678

[52]

　'가는 말이 고와야 오는 말이 곱다'라는 말이 있다. 이 말은 내가 상대방에게 고운 말을 해야 상대방도 나에게 (㉠   ). 그리고 만일 내가 남에게 함부로 말을 한다면 상대방도 나에게 함부로 말할 것이다. 말은 오고 가는 것이고 마음을 주고받는 도구라고 할 수 있다. 그래서 말로 인해 좋았던 관계가 나빠지기도 하고 반대로 (㉡   ).

※ [53] 다음을 참고하여 '1인당 식품 소비량 변화'에 대한 글을 200~300자로 쓰시오. 단, 글의 제목을 쓰지 마시오. (30점)

- 조사 기관: 농림식품부

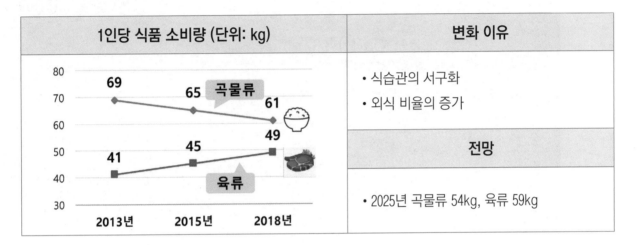

1인당 식품 소비량 (단위: kg)	변화 이유
	• 식습관의 서구화 • 외식 비율의 증가
	전망
	• 2025년 곡물류 54kg, 육류 59kg

※ [54] 다음을 주제로 하여 자신의 생각을 600~700자로 글을 쓰시오. 단, 문제를 그대로 옮겨 쓰지 마시오. (50점)

공공장소에서는 지켜야 할 예절이 있다. 예를 들어 도서관, 영화관 등에서는 큰 소리로 떠들거나 음식을 먹으면 안 된다. 그러나 이러한 사실을 알면서도 지키지 않는 사람들이 있다. 아래의 내용을 중심으로 '공공장소 예절의 필요성'에 대해 자신의 생각을 쓰라.

- 공공장소 예절은 왜 필요한가?
- 공공장소 예절이 잘 안 지켜지는 이유는 무엇인가?
- 공공장소 예절을 잘 지키도록 하려면 어떻게 해야 하는가?

한	국		사	람	은		'	우	리	'	라	는		말	을		자	주
쓴	다	.		이	는		가	족	주	의	에	서		비	롯	되	었	다	.

※ [51~52] 다음을 읽고 ㉠과 ㉡에 들어갈 말을 각각 한 문장으로 쓰시오. (각 10점)

[51]

한국 친구를 찾습니다

저는 프랑스에서 온 교환 학생입니다.

대학교에서 한국어를 배우고 있기는 하지만 수업이 끝난 후에도

개인적으로 한국어를 배우고 싶습니다. 혹시 저에게 (㉠   )?

대신 저는 프랑스어를 가르쳐 드리겠습니다.

저는 주말만 아니면 언제든지 시간을 (㉡   ).

원하시는 요일을 정해 이틀만 시간을 내 주시면 됩니다.

그럼, 연락 기다리겠습니다.

☎ 문의) 010-1234-5678

[52]
    사람들은 대부분 실패하는 것을 두려워한다. 그래서 새로운 길을 가려고 하기보다 (㉠   ). 익숙한 길은 실패할 확률이 적기 때문이다. 하지만 성공하는 사람들은 오히려 실패를 통해서 성공하는 법을 배운다. 만약 실패의 경험이 없었다면 그 사람은 (㉡   ).

※ [53] 다음 그래프를 보고 '업종별 예약 부도율'에 대한 글을 200~300자로 쓰시오. 단, 글의 제목을 쓰지 마시오. (30점)

• 조사 기관: 경제연구소

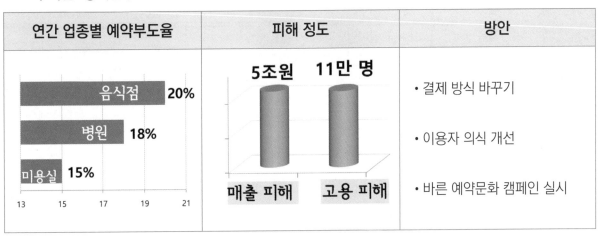

연간 업종별 예약부도율	피해 정도	방안
음식점 20% 병원 18% 미용실 15%	5조원 11만 명 매출 피해 고용 피해	• 결제 방식 바꾸기 • 이용자 의식 개선 • 바른 예약문화 캠페인 실시

※ [54] 다음을 주제로 하여 자신의 생각을 600~700자로 글을 쓰시오. 단, 문제를 그대로 옮겨 쓰지 마시오. (50점)

　　말의 힘은 강하다. 말은 불가능한 것을 가능하게 할 수도 있다. 또한 말은 상처가 될 수도 있고 약이 될 수도 있다. 그래서 말을 할 때는 신중해야 한다. 아래의 내용을 중심으로 '말의 힘'에 대해 자신의 생각을 쓰라.

• 말이 중요한 이유는 무엇인가?
• 말의 효과는 구체적으로 어떻게 나타날 수 있는가?
• 말을 할 때 주의해야 하는 것은 무엇인가?

한	국		사	람	은		'	우	리	'	라	는		말	을		자	주
쓴	다	.	이	는		가	족	주	의	에	서		비	롯	되	었	다	.

※ [51~52] 다음을 읽고 ㉠과 ㉡에 들어갈 말을 각각 한 문장으로 쓰시오. (각 10점)

[51]

받는사람	박미진 교수님 〈abc@abcemail.com〉
참조	
제목	교수님, 왕이입니다.

박미진 교수님께

안녕하십니까?

지난번에 제가 쓸 보고서 주제를 발표했을 때

교수님께서 저에게 그 주제가 (㉠   ).

그런데 주제는 좋지만 자료가 거의 없어서 쓰기가 어렵습니다.

주제를 바꾸고 싶은데 지금 주제를 (㉡   )?

시간이 부족하지만 된다고 하시면 열심히 준비해 보겠습니다.

감사합니다.

왕이 올림

[52]

흔히 날씨가 흐린 날에는 자외선 차단제를 바르지 않아도 된다고 생각한다. 하지만 눈이나 비가 오는 흐린 날에도 (㉠   ). 또한 바르는 것도 중요하지만 (㉡   ). 특히 땀이나 물에 쉽게 지워지지 않는 특성을 가진 제품의 경우, 제대로 지우지 않으면 그 성분이 피부에 남아서 문제를 일으킬 수 있기 때문이다.

※ [53] 다음 그래프를 보고 '한국 문화 콘텐츠 수출 산업'에 대한 글을 200~300자로 쓰시오. 단, 글의
　　　 제목을 쓰지 마시오. (30점)

　• 조사 기관: 문화콘텐츠진흥원

문화콘텐츠 수출액	2017년 수출 항목	배경
2013년 49억 2015년 56억 2017년 67억	게임 55% 캐릭터 12% 지식 정보 9%	• 한류 열풍 • 게임 산업 발달 • 홍보 방식 다양화

※ [54] 다음을 주제로 하여 자신의 생각을 600~700자로 글을 쓰시오. 단, 문제를 그대로 옮겨 쓰지 마시
　　　 오. (50점)

　세계화 시대가 되면서 문화적 배경이 다른 사람들과 교류할 기회가 많아졌다. 여행을 할 때, 일을 할 때는 물론이고 같이 살아가는 이웃으로 만날 기회도 이전보다 더 늘어났다. 이로 인해 다른 문화를 이해하고 받아들이는 일이 더 중요해졌다. '문화 이해의 중요성'에 대해 아래의 내용을 중심으로 자신의 생각을 쓰라.

• 다른 문화에 대한 이해는 왜 중요한가?
• 문화 이해를 어렵게 하는 원인은 무엇인가?
• 문화 다양성을 받아들이기 위해 어떤 태도가 필요한가?

한	국		사	람	은		'	우	리	'	라	는		말	을		자	주
쓴	다	.		이	는		가	족	주	의	에	서		비	롯	되	었	다	.

※ [51~52] 다음을 읽고 ㉠과 ㉡에 들어갈 말을 각각 한 문장으로 쓰시오. (각 10점)

[51]

⟨ 새 메시지

체육대회 일정변경 안내

회원 여러분, 안녕하십니까?

다음 주로 예정된 체육대회 일정을 변경하려고 합니다.

일기예보를 보니 그날은 (㉠   ).

비 때문에 야외 행사는 모두 취소하기로 했습니다.

하지만 실내 행사는 계획대로 열릴 예정입니다.

그러니까 실내 행사에는 꼭 (㉡   ).

그럼, 그날 뵙겠습니다. 감사합니다.

[52]

　　통신 기술이 발달하면서 소통 방식도 다양해지고 있다. 사람들은 문자 메시지나 사회관계망 서비스 등을 통해 빠르고 편리하게 소통하고 있다. 하지만 소통 방식이 다양해졌다고 해서 (㉠   ). 소통이 잘 이루어지려면 직접 만나서 (㉡   ). 얼굴을 보면서 대화를 하면 메시지를 주고받을 때와 달리 서로의 마음을 더 잘 느낄 수 있기 때문이다.

※ [53] 다음 그래프를 보고 '일회용 컵 회수율'에 대한 글을 200~300자로 쓰시오. 단, 글의 제목을 쓰지 마시오. (30점)

• 조사 기관: 환경 정책 연구원　　• 조사 대상: 커피 전문점 20개

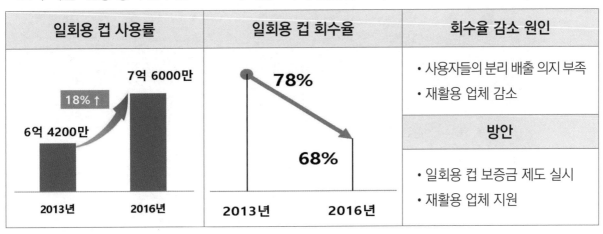

일회용 컵 사용률	일회용 컵 회수율	회수율 감소 원인
6억 4200만 → 7억 6000만 (18%↑) 2013년 2016년	78% → 68% 2013년 2016년	• 사용자들의 분리 배출 의지 부족 • 재활용 업체 감소
		방안
		• 일회용 컵 보증금 제도 실시 • 재활용 업체 지원

※ [54] 다음을 주제로 하여 자신의 생각을 600~700자로 글을 쓰시오. 단, 문제를 그대로 옮겨 쓰지 마시오. (50점)

　온라인 학습은 인터넷에 접속해 공부하는 것을 말한다. 최근에는 통신 기술의 발달로 세계적으로 이러한 온라인 강의가 많아지고 있다. 그러나 온라인 강의에는 장점만 있는 것은 아니기 때문에 효율성을 높이기 위한 노력이 필요하다. 이를 참고하여 '온라인 강의의 양면성'에 대한 자신의 생각을 쓰라.

• 온라인 강의의 장점은 무엇인가?
• 온라인 강의의 단점은 무엇인가?
• 이러한 단점을 극복하기 위해 어떤 노력을 해야 하는가?

한	국		사	람	은		'	우	리	'	라	는		말	을		자	주
쓴	다	.	이		는		가	족	주	의	에	서		비	롯	되	었	다	.

※ [51~52] 다음을 읽고 ㉠과 ㉡에 들어갈 말을 각각 한 문장으로 쓰시오. (각 10점)

[51]

안녕하세요?

저는 504호에 살고 있는 사람입니다.

가끔씩 복도에서 담배 냄새가 납니다.

복도는 공동 공간이므로 담배를 (㉠).

그리고 여름철이라 음식물 쓰레기 냄새도 납니다.

가끔 엘리베이터 안에 음식물 쓰레기가 (㉡).

음식물이 떨어지면 냄새는 물론 위생적으로도 좋지 않습니다.

그럼, 주의 부탁드립니다.

[52]

    토마토를 많이 먹으면 암에 걸릴 위험이 낮아진다고 한다. 전문가에 의하면 토마토에 들어 있는 '리코펜'이라는 성분이 암 발생률을 (㉠). 그러나 토마토는 어떻게 먹느냐에 따라 (㉡). 기름에 볶아서 먹으면 효과가 좋지만 그냥 먹으면 효과가 떨어진다. 토마토를 올리브유와 함께 먹으면 흡수율은 2배, 영양은 4배 정도 높아진다고 한다.

※ [53] 다음 그래프를 보고 '아침식사 결식률'에 대한 글을 200~300자로 쓰시오. 단, 글의 제목을 쓰지 마시오. (30점)

• 조사 기관: 건강관리본부　　　• 조사 대상: 직장인 10,000명

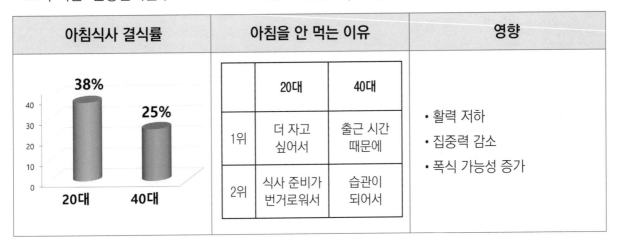

아침식사 결식률	아침을 안 먹는 이유		영향
38% (20대) 25% (40대)		20대	40대
	1위	더 자고 싶어서	출근 시간 때문에
	2위	식사 준비가 번거로워서	습관이 되어서

영향
• 활력 저하
• 집중력 감소
• 폭식 가능성 증가

※ [54] 다음을 주제로 하여 자신의 생각을 600~700자로 글을 쓰시오. 단, 문제를 그대로 옮겨 쓰지 마시오. (50점)

　　어느 사회에서나 학교 교육을 중요하게 생각한다. 그래서 교사, 부모, 학생들은 늘 올바른 교육 방향에 대해서 고민하고 각 교육기관에서도 바람직한 정책을 제안하려고 한다. 그러나 오늘날의 교육 현실을 보면 학교 폭력, 대학 입시 문제 등 여전히 해결해야 할 문제들이 많다. '바람직한 학교 교육이란 무엇인가'에 대해 아래의 내용을 중심으로 자신의 생각을 쓰라.

• 바람직한 학교 교육이란 무엇이라고 생각하는가?
• 현재 학교 교육의 가장 큰 문제점은 무엇이라고 생각하는가?
• 이를 해결하기 위해서는 어떻게 해야 하는가?

한	국		사	람	은		'	우	리	'	라	는		말	을		자	주
쓴	다	.		이	는		가	족	주	의	에	서		비	롯	되	었	다	.

정답 및 예시 글

■51번 유형. 실용문 완성하기

Ⅱ. 유형별 연습하기

1. 광고와 공지   p.17

1. 지갑을 잃어버렸습니다

2. 전시회를 하려고 합니다

3. 참여하실 수 있습니다

4. 빌리셔도 됩니다 / 빌리실 수 있습니다

5. 지갑을 주웠습니다
   찾아가시기 바랍니다 / 찾아가시면 됩니다

6. 청소해 드리려고 합니다
   따뜻하게 입고 오시기 바랍니다 / 따뜻하게 입으시기 바랍니다

7. 운동화가 좋을 것 같습니다 / 운동화를 신고 오십시오
   비가 올지도 모르니까

8. 한 달밖에 안 됐습니다 / 한 달 됐습니다
   드리려고 합니다 / 드릴까 합니다

9. 담가 볼 수도 있습니다

10. 강아지를 찾습니다

2. 문의와 답변   p.19

1. 알려주시겠습니까 / 알려 주실 수 있습니까

2. 나와 있습니다
   전화해 주십시오 / 전화 주시기 바랍니다

3. 잘 못합니다

4. 안내를 해 드립니다

5. 서류가 필요합니까 / 서류를 내야 합니까

6. 얼마나 드는지 / 어떻게 되는지

7. 상담을 하시기 바랍니다

8. 끝낼 수 있습니까 / 마칠 수 있습니까

9. 기다려 주십시오

10. 어떻게 됩니까 / 어떻습니까

■ 실전연습문제 1   p.20~21

1. ㉠ 가까워야 합니다 / 가까웠으면 좋겠습니다
   ㉡ 비어 있습니다

2. ㉠ 확인하시기 바랍니다 / 확인하십시오
   ㉡ 이용해 주시기 바랍니다 / 이용해 주십시오

3. ㉠ 두고[놓고] 내렸습니다
   ㉡ 5시 전에 오시기 바랍니다

4. ㉠ 코트를 팔려고 합니다
   ㉡ 새 옷이나 다름없습니다 / 새 옷이나 마찬가지입니다

3. 요청과 금지   p.23

1. 가지고 오시기 바랍니다 / 가지고 오십시오

2. 앉아 주시기 바랍니다 / 앉아 주십시오

3. 돌리지 마십시오 / 사용하지 마십시오
   더 크게 들립니다

4. 버리지 마십시오 / 버리면 안 됩니다

5. 가지고 들어가면 안 됩니다 / ~지 마십시오

6. 입장해 주십시오 / 입장해 주시기 바랍니다

7. 꽂아 주십시오 / 꽂아 주시기 바랍니다

8. 숫자만 사용하십니까

9. 만지지 마십시오 / 만지지 말아 주십시오
   주지 마십시오 / 주지 마시기 바랍니다

10. 유지해 주십시오 / 유지해 주시기 바랍니다
    문을 닫아 주시기 바랍니다 / 문을 열지 마십시오

4. 양해 구함   p.25

1. 내일 드리게 되었습니다 / 내일 드려야 할 것 같습니다

2. 양해해[이해해] 주시기 바랍니다

3. 기다려 주시면 감사하겠습니다 / 기다려 주십시오

4. 이해해[양해해] 주시면 감사하겠습니다

5. 지키지 못할 것 같습니다

6. 문자를 보내 주십시오 / ~주시기 바랍니다

7. 팔렸습니다 / 매진됐습니다

8. 늦어질 것 같습니다 / 늦어집니다

9. 못할 것 같습니다 /못하게 됐습니다

10. 문을 닫습니다

■ 실전연습문제 2   p.26~27

1. ㉠ 올리지 마십시오 / 올리면 안 됩니다
   ㉡ 지우겠습니다 / 지우도록 하겠습니다

2. ㉠ 잘못 알려드렸습니다
   ㉡ 확인해 주시기 바랍니다

3. ㉠ 싸게 팔아 왔습니다 / 싸게 팔았습니다
   ㉡ 올리게 되었습니다 / 올릴 예정입니다

4. ㉠ 놓아 두시기 바랍니다 / 두십시오
   ㉡ 전원을 꺼 주시기 바랍니다 / ~주십시오

5. 변경과 취소 　　　　　　　　　　 p.29

1. 큰 사이즈로 교환하려고 합니다

2. 열리지 않습니다

3. 환불받을 수 있다고 합니다

4. 취소하려고 합니다

5. 변경하는지 모르겠습니다

6. 받을 수 있는지 알고 싶습니다

7. 중급 강의로 바꾸려고[변경하려고] 합니다

8. 1인실로 바꾸려고 합니다

9. 취소하려고 합니다

10. 파란색으로 바꾸려고 합니다

6. 부탁과 거절 　　　　　　　　　　 p.31

1. 예매해 줄 수 있으십니까 / ~주실 수 있습니까

2. 예매하기가 어려울 것 같습니다
   / 예매해 드리지 못할 것 같습니다

3. 잘 고친다는 / 수리를 잘한다는

4. 고쳐 드리기가 어려울 것 같습니다 / ~어렵습니다

5. 조언해 주시면 감사하겠습니다
   / 조언해 주십시오 / 조언해 주시기 바랍니다

6. 빌려 줄 수 있으십니까

7. 써도 되겠습니까 / 쓸 수 있습니까

8. 키울 수 없게 됐습니다 / ~ 없습니다

9. 써 주실 수 있으십니까 / ~ 있습니까

10. 가르쳐 주실 수 있으십니까 / ~ 있습니까
    만들어 드리고 싶습니다

■ 실전연습문제 3 　　　　　　　 p.32~33

1. ㉠ 바꾸려고 합니다
   ㉡ 나와 있습니다

2. ㉠ 보내 주실 수 있으십니까
   ㉡ 조언을 해 주시면 감사하겠습니다

3. ㉠ 필요하다고 합니다
   ㉡ 부탁드려도 되겠습니까

4. ㉠ 시간을 변경하려고 [바꾸려고] 합니다
   ㉡ 좋은지 선택해 주십시오

7. 초대와 축하 　　　　　　　　　　 p.35

1. 송년회를 하려고 합니다.

2. 입사하셨다는 소식[말/이야기]을 / 입사하셨다고

3. 선물을 준비해야 합니까 / 선물을 가지고 가야 합니까

4. 축하 파티를 준비했습니다

5. 축하해 주시면 감사하겠습니다

6. 보냈으면 좋겠습니다 / 보내시기 바랍니다

7. 송별회를 하려고 합니다
   지켜 주시기 바랍니다 / 지켜 주십시오

8. 이룰 수 있습니다

9. 받을 거라고 / 받을 수 있을 거라고

10. 졸업을 축하드립니다

8. 감사와 사과 　　　　　　　　　　 p.37

1. 우산을 빌려 주셔서

2. 안내해 주셔서

3. 그만두게 돼서

4. 기다리게 해서

5. 음식까지 주셔서 / 음식도 주셔서

6. 가르쳐 주셔서
   잘할 수 있게 되었습니다

7. 친절하게 대답해 주셔서

8. 오해를 해서

9. 배달을 못해 드려서 / 배달을 못해서

10. 5시라고 합니다
    확인하도록 / 정확한 정보를 알려 드리도록

■ 실전연습문제 4 　　　　　　　 p.38~39

1. ㉠ 송년회를 하려고 합니다
   ㉡ 공연을 준비했습니다

2. ㉠ 관심을 가지게 되었습니다 / 관심이 생겼습니다
   ㉡ 몰랐을 것입니다

3. ㉠ 합격을 축하드립니다
　㉡ 예약해 두었습니다 / 예약했습니다
4. ㉠ 힘들어 하셨습니다
　㉡ 휠체어를 빌려 주셔서

9. 소감과 추천　　　　　　　　　p.41

1. 힘들지 않았습니다

2. 알게 됐습니다

3. 감동도 있고 재미도 있습니다
　볼 수 있었으면 좋겠습니다

4. 열린다고 합니다 / 있다고 합니다
　오시기 바랍니다 / 오십시오

5. 감동을 받았다고 합니다

6. 건조해지지 않습니다 / 건조하지 않습니다

7. 쉽게 할 수 있습니다
　많이[오래] 걸리지 않습니다

8. 먹어도 살이 찌지 않습니다

9. 구할 필요가 없습니다 / 구하지 않아도 됩니다
　장학금도 줍니다

10. 음식 축제가 열립니다 / 음식축제를 합니다
　놓치지 마시기 바랍니다

10. 조언과 건의　　　　　　　　　p.43

1. 가까웠으면 좋겠습니다

2. 연장해 주시면 감사하겠습니다 / 연장해 주십시오

3. 도움을 받을 수 있기 때문입니다

4. 오해할 수 있습니다

5. 늘렸으면 좋겠습니다

6. 솔직하게 쓰는 것이 좋습니다

7. 계획을 세워야 합니다

8. 늘리는 것이 좋습니다

9. 설치했으면 좋겠습니다

10. 복도에 세워 둡니다
　만들어 주셨으면 합니다

■ **실전연습문제 5**　　　　　　　p.44~45

266

---

1. ㉠ 실망도 컸습니다
　㉡ 주차하기가 힘들었습니다
2. ㉠ 분위기가 달라지기 때문입니다
　㉡ 바꿔 보십시오 / 바꿔 보시기 바랍니다
3. ㉠ 오래 쓸 수 있는지
　㉡ 가벼워야 합니다
4. ㉠ 맵지 않았습니다
　㉡ 식사를 할 수 없습니다 / 식사를 못합니다

■ **실전예상문제**　　　　　　　　p.46~49

1. ㉠ 포함되는지 확인해야 합니다
　㉡ 고쳐 달라고 하십시오
2. ㉠ 준비하실 필요가 없습니다 /
　　준비하지 않으셔도 됩니다
　㉡ 판매하기도 합니다 / 판매도 합니다
3. ㉠ 가벼운 배낭이 좋습니다 /
　　가벼운 배낭을 가져 오시기 바랍니다
　㉡ 긴 옷도 챙기시기 바랍니다
4. ㉠ 송별회를 하려고 합니다
　㉡ 말씀해 주시기 바랍니다 / 연락주시기 바랍니다
5. ㉠ 짜다고 합니다
　㉡ 넣어 주셨으면 좋겠습니다 / 넣어 주시기 바랍니다 /
　　넣어주십시오
6. ㉠ 못 갈 것 같습니다 / 가기 어려울 것 같습니다
　㉡ 그림을 보내려고 합니다
7. ㉠ 지키지 못해서
　㉡ 주실 수 있으십니까
8. ㉠ 닦아도 깨끗해지지 않습니다
　㉡ 끓이십시오 / 끓이시기 바랍니다

■ 52번 유형. 짧은 글 완성하기

Ⅱ. 유형별 연습하기

1. 화제-설명-결론　　　　　　　p.57~58

1. 오래 신지 않는 것이 좋다

2. 같이 하는 것이 좋다

3. 늘려야 한다 / 많이 지어야 한다

4. 거절하기가 어렵다
   거절하는 것이 좋다

5. 높여달라고 한다

6. 코가 젖어 있기 때문이다

7. 안전거리를 지켜야 한다

8. 시간을 절약할 수 있다

9. 천천히 말려야 한다 / 말리는 것이 좋다

10. 이어폰을 끼지 말아야 한다 / ~지 않는 것이 좋다

11. 잘 해결될 거라고 생각한다.

12. 제품 개발에도 참여하고 있다

■ 실전연습문제 1   p.59

1. ㉠ 향상시킬 수 있다 / 높일 수 있다
   ㉡ 높아지지 않았을 것이다

2. ㉠ 들어갔느냐에/ 많으냐에 따라 다르다
   ㉡ 부드러워지지 않는다

3. ㉠ 더 많이 받는다고 한다
   ㉡ 금지하는 것이 좋다 / 금지해야 한다

2. 화제-결론-근거 설명   p.61~62

1. 스마트 폰에 중독될 수 있기 때문이다
   집중을 잘 못한다 / 집중력이 떨어진다

2. 높일 수 있다

3. 잘 들어야 한다
   상대방을 존중해야 한다

4. 도움을 준다는 것을 / 효과가 있다는 것을

5. 특별한 사람도 있다 /평범하지 않은 사람도 있다

6. 체온이 떨어지기 때문이다

7. 더 많이 받기 때문이다

8. 선택을 하느냐에 달려 있다

9. 잘 활용하느냐에 따라

10. 즐길 수 없다고

11. 쉬운 일이 아니다 / 쉽지 않다

12. 앉는 자세가 달라지기 때문이다

■ 실전연습문제 2   p.63

1. ㉠ 더 많이 느낀다

㉡ 따뜻하게 입어야 한다

2. ㉠ 성취감을 느끼지 못할 것이다
   ㉡ 어디에 두느냐에 달려 있다

3. ㉠ 유행하는지 알아야 한다
   ㉡ 질병을 예방할 수 있다

3. 화제-전환-마무리   p.65~66

1. 좋은 것은 아니다

2. 시력이 나빠지는 것은 아니다

3. 낫는 것은 아니다
   먹을 필요는 없다

4. 좋은 것은 아니다
   고장날 수도 있다

5. 겨울에 더 많이 사용한다
   체온을 올리기 위해 / 체온을 올리려면

6. 차갑게 한다

7. 두뇌 발달이 느려진다

8. 줄여주는 것은 아니라고 한다

9. 사람마다 다르다고 한다

10. 상대방의 말을 잘 듣지 않는다

11. 사고력이 향상되는 것은 아니다

12. 문제 해결을 잘한다 / 문제를 잘 해결한다
    가지고 있기 때문이다

■ 실전연습문제 3   p.67

1. ㉠ 살 수 있다고 한다
   ㉡ 길어졌기 때문이다

2. ㉠ 스트레스를 풀 수 있다
   ㉡ 재미있게 할 수 있다

3. ㉠ 성분이 들어 있는지 모른다
   ㉡ 성분을 확인해야 한다

4. 화제-예시-마무리   p.69~70

1. 쉬고 싶기 때문이다

2. 바른 행동을 하게 된다
   행동을 보여줘야 한다 / 행동으로 보여줘야 한다

3. 문화생활을 하는 공간이 되었다

4. 열등감을 느낀다
   비교하느냐에 달려 있다

5. 써야 한다 / 쓰는 것이 좋다
   친해질 수 있다

6. 소중한지 모른다

7. 건강을 중요하게 생각한다

8. 오해를 받을 수 있다
   보고 사과해야 하는 문화도 있다

9. 버리지 않는다 / 버리지 못한다

10. 깨끗하다는 것을 알 수 있다

11. 실패할 가능성이 높아졌다고 생각한다

12. 이루어지는 것은 아니다
    살펴보는 것도 중요하다

■ 실전연습문제 4 p.71

1. ㉠ 줄어들었다고 한다 / 줄었다고 한다
   ㉡ 쓰지[사용하지/보지] 않는 것이 좋다 / ~ 지 말아야 한다

2. ㉠ 환경이 나쁘다는 것을
   ㉡ 환경이 나쁜 곳에 심는다고 한다

3. ㉠ 휴식이 필요하다
   ㉡ 업무 능력이 향상되지 않을 것이다

5. 인용- 설명-마무리 p.73~74

1. 실천하는 것이 중요하다
   실천하기 쉬운 목표를 세워야 한다

2. 나이가 많아도
   문제라고 생각하지 않았다

3. 상처를 받는다

4. 기억력이 나빠지는

5. 하지 않는 것이 좋다 / 하지 말아야 한다

6. 영상을 더 많이 본다

7. 문화를 이해해야 한다

8. 잊을 수 있다는
   시간이 지나가기를

9. 틀렸다고 하면 안 된다

10. 일할 기회를 줘야 한다 / 일할 기회가 많아져야 한다

11. 오래 기억한다

12. 길을 비켜 줘야 한다

■ 실전연습문제 5 p.75

1. 행복을 느끼는 기준도 다르다
   행복이 될 수 있다 / 소확행이 될 수 있다

2. 깨끗하게 할 뿐만 아니라
   갯벌을 보존해야[지켜야]한다

3. 부족한 부분이 많다[있다]
   글의 완성도가 달라지기 때문이다

6. 화제-장·단점-마무리 p.77~78

1. 불편하다는 것이다

2. 시간이 많이[오래] 걸리기 때문이다
   늘어날[증가할] 것이다

3. 고민할 필요가 없다는 것이다
   개성을 살릴[표현할] 수 없다는

4. 아낄 수[절약할 수] 있다는 것이다
   이용해야 한다는 것이다

5. 바람이 잘 통하지 않는다는

6. 보호할 수 없다는

7. 쌓을 수 있다는 것이다
   받지[벌지] 못한다는

8. 오래 일할[늦게 퇴직할] 수 있다는 / 안정성이 높다는

9. 흥미를 잃게 만든다는
   조기교육을 시키지 않는 것이 좋다

10. 여행할 수 없다는 / 다닐 수 없다는
    패키지 여행을 하는 것이 좋다

11. 만족도는 높지 않다
    편의시설이 적기[부족하기] 때문이다

12. 적게 든다는 / 많이 들지 않는다는

■ 실전연습문제 6 p.79

1. ㉠ 생길[발생할] 수 있다는 것이다
   ㉡ 문제를 해결하기 어렵다

2. ㉠ 전송할 수 있다는 것이다
   ㉡ 집에서는 꺼 둔다

3. ㉠ 어디에서든지 할 수 있다는 것이다
   ㉡ 살이 찌지 않는다

7. 화제-비교-마무리 p.81~82

1. 적응 기간이 짧아진다

2. 게으른 동물로 나타난다

3. 자신의 입장을 양보할 수 없다 / ~양보하기 어렵다

4. 차갑게 먹어야 맛있다
   온도를 지켜야 한다

5. 특정 바이러스에 걸리는 것이다

6. 열이 빠져 나가지 않는다
   바다이기 때문이다

7. 덥게 느껴진다
   밝은 색 옷을 입어야 한다

8. 시간이 많이[오래] 걸린다

9. 말을 하지 않으면

10. 높은 온도에서 내려야 한다

11. 햇빛이 없을 때는 감소한다
    실외[밖]에서 하는 것이 좋다

12. 벌을 받는 것은 아니다
    행복하게 살기도 한다

■ **실전연습문제 7**   p.83

1. ㉠ 재료를 구할 수 있기 때문이다
   ㉡ 보관하는 것도 중요하다

2. ㉠ 늦게 발견하는 사람도 있다
   ㉡ 더 발전하지 않는다

3. ㉠ 불편함을 느끼지 않는다
   ㉡ 실망하지 않는다

■ **실전예상문제**   p.84~87

1. ㉠ 생각을 바꿔야 한다 / 생각을 바꾸면 된다
   ㉡ 긍정적인 면을 보는 사람이다

2. ㉠ 힘든지 모른다 / 힘든지 알 수 없다
   ㉡ 말을 자주 해야 한다

3. ㉠ 높아진다고 한다 / 향상된다고 한다
   ㉡ 너무 오래 자지 않는 것이 좋다 / 짧게 자야 한다

4. ㉠ 우산을 준비해야 한다
   ㉡ 비가 오지 않을 거라고

5. ㉠ 더 [점점] 느려지고 있다
   ㉡ 커질 것이라고 한다 / 커진다고 한다

6. ㉠ 좋은 것이 없다
   ㉡ 비용이 들지 않는다

7. ㉠ 다르게 느껴지기 때문이다 / 달라지기 때문이다
   ㉡ 온도를 높이는 것이 좋다

8. ㉠ 필요 없는 물건이라도
   ㉡ 또 [다시] 사지 않는 것이다

9. ㉠성장 속도가 다르다 [달라진다]
   ㉡ 나이테가 생기지 않는다

10. ㉠ 체온을 유지할 수 있다
    ㉡ 내복을 입는 것이 좋다

11. ㉠ 물을 마시라고 한다
    ㉡ 수분이 부족해진다 / ~부족해질 수 있다

12. ㉠ 먹었느냐에 따라 다르다
    ㉡ 양치질을 하지 않는 것이 좋다

■ 53번 유형. 조사 결과 설명하기

Ⅱ. 내용별 연습하기

1. 조사 개요 설명하기   p.97

1. 자원봉사 센터에서 남,녀 청소년 300명을 대상으로 봉사활동 만족도에 대한 설문조사를 실시했다.

2. 역사문제 연구소에서 대학생 500명을 대상으로 역사 인식 실태에 대한 설문조사를 실시했다.

3. 통계청에서 지역별 인구 변화에 대한 조사를 실시했다.

4. 건강관리공단에서 직장인 남,녀 200명을 대상으로 직장인 건강관리 실태에 대한 설문조사를 실시했다.

5. 농촌경제연구원에서 농업 소득 변화에 대한 조사를 실시했다.

6. 독서문화진흥원에서 성인 150명을 대상으로 독서습관에 대한 설문조사를 실시했다.

7. 청소년 연구원에서 다문화 청소년 지원 현황에 대한 조사를 실시했다.

2. 그래프 설명하기
❶ 순위 나열   p.105

1. (조사결과에 따르면) 자전거 이용 목적은 건강을 위해서가 59%로 가장 높게 나타났다. 이어서 취미활동을 위해서가 50%로 2위, (마지막으로) 근거리 이동을 위해가 46%로 가

장 낮은 것으로 조사되었다.

2. (조사결과를 살펴보면) 반려동물 양육의 장점은 가족이 생긴 것 같다가 63%로 가장 높게 나타났으며 이어서 웃을 일이 많아졌다가 43%로 2위, 외로움을 달래 준다가 35%로 가장 낮았다.

3. 조사결과에 따르면 유학 중 겪는 어려움은 언어문제가 43%로 가장 높게 나타났으며 이어서 수업의 난이도가 25%로 2위, 친구관계가 17%로 3위, 기타가 15%로 조사되었다.

4. 조사결과를 살펴보면 아침 식사를 하지 않는 이유는 습관이 돼서가 54%로 가장 많았다. 이어서 시간이 없어서가 26%로 2위, (마지막으로) 식사 준비가 번거로워서가 15%로 가장 낮게 나타났다.

❷ 순위 대조   p.107

1. 조사 결과에 따르면 지출 관련 희망사항은 늘리고 싶은 항목의 경우 여행이 38%로 가장 높게 나타났다. 이어서 자기 개발 27%, 건강 20%, 취미 15% 순으로 나타났다. 반면에 줄이고 싶은 항목의 경우, 외식이 40%로 가장 많았으며 다음으로 통신 34%, 의류 17%, 식품 9% 순으로 다르게 나타났다.

2. 조사 결과에 따르면 기대하는 교육 목적은 학생의 경우 좋은 직업을 갖기 위해서가 1위를 차지했으며 능력 개발이 2위로 뒤를 이었다. 반면에 학부모의 경우 자녀의 능력 개발이 1위, 좋은 직업을 갖기 위해서는 2위를 차지해 학생과 다르게 나타났다.

3. 조사 결과를 살펴보면 새해 계획은 20대의 경우 돈 모으기가 45%로 가장 높게 나타났다. 이어서 운동 32%, 다이어트 27%, 취업 18% 순으로 나타났다. 이에 반해 40대의 경우 건강관리가 43%로 가장 많았으며 다음으로 운동 35%, 돈 모으기 26%, 여행 가기 15%순으로 20대와 다르게 나타났다.

4. 조사 결과에 따르면 연령별 직업 선택 요인은 10대의 경우 적성이 54%로 가장 높게 나타났다. 이어서 수입 31%, 안정성 15% 순으로 나타났다. 이와 달리 20대의 경우 수입이 42%로 가장 많았으며 다음으로 안정성 38%, 적성 20% 순으로 10대와 다르게 나타났다.

❸ 증감 변화   p.110~111

1. 조사 결과에 따르면 주요 소셜미디어 일일 평균 이용시간은 2016년 41.5분에서 2017년 42.9분으로 증가했다. 그러나 2018년에는 35.5분으로 감소했다.

2. 조사 결과를 살펴보면 식중독 발생 건수는 2014년 349건에서 2015년 330건으로 감소했다. 그러나 2016년에는 399건

으로 증가했다가 2017년에 366건으로 다시 줄어들었다.

3. 조사 결과에 따르면 외국인 관광객 수는 2015년 668만 명에서 2016년 811만 명으로 크게 증가했다. 그러나 2017년에 675만 명으로 감소했다가 2018년에 722만 명으로 다시 늘어났다.

4. 조사 결과에 따르면 국내 대학 외국인 유학생 수는 2014년 8만 4891명에서 2018년 14만 2205명으로 4년 사이에 2배나 늘어났다.

5. 조사 결과를 살펴보면 성인 1년 독서량은 2014년 12권에서 2016년 10권으로 2018년에는 9권으로 떨어진 것으로 나타났다.

6. 조사 결과에 따르면 인터넷 쇼핑 비중은 2012년 9.3%에서 2014년 10%로 늘어났으며 2017년에는 20%로 크게 증가한 것으로 나타났다.

7. 조사 결과를 살펴보면 소비자 물가 증감률은 2018년 9월 2.1%에서 10월에는 1.3%로 감소했다. 그러나 11월에는 1.6%로 증가했다가 12월에는 다시 1.1.%로 줄어든 것으로 나타났다.

8. 조사 결과에 따르면 연도별 5월 출생아 수는 2013년 3만 5626명에서 2015년 3만 6534명으로 증가했다. 그러나 이후 계속 감소해서 2018년에는 2만 7900명에 그쳤다.

❹ 증감 대조   p.113

1. 조사 결과에 따르면 SNS 이용률은 페이스북의 경우 12월 74%에서 1월에는 67%로 감소했다. 반면에 인스타그램은 같은 기간 36%에서 51%로 크게 증가했다.

2. 조사 결과에 따르면 여행 형태 변화는 자유 여행의 경우 2008년 44%에서 2018년 72%로 크게 증가했다. 반면에 패키지 여행의 경우 같은 기간 55%에서 27%로 크게 감소했다.

3. 조사 결과에 따르면 성별 대졸 취업자 비율은 여성 취업자의 경우 2011년 48%에서 2013년 49%, 2017년에는 50%로 증가했다. 이와 달리 남성 취업자의 경우 같은 기간 51%에서 50%, 다시 49%로 다소 감소한 것으로 나타났다.

4. 조사 결과에 따르면 연령별 미디어 이용률은 TV의 경우 20대는 50%, 30대는 63%, 40대는 68%로 나이가 많을수록 높았다. 이와 반대로 스마트폰의 경우 20대는 88%, 30대는 84%, 40대는 77%로 나이가 어릴수록 높은 것으로 나타났다.

■ 종합문제 1   p.114~115

1. 조사결과에 따르면 1인 가구가 지출을 늘리고 싶은 항목은 여행이 42%로 가장 높게 나타났으며 이어서 자기 계발이 36%, 건강이 32%, 취미는 26%로 가장 낮게 나타났다.

2. 조사 결과에 따르면 일과 가정생활 우선도 변화는 일을 우

선하는 비율은 2015년 54%에서 2017년 40%로 줄어들었
다. 반면에 가정생활을 우선하는 비율은 같은 기간 12%에
서 18%로 늘어난 것으로 나타났다.

3. 조사 결과에 따르면 한국 김치 수출액 추이는 2014년
8,400만 달러에서 2015년 7,355만 달러로 떨어졌다. 그러
나 이후 계속 증가해서 2017년에는 8,140만 달러, 2018년
에는 9,750만 달러에 이르렀다.

4. 조사 결과에 따르면 연령별 쇼핑 스타일은 20대 여성의 경
우 필요해서 산다가 59%로 1위를 차지했으며 다음으로 대
비해서 산다가 33%로 뒤를 이었다. 반면에 30대 여성의 경
우 대비해서 산다가 60%로 1위를 차지했으며 필요해서 산
다는 24%로 20대와 다르게 나타났다.

5. 조사 결과에 따르면 여가 활동 형태 변화는 혼자 하는 경
우는 2014년 57%에서 2018년 60%로 증가했다. 이와 달리
가족과 함께 하는 경우는 같은 기간 32%에서 30%로 감소
한 것으로 나타났다.

6. 조사 결과에 따르면 서울의 여름 일수는 1910년대 94일에
서 1950년대에는 101일로 늘어났으며 1990년대에는 113일
로, 2010년대에는 130일로 크게 늘어난 것으로 나타났다.

7. 조사 결과에 따르면 청소년들이 다니고 싶은 직장은 공기업
의 경우 2011년 13%에서 18%로 늘어났다. 이에 반해 대기
업은 같은 기간 22%에서 16%로 줄어든 것으로 나타났다.

8. 조사 결과에 따르면 비경제 활동 인구는 2008년 1526만 명
에서 2011년 1590만 명으로 증가했다. 그러나 2014년에는
1578만 명으로 감소했다가 2018년 1617만 명으로 다시 증
가한 것으로 나타났다.

3. 조사 결과 설명하기
• 준비하기 – 정답 생략

❶ 원인 분석

• 쓰기 전 연습   p.122

2. 일자리 부족으로 인해 실업률이 증가하게 되었다.

3. 안전교육 강화로 인해 사고가 감소했다.

4. 물을 낭비하기 때문에 물이 부족해지고 있다.
   물 낭비 때문에 물이 부족해졌다.
   물을 낭비해서 물이 부족해졌다.

5. 시간이 없어서 독서량이 부족해지는 것으로 나타났다.

6. 편의시설이 없어서 만족도가 떨어지는 것으로 나타났다.

7. 직업의 안정성 때문에 공무원을 선호하게 되었다.

8. 대화 시간이 늘어나서 소통이 활발해졌다.

9. 한국 드라마가 인기를 얻으면서 한국에 대한 관심이 증가
   하게 되었다.

10. 식습관이 변하면서 비만 인구가 감소했다.

11. 인공지능 발달로 인해 일자리가 감소했다.

12. 전기차가 증가해서 대기 오염이 감소했다.

13. 스마트폰 중독으로 인해 목 디스크 환자가 증가하게 되었다.

14. 1인 가구 증가로 반려동물이 증가했다.

15. 관광객이 증가해서 지역경제가 활성화되었다.

• 연습 문제   p.123

1. 이처럼 평균 수명이 길어진 원인을 살펴보면 크게 두 가지
   를 들 수 있다. 첫째, 의학 기술이 발달했기 때문이다. 둘
   째, 건강에 대한 관심이 증가한 데에도 이유가 있다.

2. 이렇게 관광객이 감소한 원인은 두 가지를 들 수 있다. 첫
   째, 경기가 안 좋아서 관광객이 감소한 것으로 나타났다.
   또한 관광 프로그램이 다양하지 않은 것도 관광객 감소의
   원인으로 나타났다.

3. 다이어트를 결심하는 이유는 두 가지로 나타났다. 먼저 건
   강을 위해서 다이어트를 하는 사람들이 많았다. 둘째, 외
   모 관리를 위해서 다이어트를 하는 것으로 조사되었다.

4. (이렇듯) 공기업을 선호하는 원인은 크게 두 가지로 나타
   났다. 첫째, 공기업은 안정성이 높기 때문이다. 둘째 복지
   혜택이 많다는 것도 공기업을 선호하게 된 요인으로 꼽을
   수 있다.

5. 저출산의 배경으로 다음과 같은 요인이 작용했다. 첫째,
   결혼에 대한 인식이 변했기 때문이다. 둘째 양육비에 부담
   을 느끼는 것도 저출산의 배경으로 작용했다.

❷ 대책 / 과제

• 쓰기 전 연습   p.125

2. 에너지를 공급해야 한다.

3. 참여 기회를 확대하는 것이 좋다.

4. 적극적으로 참여하지 않으면 안 된다.

5. 경제적으로 지원할 필요가 있다.

6. 포장을 줄이는 것이 필요하다.

7. 수출을 늘리도록 해야 한다.

8. 정보를 제공해야 한다.

9. 제도를 강화할 필요가 있다.

10. 환경을 개선하는 것이 좋다.

11. 빈부 격차를 해소하지 않으면 안 된다.

12. 정책을 다양화하도록 해야 한다.

13. 규칙적으로 생활하는 것이 좋다.

14. 에너지를 절약하도록 홍보해야 한다.

15. 게임 시간을 제한할 필요가 있다.

16. 캠페인을 실시해야 한다.

17. 건강 검진을 의무화할 필요가 있다.

18. 대중교통을 이용하는 것이 좋다.

19. 일자리를 창출하도록 해야 한다.

20. CCTV를 설치하는 것이 좋다.

21. 청소년 상담실을 마련해야 한다.

22. 채식 메뉴를 개발할 필요가 있다.

23. 음식물 반입을 금지하도록 해야 한다.

• 연습 문제 p.126

1. 대기 오염을 줄이기 위한 방안은 다음과 같다. 우선 대중 교통을 이용해야 한다. 다음으로 자전거 이용을 활성화하 지 않으면 안 된다.

2. 유기견 문제를 해결하기 위해서는 다음과 같은 노력이 필요 하다. 첫째, 동물 보호 단체를 지원해야 한다. 둘째 유기견 을 입양할 수 있도록 적극적으로 홍보하는 것이 필요하다.

3. 쓰레기 문제를 해결하기 위한 방안으로 세 가지를 들 수 있다. 첫째 과대 포장을 줄여야 한다. 둘째, 일회용품 사용 을 제한하는 것이 필요하다. 마지막으로 자원 재활용을 활 성화하지 않으면 안 된다.

4. 청년 일자리 문제를 해결하기 위한 방안은 다음과 같다. 먼저 전문 취업 교육을 강화할 필요가 있다. 다음으로 청 년들이 창업을 할 수 있는 기회를 확대해야 한다.

5. 환경 호르몬을 줄이기 위해서는 다음과 같은 노력이 필요 하다. 먼저 플라스틱 사용을 줄여야 한다. 다음으로 환경 호르몬을 발생시키는 제품을 금지해야 한다.

❸ 문제점 / 결과 / 효과

• 쓰기 전 연습 p.129

1. 도시 개발로 인해 집값이 상승하게 되었다.

2. 지나친 경쟁 때문에 불안감이 증가하게 되었다

3. 과장 광고로 인해 소비자 피해가 증가했다.

4. 작은 기부를 통해 삶의 태도가 변했다.

5. 나무를 심으면 이산화탄소 배출이 감소된다.

6. 물 부족으로 인해 질병 발생률이 증가했다.

7. 공정여행을 하면 여행 만족도가 증가하게 된다

8. 구매 후 서비스를 통해 신뢰감이 증가하게 되었다.

9. 걷기는 우울감을 감소시키는 효과가 있다.

10. 육식을 하면 가축 사육으로 인해 환경이 오염된다.

11. 채식을 하면 각종 성인병 발생이 감소한다.

12. 재활용을 실천하면 자원을 절약할 수 있다.

• 연습 문제 p.130

1. 농촌 인구 감소로 인해 다음과 같은 결과가 나타나고 있 다. 먼저 빈 집이나 폐교가 늘어나게 되었다. 다음으로 일 손이 부족해졌다.

2. 지역 축제가 열리면 나타나는 효과는 첫째, 지역 경제가 활성화된다. 둘째, 지역문화를 홍보하는 효과가 있다.

3. 플라스틱 사용 증가로 인해 나타는 문제점은 다음과 같다. 첫 번째로 토양 오염이 발생하게 되었다. 두 번째로 플라 스틱이 바다 생물의 몸에 쌓이고 있다.

4. 아침 식사를 하면 다음과 같은 효과가 있다. 먼저 규칙적 인 식습관을 형성할 수 있다. 다음으로 아침 식사를 하면 집중력이 향상된다.

5. 과소비로 인해 다음과 같은 문제가 나타나고 있다. 첫째, 신용 불량자 비율이 증가하고 있다. 둘째, 자원이 낭비되고 있다.

❹ 영향

• 쓰기 전 연습 p.132

1. 갈등을 해소할 수 있다 / 갈등이 해소된다

2. 인내심 부족을 가져올 수 있다 / 인내심이 부족해진다

3. 품질을 떨어뜨릴 수 있다 / 품질이 떨어진다

4. 차별을 해소할 수 있다 / 차별이 해소된다

5. 면역력을 떨어뜨릴 수 있다 / 면역력이 떨어진다

6. 집값을 상승시킬 수 있다 / 집값이 상승한다

7. 세대 갈등을 심화시킬 수 있다 / 세대 갈등이 심화된다

8. 자신감을 떨어뜨릴 수 있다 / 자신감이 떨어진다

9. 청소년 인구를 감소시킬 수 있다 / ~ 인구가 감소된다

10. 폭력성을 감소시킬 수 있다 / 폭력성이 감소된다

11. 금연 인구를 증가시킬 수 있다 / ~ 인구가 증가된다

12. 농산물 가격을 떨어뜨릴 수 있다 / ~ 가격이 떨어진다

13. 효율성을 증가시킬 수 있다 / 효율성이 증가된다
14. 생산성을 향상시킬 수 있다 / 생산성이 향상된다
15. 기부 문화를 확산시킬 수 있다 / ~ 문화가 확산된다

• 연습 문제　　　　　　　　　　　　　p.133

1. 대중매체가 미치는 영향을 살펴보면 다음과 같다. 먼저 긍정적인 영향은 다양한 정보를 제공한다는 것이다. 반면에 부정적인 영향으로는 잘못된 문화를 확산시킬 수 있다는 점을 들 수 있다.

2. 규칙적인 운동이 미치는 영향은 크게 두 가지 면에서 나타날 수 있다. 먼저 신체적인 면에서는 질병을 예방할 수 있다. 또한 정신적인 면에서는 스트레스를 해소할 수 있다.

3. 공익 광고의 영향은 크게 두 가지를 들 수 있다. 먼저 바람직한 사회 분위기를 조성하는 데 도움을 줄 수 있다. 다음으로 개인의 태도를 변화시킬 수 있다.

4. 칭찬의 영향을 살펴보면 먼저 긍정적인 영향으로는 동기를 강화할 수 있다는 것이다. 반면에 부정적 영향으로는 기대에 대한 부담을 증가시킬 수 있다는 점을 들 수 있다.

5. 지구 온난화의 영향은 크게 두 가지를 들 수 있다. 첫째, 가뭄이나 홍수 피해가 증가하게 된다. 둘째, 일부 동식물이 멸종될 수 있다.

❺ 전망 / 예상

• 연습 문제　　　　　　　　　　　　　p.135

1. 앞으로 채소 섭취는 2025년에는 1인당 연평균 소비량이 98 kg까지 감소할 것으로 보인다.

2. 앞으로 육류 섭취는 2025년에는 1인당 연평균 소비량이 50 kg까지 증가할 것으로 전망된다.

3. 앞으로 초등학생 수는 2035년에는 230만 명까지 감소할 것으로 보인다.

4. 앞으로 전기, 수소차는 2040년에는 전체 자동차의 50%를 차지할 것으로 전망된다.

5. 앞으로 치매 환자는 2040년에는 196만 명으로 증가할 것으로 예상된다.

6. 앞으로 항공 우주 산업이 발전하면 화물 수송과 관광 수요가 증가할 것으로 전망된다. 뿐만 아니라 우주 여행도 가능해질 것으로 보인다.

7. 앞으로 전자화폐 사용이 확대되면 상품 거래나 결제가 편리해질 것으로 보인다. 뿐만 아니라 세계 단일 통화가 가능해질 것으로 예상된다.

❻ 예 / 분류

• 연습 문제　　　　　　　　　　　　　p.137

1. 생활 편의 시설에는 병원, 은행, 영화관, 우체국, 도서관 등이 있다.

2. 친환경 에너지의 예로는 태양광, 태양열, 풍력, 수력, 지열 등을 들 수 있다.

3. 여행은 크게 관광지형, 휴양형, 체험 활동형, 문화 탐방형으로 나누어 볼 수 있다.

4. 관광자원은 크게 자연 관광자원, 문화 관광자원, 산업 관광자원, 사회 관광자원으로 분류해 볼 수 있다.

5. 인쇄매체는 책, 잡지, 신문 등이 있다.

6. 대중매체는 크게 인쇄매체, 전파매체, 통신매체 등으로 나누어 볼 수 있다.

7. 여가 활동의 종류를 살펴 보면 게임, 운동, 등산, 독서, TV 시청 같은 것들이 있다.

❼ 장점 / 단점

• 연습 문제　　　　　　　　　　　　　p.139

1. 전통시장의 장점은 가격이 저렴하고 지역 특색을 느낄 수 있다는 것이다. 반면에 단점은 주차장 등 편의시설 이용이 불편하고 교환이나 환불이 어렵다는 것이다.

2. 로봇 대중화의 긍정적인 면은 생산성이 높아질 뿐만 아니라 삶의 질이 향상된다는 것이다. 이와 달리 노동인구가 감소하고 빈부격차가 커진다는 부정적인 면이 있다.

3. 기숙사 생활의 장점은 다양한 친구들과 교류할 수 있고 통학 시간을 절약할 수 있다는 것이다. 반면에 단점은 생활 습관 차이로 인해 갈등이 발생할 수 있다는 것이다.

4. 세계화의 긍정적인 면을 살펴보면 먼저 자유 무역이 활성화 되고 문화 교류가 활발해진다는 것이다. 반면에 부정적인 면은 나라 간 경제 불평등이 발생할 뿐만 아니라 질병이 확산될 수 있다는 것이다.

• 종합 문제 2 – 원인/대책　　　　　　p.140

1. 자전거 안전사고를 예방하기 위해서는 먼저 이용자 안전교육을 강화해야 한다. 다음으로 자전거 도로를 정비해야 한다.

2. 기부문화를 조성하려면 다음과 같은 노력이 필요하다. 첫째, 기부 단체의 신뢰도를 높일 필요가 있다. 둘째, 기부에 대한 인식이 변화될 수 있도록 캠페인을 실시해야 한다.

3. (이렇게) 청소년의 체력이 저하한 원인은 먼저 신체활동이 감소했기 때문이다. 또한 학업 스트레스가 증가한 데에도 이유가 있다. 마지막으로 불규칙한 식습관 때문에 체력이 떨어진 것으로 나타났다.

4. 이처럼 수면 장애가 나타나는 원인을 살펴보면 크게 두 가지를 들 수 있다. 첫 번째로 불규칙한 수면 시간 때문이다. 두 번째로 불안과 스트레스 때문에 수면 장애가 나타나게 되었다.

5. 가정 내 에너지를 절약하기 위한 방안으로 두 가지를 들 수 있다. 먼저 냉·난방을 효율적으로 사용하지 않으면 안 된다. 다음으로 가전제품을 쓰고 난 후, 플러그를 뽑아야 한다.

• 종합 문제 2 – 결과/영향   p.141

1. 독서로 인해 나타나는 효과는 다음과 같다. 먼저 독서를 통해 언어 활용 능력이 향상될 수 있다. 다음으로 독서를 하면 상상력과 창의력이 향상되는 효과가 있다.

2. 지속적으로 흡연을 하게 되면 다음과 같은 문제가 나타난다. 첫째, 암 발생률이 증가한다. 둘째, 노화속도가 빨라지게 된다.

3. 게임이 아이들에게 미치는 영향은 크게 두 가지 면에서 나타날 수 있다. 먼저 긍정적인 영향으로는 긴장감을 해소하는 데 도움을 줄 수 있다. 반면에 부정적인 영향으로는 중독될 위험이 있다는 것이다.

4. 스마트폰 과다 사용으로 인해 나타나는 문제점은 다음과 같다. 첫째, 스마트폰을 자주 보면 시력이 저하된다. 둘째, 스마트폰 때문에 대화가 단절될 수 있다.

5. 1인 가구가 증가하게 되면서 먼저 간편 식품의 소비가 증가하게 되었다. 다음으로 1인용 소형제품이 인기를 끌게 되었다.

• 종합 문제 2 – 전망/분류/장단점   p.142~143

1. 한복의 장점은 누구에게나 잘 어울릴 뿐만 아니라 선과 색깔이 아름답다는 것이다. 반면에 단점은 입고 벗기가 번거로운데다가 활동하기가 불편하다는 것이다.

2. 과학 기술의 긍정적인 면은 생활을 편리하게 하고 에너지 문제, 질병 치료 등 인류의 각종 문제 해결에 기여한다는 것이다. 이와 달리 부정적인 면은 환경오염이 심화될 뿐만 아니라 에너지 자원이 감소한다는 것이다.

3. 광고의 긍정적인 면은 다양한 상품 정보를 제공할 뿐 아니라 이로 인해 소비가 늘어난다는 것이다. 이에 반해 부정적인 면은 제품의 장점만 과장하는데다가 광고 비용 때문에 제품 가격이 상승한다는 것이다.

4. 여행지 숙박시설 종류를 살펴보면 호텔, 콘도, 펜션, 민박, 게스트하우스 같은 것들이 있다.

5. 여행의 유형은 자유 여행, 패키지여행, 배낭여행, 크루즈 여행 등으로 나누어 볼 수 있다.

6. 여가 활동의 유형은 크게 문화예술 활동, 취미 활동, 휴식 활동, 스포츠 활동으로 나누어 볼 수 있다.

7. 공공시설에는 도서관, 병원, 공원, 학교, 복지관, 문화센터 등이 있다.

8. 교통수단의 예로는 지하철, 버스, 택시, 비행기, 배, 자전거, 오토바이 등을 들 수 있다.

9. 인터넷의 장점은 정보를 얻기가 쉬울 뿐만 아니라 교류를 확대할 수 있다는 것이다. 이와 반대로 단점은 개인 정보가 노출될 위험이 있는데다가 인터넷 범죄가 확산될 수 있다는 것이다.

10. 영화는 크게 멜로 영화, 액션 영화, 재난 영화, 공포 영화 등으로 분류해 볼 수 있다.

11. 아파트의 장점은 관리가 쉽고 편의 시설 이용도 편리하다는 것이다. 반면에 층간 소음이 발생할 뿐만 아니라 실내 공기 질이 안 좋다는 단점이 있다.

Ⅲ. 유형별 300자 쓰기

1. N의 현황 → 원인

■ 연습 문제   p.145~148

1. 서주시에서 시민 1000명을 대상으로 1인 가구 현황에 대한 조사를 실시했다. 조사 결과에 따르면 1인 가구 비율은 1990년 13%에서 2010년 20%, 2020년에는 35%로 크게 증가한 것으로 나타났다. 어려움을 느끼는 부분은 외로움이 45%로 1위를 차지했으며 이어서 질병 걱정이 28%로 2위, 경제적 불안이 17%, 기타는 10%로 조사되었다. 그 이유를 살펴보면 이웃과의 대화가 단절되고 있기 때문이다. 또한 응급 상황 시 도와 줄 사람이 없는데다가 노후 대비를 위한 저축이 필요한 것도 한 원인이라고 할 수 있다. (296자)

2. 통계청에서 온라인 쇼핑 업체를 대상으로 온라인 쇼핑 변화에 대한 조사를 실시했다. 조사결과에 따르면 온라인 쇼핑은 2017년 1월 3조 9600억 원에서 2018년 5조 2400억 원으로 1년 사이에 32%나 증가한 것으로 나타났다. 이 중에서 모바일 쇼핑은 같은 기간 55%에서 60.3%로 5.3%나 늘어났다. 이처럼 모바일 쇼핑이 증가한 원인은 첫째 신속하

고 편리한 결제 때문이다. 둘째 할인이나 적립 등 다양한 혜택을 받을 수 있다는 것도 증가 원인으로 꼽을 수 있다. (265자)

3. 교통안전 문화 연구소에서 공유 자전거 이용과 사고 현황에 대한 조사를 실시했다. 조사 결과에 따르면 서주시 공유 자전거 이용 건수는 2016년 4400건에서 2017년 13700건으로 크게 증가한 것으로 나타났다. 이에 반해 자전거 사고 발생 건수는 같은 기간 5930건에서 5660건으로 줄어든 것으로 조사되었다. 이렇게 사고 발생이 감소한 원인을 살펴보면 먼저 자전거를 안전하게 타야 한다는 문화가 정착되었기 때문이다. 다음으로 위험하고 불편한 자전거 도로를 정비해서 사고가 줄어들게 되었다. (278자)

4. 농촌 진흥청에서 가공식품 구매액 변화에 대한 조사를 실시했다. 조사 결과에 따르면 가구당 월 가공식품 구매액은 2010년 12만 원에서 2015년 14만 원으로 2020년에는 18만 원으로 10년 사이에 50%나 증가한 것으로 나타났다. 이러한 변화의 이유를 살펴보면 먼저 다양한 가공 식품이 개발되어 선택의 폭이 확대되었을 뿐만 아니라 요리 방법이 간편해져서 시간을 단축할 수 있었기 때문이다. 또한 구매 시고려 사항을 보면 같은 기간 안전이 10배 증가해 1위로 나타났으며 건강은 5배, 가격은 3배로 그 뒤를 이었다. (294자)

2. N의 현황 → 원인 → 방안

■ 연습 문제   p.150~152

1. 환경연구원에서 일회용품 사용 현황에 대한 조사를 실시했다. 조사 결과에 따르면 일회용품 사용 비율은 음식 포장 용기와 비닐이 45%로 가장 높게 나타났다. 이어서 음료컵이 40%, 기타 일회용품은 15%로 나타났다. 일회용품 사용을 줄이기 어려운 이유를 순위별로 살펴보면 쓰고 버리기 편해서가 1위를 차지했으며 다른 방법이 없어서가 2위를 차지했다. 마지막으로 습관적으로 사용해서가 3위를 차지한 것으로 조사되었다. 따라서 일회용품을 줄이기 위해서는 먼저 친환경 포장재를 사용해야 한다. 또한 재활용 방안을 마련하지 않으면 안 된다. (298자)

2. 유아 교육 연구소에서 유·아동 스마트폰 중독 현황에 대한 조사를 실시했다. 조사결과에 따르면 스마트폰 중독은 유·아동의 경우 2015년 12%에서 2017년 19%로 7%나 증가했다. 반면에 성인은 같은 기간 13%에서 17%로 4% 증가에 그친 것으로 나타났다. 이처럼 유·아동의 스마트폰 중독이 증가한 이유는 첫째 중독 위험에 대한 인식이 부족하기 때문이다. 둘째 스마트폰에 의존하는 부모의 양육 태

도를 들 수 있다. 따라서 이를 해결하기 위해서는 예방 교육을 강화해야 한다. 또한 부모의 양육 태도를 개선할 필요가 있다. (294자)

3. 사회 문제 연구소에서 미혼 남녀 300명을 대상으로 결혼관 변화에 대한 설문조사를 실시했다. 조사결과에 따르면 결혼은 꼭 해야 한다는 생각이 2010년 65%에서 2018년 48%로 줄어들었다. 이처럼 결혼관이 변한 이유를 순위별로 살펴보면 다음과 같다. 먼저 경제적 부담 때문에가 1위를 차지했다. 다음으로 양육이 부담스러워서가 2위를 차지한 것으로 나타났다. 그러므로 이러한 어려움을 해결하기 위해서는 첫째 결혼 비용에 대한 경제적 지원을 해야 한다. 둘째 양육을 위한 제도적 지원을 하지 않으면 안 된다. (296자)

3. N의 현황 → 원인 → 전망

■ 연습 문제   p.154

1. 한국 교육 개발원에서 고등학교 졸업생을 대상으로 대학 진학률 변화에 대한 조사를 실시했다. 조사 결과를 살펴보면 2006년에는 74%였던 대학 진학률이 2009년에는 78%로 증가했다가 이후 계속 감소해서 2016년에는 69%에 그쳤다. 이처럼 대학 진학률이 감소한 원인은 대졸자의 취업난이 심해진데다가 정부의 직업 기술 교육 정책이 강화된 것을 들 수 있다. 이러한 현상이 지속된다면 2030년에는 대학 진학률이 60%까지 감소할 것으로 예상된다. (265자)

4. N의 현황 → 원인 → 과제

■ 연습 문제   p.156~157

1. 한국 무역 협회에서 한국 라면류 수출 현황에 대한 조사를 실시했다. 조사 결과에 따르면 한국 라면류 수출액은 2012년 2억 달러에서 2016년 3억 달러, 2020년에는 6억 달러로 크게 증가한 것으로 나타났다. 지역별 수출 비중은 아시아가 58%로 1위를 차지했으며 이어서 미주 17%, 유럽은 8%로 가장 낮은 것으로 조사되었다. 이렇듯 수출이 증가한 이유는 재택 근무 등 외출 감소로 인한 간편식 수요가 증가했으며 한류의 영향으로 한국 라면 인지도가 상승했기 때문이다. 향후 과제는 국가별 맞춤형 제품을 개발하는 것이다. (296자)

2. 양성 평등 위원회에서 20세 이상 남녀 500명을 대상으로 남녀평등 인식에 대한 설문조사를 실시했다. 조사결과에

따르면 여성이 불평등하다는 인식은 현재는 66%지만 5년 후에는 37%로 줄어들 것으로 예상한 반면에 남성이 불평등하다는 인식은 현재 16%에서 5년 후에는 25%로 늘어날 것으로 예상했다. 남녀평등을 위한 우선 과제에 대해서는 남자는 성차별적 표현 개선이 1위를, 가사 및 육아 분담이 2위를 차지했다. 이와 달리 여자는 가사 및 육아 분담이 1위, 성별 임금 격차 해소가 2위를 차지한 것으로 조사되었다. (292자)

5. N의 현황 → 원인 → 배경

■ **연습 문제** p.159

1. 노동부에서 고용 보험 가입자를 대상으로 남성 육아 휴직에 대한 조사를 실시했다. 조사 결과에 따르면 남성 육아 휴직자 수는 2016년에는 7600명에 불과했지만 2017년에는 12000명, 2018년에는 16000명에 이르렀다. 육아 휴직을 희망하는 이유는 육아 분담을 위해서가 46%로 1위를 차지했으며 직접 키우고 싶어서가 40%로 2위, 돌볼 사람이 없어서는 32%로 3위를 차지했다. 이처럼 남성의 육아 휴직이 증가한 배경은 남성 육아에 대한 사회적 인식이 긍정적으로 바뀌었기 때문이다. (277자)

6. N의 현황 → 영향

■ **연습 문제** p.161~162

1. 서주시 교육청에서 고등학생 800명을 대상으로 고등학생 수면 실태에 대한 조사를 실시했다. 조사 결과에 따르면 권장 수면 시간은 8시간~10시간이며 10대 평균 수면 시간 또한 8시간인 데 반해, 고등학생 평균 수면 시간은 6시간으로 2시간이나 부족한 것으로 나타났다. 수면 부족의 원인으로는 공부가 46%로 1위를 차지했으며 인터넷 이용이 38%로 그 뒤를 이었다. 수면 부족이 미치는 영향은 신체적으로 피로를 증가시키고 면역력을 저하시킬 수 있다. 또한 정서적으로는 스트레스로 인해 불안과 우울감이 증가할 수 있다. (292자)

2. 한국 환경 공단에서 서주 시민 500명을 대상으로 미세먼지 대처 방법에 대한 설문 조사를 실시했다. 조사 결과에 따르면 미세먼지 주의보 횟수는 2016년 51회에서 2017년 86회로 1.5배 증가했다. 미세먼지에 대처하는 방법으로는 미세먼지 농도 확인이 1위를 차지했으며 실외 활동 줄이기는 2위, 마스크 착용은 3위로 나타났다. 미세먼지가 건강에 미치는 영향을 살펴보면 먼저 폐암 발생률을 증가시킬 수 있다. 다음으로 기침 등 호흡기 질환을 증가시킬 수 있어서 건강에 나쁜 영향을 미치게 된다. (279자)

7. N의 현황 → 효과

■ **연습 문제** p.164~165

1. 생활 문화 연구소에서 서주시 주민 300명을 대상으로 문화 생활 형태에 대한 설문 조사를 실시했다. 조사 결과에 따르면 체험 프로그램에 참여한다는 응답이 44%로 가장 높은 것으로 나타났다. 이어서 공연 감상이 33%, 전시 관람이 23%로 뒤를 이었다. 문화생활의 유형은 크게 참여형, 감상형, 관람형으로 나누어 볼 수 있다. 그리고 문화생활을 하면 다음과 같은 효과가 있다. 먼저 개인적으로는 문화 감수성이 발달하며 다양한 문화를 경험해 볼 수 있다. 또한 사회적으로는 문화 산업을 활성화시키는 효과가 있다. (287자)

2. 서주시 환경 연구소에서 도시 숲 조성 결과에 대한 조사를 실시했다. 조사 결과에 따르면 도시 숲 조성은 2018년 50개, 2019년 70개, 2020년에는 90개로 꾸준히 증가했다. 이로 인해 미세먼지 나쁨 일수는 2018년 30일에서 2019년 25일, 2020년에는 16일로 감소한 것으로 나타났다. 이와 같은 도시 숲 효과를 살펴보면 도시 숲은 대기 오염 물질을 흡수해 공기 질을 개선하며 여름 평균 기온을 낮춰서 에너지를 절약하는 효과를 가져 온다. 또한 숲 이용 증가로 시민들의 건강을 증진시키는 효과도 있다. (292자)

8. N의 현황 → 장점 → 단점

■ **연습 문제** p.167

1. 서주시에서는 전통 시장 이용자 500명을 대상으로 전통 시장 매출액 변화에 대한 조사를 실시했다. 조사 결과에 따르면 하루 매출액은 2015년 8천만 원에서 2017년 1억, 2019년에는 2억으로 크게 증가한 것으로 나타났다. 이용자의 만족도는 편의시설 만족도가 5배로 가장 크게 높아졌으며 이어서 신선도는 3배, 가격은 2배 높아진 것으로 조사되었다. 전통 시장의 장점은 제철 야채가 풍부하며 다양한 전통 먹거리를 체험하고 구입할 수 있다는 것이다. 뿐만 아니라 지역 경제에 도움을 줄 수 있다는 장점도 있다. (288자)

■54번 유형. 자기 생각 쓰기

II. 확인하기

1. 문어체   p.174~175

01. ① 아주/매우

③ 그렇다면

④ 하는가?/할까?

⑧ 가장

02. ② 그렇다면 어떤 노력이 필요한가?/~필요할까?

③ 열심히 하면 성공할 수 있을 것이다.

⑤ 좋은 습관을 가진 사람은 성공할 수 있다.

⑦ 열심히 노력해서 목표를 이루었다.

⑧ 그런데 단점도 있다.

⑫ 요즘 독감에 걸려서 아픈 사람이 많다.

⑬ 인생에서 가장 중요한 것은 건강이다.

⑮ 글을 잘 쓰는 것이 쉬운 것은 아니다.

⑲ 적성에 맞는 직업을 선택해야 한다.

⑳ 최근 환경 오염 때문에 문제가 아주 많다.

㉑ 자신이 무엇을 좋아하는지 잘 알아야 한다.

㉒ 이렇게 하면 실력이 좋아질 것이다.

㉓ 우리는 성공을 위해 노력해야 한다.

㉕ 사람은 누구나 실수한 적이 있을 것이다.

2-1. 연결 표현   p.179

■ 연습

① 그러나

② 예를 들어

③ 이로 인해

④ 그러므로

⑤ 먼저

⑥ 또한

2-2. 지시 표현   p.181~182

■ 연습

02. 이러한 과소비의, 이를

03. 이런 경우에는

04. 이러한 변화에는, 이러한 문제에

05. 이러한 노력을 통해

06. 이와 관련된 정책을

07. 이런 믿음은

III. 한 단락 쓰기

■ 단락은 어떻게 쓸까?

다. 확인하기   p.183

01. 뛰어난 연설가의 조건으로는 크게 두 가지를 들 수 있다. 첫째, 연설가는 사람들의 관심과 호기심을 불러일으켜야 한다. 공감대를 만들어 내거나 사람들의 호응을 얻지 못하면 아무리 주제가 좋아도 그 발표는 지루할 수밖에 없다. 둘째, 연설가는 솔직하고 자신 있는 태도로 말해야 한다. 청중들은 연설 내용뿐만 아니라 연설가의 태도에서도 신뢰감을 느끼기 때문이다.

02. 최근 인공 지능 로봇이 사회적으로 큰 관심을 불러일으키고 있다. 이러한 기술의 발달에는 여러 가지 장점이 있다. 먼저 일의 효율성이 높아질 수 있다. 인공 지능 로봇은 신속성과 정확성의 측면에서 인간보다 더 뛰어나기 때문이다. 그래서 인공 지능 로봇이 단순 작업을 하게 되면, 인간은 단순 노동에서 벗어나서 인간만이 할 수 있는 일에 집중할 수 있게 된다. 또한 생활이 더욱 편리해질 것이다. 가령 자동차가 스스로 운전할 수 있게 되면 우리는 피곤할 때 운전을 하는 대신 잠을 잘 수도 있다.

03. 현대인들은 다른 사람에게 그리 관심을 가지지 않는 경향이 있다. 이러한 무관심의 원인으로는 먼저 개인주의의 심화를 들 수 있다. 공동의 가치보다는 개인의 성공을 중요하게 생각하면서 다른 사람의 일에 큰 관심을 갖지 않게 된 것이다. 또한 많은 사람들이 타인에 대한 믿음을 잃었기 때문이다. 이는 갈수록 자신의 목적을 이루기 위한 수단으로 사람을 대하는 사람들이 많아진 탓이다.

라. 연습하기   p.186

01. 여름에는 에어컨 대신 부채를 사용하면 전기를 아낄 수 있다. 겨울에도 내복을 입으면 보온 효과가 있어 난방기

를 많이 사용하지 않아도 된다.

02. 책은 문학, 역사, 철학, 법 등 그 종류가 아주 다양하고 그 속에는 풍부한 지식이 담겨 있기 때문이다. 그뿐만 아니라 책이 쓰이고 읽힌 역사는 아주 길다. 그래서 책을 많이 읽으면 아주 오랫동안 인류가 쌓아 온 넓고 깊은 지식을 얻을 수 있다.

03. 자기 계발을 하면 가지고 있던 능력을 더 키워서 경쟁력을 가질 수 있게 된다. 예를 들어 외국계 회사에 다니는 사람은 여가 시간에 꾸준히 외국어를 공부하면 업무에 도움이 될 수 있다.

1. 문제점 쓰기   p.189~190

• 경쟁이 심하다, 뜨겁다, 치열하다
  경쟁을 벌이다, 뚫다
  경쟁에서 살아남다, 이기다, 뒤처지다

02. 허위·과장 광고는 우리 사회에 여러 가지 부작용을 가져올 수 있다. 우선 과장 광고를 믿고 상품을 구매한 소비자들이 피해를 입는다. 예를 들어 피부병이 있는 사람이 유기농 과자라는 말을 믿고 구매했다가 피부병이 더욱 심해질 수도 있다. 또한 허위 과장 광고는 사람들의 소비 심리를 자극해서 과소비를 하게 만든다. 광고는 대부분 제품의 장점만 강조해서 실제보다 더 좋게 보여주기 때문에 필요 없는 물건도 사고 싶도록 만들기 때문이다.

2. 원인 쓰기   p.192

• 세대 갈등이 커지다, 심각하다, 심화되다
  세대 갈등을 해소하다, 겪다, 극복하다

02. 건강을 해치는 요인에는 크게 두 가지가 있다. 첫째, 불규칙한 생활 습관 및 식습관 때문이다. 바쁜 생활로 인해 패스트푸드를 자주 섭취하면 건강이 나빠질 수밖에 없다. 둘째, 과로나 스트레스가 건강을 해칠 수 있다. 예를 들어 잦은 야근 및 과도한 업무에 시달리는 직장인은 스트레스를 제때 풀지 못해 건강을 잃기 쉽다.

3. 방안(대책)쓰기   p.194

• 지구 온난화가 발생하다, 심각하다
  지구 온난화를 일으키다, 방지하다, 막다, 해결하다

02. 안전사고를 줄이기 위해서는 다음과 같은 대책이 필요하다. 먼저 사고 예방 교육을 확대해야 한다. 평소 학교와 주민 센터에서 안전 규칙을 반드시 지키도록 교육할 필요가 있다. 그리고 안전 사고 발생 위험이 높은 기관과 업체에서도 시설 및 장비의 상태를 자주 점검하는 등 관리를 강화해야 한다.

4. 예(경우) 쓰기   p.196

• 일상생활에서 벗어나다, 경험을 쌓다.
  피로감을 해소하다, 다양한 문화를 접하다
  자기 자신에 대해[을] 되돌아보다

02. 바쁘게 살다보면 온라인 강의가 필요할 때가 생긴다. 우선 자기 계발을 하고 싶어도 시간을 내기가 어려울 때 필요하다. 특히 직장인들은 날마다 출근해야 하는 탓에 낮에는 수업을 듣기가 어렵다. 그러나 온라인 강의는 언제든지 들을 수 있어서 그런 사람들에게 아주 유용하다. 또한 외국 대학에 개설된 강의를 듣고 싶지만 현실적으로 들을 여건이 되지 않을 때에도 온라인 강의가 필요해진다. 이를 통해 직접 가지 않고도 양질의 강의를 들을 수 있기 때문이다.

5. 조건 쓰기   p.198

• 직업이 좋다
  직업을 잃다, 찾다, 구하다, 선호하다, 선택하다

02. 성공적인 유학 생활의 조건으로는 두 가지를 들 수 있다. 첫째, 체력이 필요하다. 유학 생활을 하다보면 밥을 거를 때가 많고 바빠서 운동도 소홀히 하기 쉽다. 그래서 체력이 약해질 수 있다. 그러나 공부도 체력이 뒷받침되지 않으면 할 수 없으므로 체력이 무엇보다도 중요하다. 둘째, 목표가 뚜렷해야 한다. 낯선 곳에서 긴 시간을 보내야 하는 유학 생활은 외롭고 힘들다. 이때 목표가 있으면 동기가 분명하기 때문에 어려움을 극복할 수 있다.

6. 역할 쓰기   p.200

• 신문에서 보도하다
  신문에 나다, 실리다, 보도되다, 공개되다, 나오다
  　　　기고하다
  신문을 구독하다

02. 일반적으로 부모의 역할은 다음과 같다. 부모는 자녀의 정서 발달을 돕는 역할을 한다. 특히 어렸을 때 부모와의 관계는 아이의 정서 발달에 큰 영향을 미친다. 따라서 부모는 어떤 상황에서라도 변함없이 아이를 사랑한다는 것

을 아이가 느낄 수 있도록 해 줘야 한다. 또한 부모는 아이가 올바른 가치관을 가지고 자랄 수 있도록 돕는 역할을 한다. 이때 부모의 가치관이 아이에게 끼치는 영향이 아주 크기 때문에 부모는 항상 모범이 되는 말과 행동을 할 수 있도록 해야 한다.

7. 중요성 쓰기 p.202

- 인관관계가 어렵다, 원만하다, 나빠지다
  인간관계를 맺다, 끊다, 유지하다, 악화시키다

02. 꿈을 가지는 일은 우리에게 중요한 일이 될 수 있다. 꿈은 현실의 어려움을 견딜 수 있게 해주기 때문이다. 꿈이 있는 사람은 자신의 미래를 긍정적으로 바라본다. 그래서 실패와 좌절을 겪더라도 포기하지 않고 다시 도전할 힘을 얻게 된다. 설사 이루기 어려운 꿈일지라도 꿈은 인생을 살아가는 원동력이 될 수 있다는 점에서 그 중요성이 크다.

8. 필요성 쓰기 p.204

- 토론이 벌어지다, 진행되다
  토론을 하다, 벌이다
  토론에 참여하다

02. 사회 참여 활동은 우리 사회에 꼭 필요한 일 중의 하나이다. 정치, 사회 문제에 관심을 갖고 참여함으로써 공동체의 문제가 개선될 수 있기 때문이다. 만일 사회 참여 활동을 하지 않으면 시민들의 의견이 정책에 반영되기 어려워질 수 있다. 그러나 시민들이 사회 활동에 적극적으로 참여해 의견을 내면 문제 해결을 위한 정책 및 제도가 보다 쉽게 마련될 수 있다. 따라서 공동체의 발전을 위해서는 사회 문제에 관심을 가지고 참여할 필요가 있다.

9. 양면성 쓰기 p.206

- 신조어가 퍼지다, 등장하다, 만들어지다
  신조어를 사용하다, 남발하다, 남용하다

02. 선의의 거짓말에는 긍정적인 면이 있는가 하면 부정적인 면도 있다. 먼저 선의의 거짓말은 듣는 사람에게 심리적으로 도움을 줄 수 있다. 가령 투병 중인 환자에게 건강이 좋아지고 있다고 이야기해 주는 것은 환자의 심리적인 안정에 도움을 준다. 그러나 아무리 선의의 거짓말이라고 하더라도 그것은 사실이 아닌, 거짓 정보에 불과하다. 따라서 정확한 판단을 내리는 데 방해가 될 수 있다.

10. 의견 쓰기 p.210

- 소비가 늘다, 줄다, 증가하다
  소비를 하다, 줄이다, 부추기다, 조장하다, 촉진하다

02. 바람직한 가족 관계란 무엇인가에 대해서는 사람마다 생각이 다를 것이다. 나는 바람직한 가족 관계란 이해와 존중을 바탕으로 힘이 되어 주는 관계라고 생각한다. 부모가 자식에게 자신의 뜻을 강요하거나 자식이 부모를 존중하지 않으며 부부가 서로 이해하지 못한다면 불행해지기 쉽다. 그러나 이해와 존중을 바탕으로 자신을 믿어 주는 가족이 있다면 아무리 힘들어도 다시 살아갈 힘을 얻을 수 있다.

11. 찬반 쓰기 p.213

- 외국어가 유창하다
  외국어를 배우다, 습득하다, 공부하다, 구사하다, 학습하다
  외국어에 능통하다

02. 요즘 동물원을 없애야 할지 그대로 두어야 할지에 대해 활발하게 논의되고 있다. 나는 동물원 폐지에 반대한다. 동물원이 있으면 멸종 위기에 처한 동물을 보호할 수도 있기 때문이다. 물론 동물원이 동물들에게는 감옥과 다름없고 이로 인해 자유를 빼앗긴 동물들이 고통 받고 있다는 주장에도 일리가 있다. 그러나 이러한 고통은 동물원의 시설 환경을 좀 더 넓히고 쾌적하게 개선함으로써 줄일 수 있지만 멸종 위기종은 자연에만 두면 위험해질 수 있다. 그러므로 동물원은 폐지하면 안 된다.

Ⅳ. 유형별 700자 쓰기

■ 도입과 마무리는 어떻게 할까?

■ 도입 p.214~216

가. 01. ② - ㉢
　　　③ - ㉣
　　　④ - ㉡
　02. ① - ㉢
　　　② - ㉠
　　　③ - ㉤

④ - ㉣

다. 01. 갈수록 건강에 대한 사람들의 관심이 커지고 있다.

02. 사람은 누구나 단 한명이라도 진정한 친구를 사귈 수 있기를 원한다.

■ 마무리   p.217~218

가. ① - ㉢

② - ㉠

③ - ㉡

다. ③ → ① → ② → ⑤ → ⑨ → ⑥ → ⑦ → ⑧ → ④ → ⑩ → ⑫ → ⑬ → ⑪

1. N의 중요성   p.221

■ 단락 완성 PART 1

인간은 사회적인 존재로 누구나 다른 사람들과 교류하며 살아가게 된다. 그래서 원만한 인간관계를 맺는 것이 중요하다. 예를 들면 직장에서 동료들과 원만한 관계를 맺지 못하면 스트레스를 받게 되고 일하기가 힘들어질 수 있다. 이에 반해 다른 사람들과의 관계가 원만하면 서로 도움을 주고받을 수 있으므로 일도 잘 되고 자기 발전에도 도움이 된다. 이렇듯 인간관계는 우리 생활에 미치는 영향이 크다는 점에서 아주 중요하다.

이처럼 원만한 관계를 맺는 일은 아주 중요하지만 이는 쉬운 일이 아니다. 그 이유로는 두 가지를 들 수 있다. 첫째, 성격 및 가치관의 차이로 인해 사람마다 생활 방식에 차이가 있다. 그 차이를 받아들이지 못하면 관계를 유지하기 어렵다. 둘째, 이기적인 태도에도 그 원인이 있다. 어떤 이익을 얻기 위해 관계를 맺으려고 하거나 만날 때마다 자기중심적으로 행동하면 상대방에게 피해를 끼치거나 마음의 상처를 주게 된다.

따라서 원만한 인간관계를 맺기 위해서는 우선 상대방을 이해하고 존중하고자 노력해야 한다. 자신과 생각이 다르다고 해서 타인을 쉽게 비난하거나 판단하면 안 된다. 또한 상대방을 진실한 마음으로 대하는 것이 중요하다. 자신의 이익과 필요에 따라 관계를 맺으려고 하거나 도움만 받으려고 하면 결코 원만한 관계를 유지할 수 없을 것이다. (656자)

■ 단락 완성 PART 2   p.222

건강에 대한 사람들의 관심이 갈수록 커지고 있다. 삶의 조건들이 점점 나빠지고 있어서 건강을 잃을 위험도 높아지고 있기 때문이다. 오염된 환경과 심한 스트레스 속에서 살아가다 보니 건강하게 사는 일이 더 중요해진 것이다. 또한 아무리 의학 기술이 발달했다 하더라도 건강을 잃으면 회복하는 데 시간과 비용이 많이 들기 때문에 건강을 지키는 것을 최우선으로 생각할 수밖에 없게 되었다.

건강을 잃으면 우리는 경제적, 심리적으로 어려움을 겪게 된다. 먼저 경제적으로는 치료가 어려운 큰 병에 걸릴 경우 병원비 부담이 커진다. 그래서 예상치 못한 재정적 어려움에 빠질 수 있다. 또한 심리적으로도 병에 걸리면 할 수 없는 일이 많아져서 크게 위축될 수 있다. 특히 투병 생활이 길어질수록 불안감도 커지고 자신을 돌봐주는 가족들에게도 미안한 마음이 들어서 삶의 여유를 느끼기 어렵게 된다.

그러므로 건강을 유지하기 위해서는 우선 자신만의 스트레스 해소 방법이 있어야 한다. 스트레스는 현대인들이 앓는 질병의 근원으로 손꼽히므로 충분한 휴식과 적절한 여가 활동을 통해 스트레스를 제때 풀어주는 것이 중요하다. 또한 평소 규칙적인 생활을 하는 것이 건강에 좋다. 꾸준히 운동하고 충분히 잠을 자야 한다. 마지막으로 바른 식습관을 가져야 한다. 야식과 과식을 피하고 채소나 과일 등을 자주 챙겨 먹는 것이 도움이 될 것이다. (684자)

■ 700자 쓰기   p.223

·오늘날 많은 기업에서는 인재의 조건 중 하나로 협업 능력을 손꼽는다. 사람마다 가진 능력이 다르기 때문에 각자 잘하는 분야를 맡아서 일을 나누어 하는 것이 더욱 효율적이기 때문이다. 이렇게 하면 혼자서 일을 하는 것보다 일을 처리하는 속도도 빨라지고 더 좋은 성과를 얻을 수도 있다. 서로 부족함을 채워주고 때로는 자극을 주고받으면서 시너지 효과가 생기기 때문이다.

그런데 효율적으로 협업을 하기란 결코 쉽지 않다. 먼저 의견을 일치시키기가 어렵다. 물론 사람마다 생각이 다르므로 의견 차이는 생길 수밖에 없다. 문제는 자신의 의견만 옳다고 고집하는 경우이다. 이는 일의 진행을 어렵게 만들고 팀워크에도 악영향을 미쳐 일의 효율성을 떨어뜨린다. 또한 책임감이 부족한 사람이 있으면 불화가 생길 수 있다. 그 사람이 하지 못한 일을 다른 팀원들이 대신해야 하기 때문이다.

따라서 효율적으로 협업하기 위해서는 팀원들의 의견을 존중할 줄 알아야 한다. 의견이 다를 때에는 충분한 소통을 통해 설득을 해 보고 그 후에도 의견이 좁혀지지 않는다면 다른 팀원들의 의견을 받아들일 수 있어야 한다. 그리고 맡은 일에 책임 의식을 가지고 최선을 다해야 한다. 다른 사람에게 일을 미루거나 일의 마감 날짜를 지키지 않아서 팀 전체에 피해를 주는 일이 없도록 주의해야 할 것이다. (657자)

・날이 갈수록 타인의 감정에 무관심하거나 공감하지 못하는 사람이 늘고 있다. 그러나 공감 능력은 원만한 인간관계를 맺게 해 준다는 점에서 아주 중요하다. 예를 들어 친구가 슬퍼할 때 공감해주지 못한다면 서로 믿고 의지하는 사이가 되기는 힘들 것이다. 또한 공감 능력이 높으면 어려운 상황에 처한 사람을 도울 수 있다. 그 사람이 얼마나 힘든지 느낄 수 있기 때문에 자신의 일처럼 나서서 돕게 되는 것이다.

이 때문에 공감 능력이 부족하면 여러 문제가 생길 수 있다. 첫째 사회생활을 잘하기가 어려워질 것이다. 공감 능력 부족으로 다른 사람의 감정을 잘 읽지 못하고 자기중심적으로 행동하게 되기 때문이다. 둘째 타인의 아픔을 느끼지 못해 폭력성이 증가할 수 있다. 그래서 학교 폭력, 집단 따돌림 등 사회 문제가 커질 수 있다.

따라서 공감 능력을 기르기 위해서는 다음과 같은 노력을 할 필요가 있다. 먼저 다른 사람에게 관심을 가지고 그 사람의 입장과 상황에서 생각해보는 연습을 해야 한다. 그리고 같은 일이 자신에게 생긴다면 어떤 느낌이 들지를 상상해보는 훈련이 필요하다. 또 다른 방법은 문학, 영화 등 예술 작품을 많이 접하는 것이다. 작품 속 다양한 인물의 감정을 간접적으로 느낌으로써 공감 능력을 키울 수 있다. (635자)

・나라마다 고유한 전통문화가 있다. 그런데 오늘날에는 세계화와 산업화의 영향으로 각국의 생활 모습이 비슷해지면서 전통문화가 점점 잊혀지고 있다. 그러나 전통문화에는 조상들의 지혜가 담겨 있다. 가령 어른을 공경하는 예절 문화는 함께 살아가기 위한 옛 사람들의 지혜를 보여준다. 또 전통문화에는 예술적 가치가 높은 것도 많다. 세월이 아무리 흘러도 '백자'의 아름다움은 변하지 않을 것이다. 이런 점에서 전통문화는 보존해야 할 가치가 있다고 생각한다.

그럼에도 보존하기가 어려운 이유로는 두 가지를 들 수 있다. 첫째 사람들의 무관심과 편견 때문이다. 전통문화라고 하면 옛날 것이기 때문에 요즘에는 쓸모가 없고 도움이 되지 않는다고 생각하는 사람들도 많다. 둘째, 현대인의 기호와 생활 모습이 달라진 데에도 원인이 있다. 가령 요즘 한복은 일상복이 아니며 사람들은 판소리보다 K-pop을 더 자주 듣는다. 시대가 바뀌면서 한복은 불편하고 판소리는 내용을 알 수 없는 노래가 된 것이다.

따라서 전통문화를 지키고 계승할 인재를 키우는 것이 중요하다. 이를 위해서는 시민들의 노력은 물론 정부 차원의 지원이 필요하다. 또한 뮤지컬 '난타'처럼 현대인의 기호에 맞게 전통문화를 변형해 계승하는 것도 좋은 방법 중의 하나이다. 이때 지나치게 많이 변형해서 그 가치가 떨어지지 않도록 주의한다면 더 많은 사람들이 전통문화에 관심을 가지게 될

것이다. (698자)

2. N의 필요성
■ 단락 완성 PART 1   p.227
어느 사회에나 의견이 다른 사람들이 있는데 토론은 의견을 모으는 가장 합리적인 방법 중의 하나이다. 전체 사회에 영향을 미치는 문제에서부터 작은 공동체의 문제에 이르기까지 서로 의견이 다르다면 누구나 토론을 할 필요가 있다. 토론을 통해 우리는 서로의 의견을 듣고 차이를 확인함으로써 더 나은 방법을 찾을 수 있다.

또한 토론은 합리적으로 결정하기 위한 공평한 방법이라는 점에서도 반드시 필요하다. 토론을 하면 한 사람이 일방적으로 결정을 내리는 일을 막을 수 있고 어느 한쪽이 불만을 가지지 않도록 할 수 있다. 토론을 통해 충분한 소통을 한 후에는 그 결과를 받아들여야 하기 때문이다. 또한 토론을 준비하고 진행하는 과정 속에서 자신의 주장에 대한 논리를 검토하고 보완할 수 있게 된다. 이러한 점에서 토론은 반드시 필요하다고 할 수 있다.

따라서 토론을 원활하게 하기 위해서는 객관적인 자료를 충분히 준비해야 한다. 효과적으로 설득하기 위해서는 근거가 풍부해야 하기 때문이다. 그래서 사례뿐만 아니라 반론에 대한 근거 자료도 충분히 찾아 놓을 필요가 있다. 그리고 토론을 할 때는 상대방의 말을 경청하는 것이 무엇보다 중요하다. 실제로 토론을 하면서 상대방의 말은 존중하지 않고 자기주장만 하는 경우를 쉽게 찾아볼 수 있는데 이러한 행동은 상대방에 대한 예의가 아닐뿐더러 토론을 방해하는 것이다.(683자)

■ 단락 완성 PART 2   p.228
누구나 한번쯤 여행을 떠나고 싶다는 생각을 해 본 적이 있을 것이다. 반복되는 일상생활이 무료하게 느껴질 때, 바쁜 업무와 복잡한 인간관계로 인해 몸과 마음이 지치고 힘들 때 우리는 여행을 떠나고 싶어 한다. 휴식과 기분전환을 위해 여행이 필요해진 것이다. 이뿐만이 아니다. 새로운 경험을 해 보고 싶을 때, 다른 문화와 세계에 대한 호기심이 생길 때도 여행은 그러한 욕구를 만족시킬 수 있는 좋은 방법이 된다.

여행을 통해 우리가 얻을 수 있는 효과도 다양하다. 먼저 여행을 하면 스트레스를 해소하고 마음의 여유를 찾을 수 있다. 잠깐이라도 일상생활에서 벗어날 수 있기 때문이다. 또한 자기 자신과 삶에 대해 깊이 생각해볼 수 있다. 평소 바쁘게 살다 보면 그러한 시간을 가지기가 어려울 때가 많지만 여행을 떠나 다양한 사람을 만나거나 낯선 환경 속에서

혼자만의 시간을 가지게 되면 좀 더 객관적으로 자신을 되돌아보게 된다.

따라서 여행할 때는 열린 마음을 가져야 한다. 그렇지 않으면 새로운 경험과 생각을 할 수 있는 기회를 놓칠 수 있다. 또 안전과 건강에 주의해야 한다. 환경의 변화로 질병에 걸리거나 사고로 다치기라도 하면 여행을 충분히 즐길 수 없기 때문이다. 그러므로 여행을 할 때는 마음으로 새로운 문화를 충분히 즐기되 안전과 건강에도 신경을 써야 할 것이다. (664자)

■ 700자 쓰기   p.229

• 요즈음 SNS나 책을 보면 '여행'을 주제로 한 이야기가 눈에 띄게 많아졌다. 많은 업무, 복잡한 인간관계 등에 지친 사람들이 피로감을 해소하기 위해 여행에 관심을 많이 가지게 된 것이다. 실제로 여행은 스트레스를 해소하고 기분전환을 하게 해 준다. 잠깐이나마 여행을 떠나면 반복되는 일상에서 벗어나서 새로운 경험을 하거나 휴식을 취할 수 있기 때문이다. 이로써 다시 일상을 살아갈 힘을 얻게 되는 것이다.

또한 우리는 여행을 통해 풍부한 경험을 쌓을 수 있다. 가령 해외 여행을 떠나면 세계 각지에서 온 사람들을 만나 대화할 기회도 생기고 다른 나라의 음식이나 문화도 접해볼 수 있다. 이러한 경험은 생각의 폭을 넓혀 주고 다양한 문화를 이해하는 데에도 도움을 준다. 물론 여행 중에 예상하지 못한 일이 생겨서 힘들 때도 있지만 잘 대처하면 그것이 경험으로 쌓여 자신감도 생기게 된다. 이렇듯 여행에는 장점이 많기 때문에 우리에게 꼭 필요한 것이라고 할 수 있다.

따라서 여행할 때는 열린 태도를 가지는 것이 중요하다. 현지 사람들의 삶의 방식과 문화를 있는 그대로 받아들이는 마음이 필요하다. 비판하거나 거부하면 즐거운 여행을 할 수 없다. 그리고 현지 문화와 관습을 잘 알아보고 실수하지 않도록 조심해야 한다. 그렇지 않으면 현지인들에게 오해를 살 수 있고 반대로 피해를 끼칠 수도 있다. (673자)

• 현대 사회에서 창의적인 사고 능력은 인재가 갖추어야 할 필수 조건이라고 할 수 있다. 정보화 사회에서는 지식과 정보가 산업 발달의 가장 중요한 요소이기 때문에 남들과 똑같은 지식이나 아이디어만으로는 성공하기 어렵기 때문이다. 예를 들면 기업의 경우 창의적인 사고를 통해 새로운 제품과 서비스를 제공하지 못하면 소비자들을 만족시키지 못해 경쟁에서 뒤처질 수 있다.

또한 창의적인 사고 능력은 문제를 효과적으로 해결하는 데에도 도움이 된다. 창의적인 사고 능력이 있으면 보다 다양한 관점에서 문제에 접근할 수 있기 때문이다. 그뿐만 아니라 창의적인 사고로 새로운 제품을 만들면 우리 생활은 더욱 편

리해질 수 있다. 가령 스티브 잡스가 발전시킨 스마트폰은 우리의 생활을 크게 바꾸어 놓았다. 이처럼 창의적인 사고는 다양한 분야에서 새로운 방식으로 세상을 바꾸고 있다.

그러므로 창의적인 사고를 하기 위해서는 먼저 고정 관념을 깨는 것이 중요하다. 가령 무선 이어폰은 상상하기 힘들었지만 출시된 후로 큰 인기를 얻고 있다. 이러한 의미에서 고정 관념에서 벗어나 무엇이든지 새롭게 보려는 노력을 하지 않으면 안 된다. 또한 평소 사물을 자세히 관찰하고 떠오르는 생각이 있을 때마다 메모하는 습관을 기르는 것도 도움이 될 것이다. (632자)

• 누구나 살다보면 실수나 잘못을 하기 마련이다. 그러나 잘못을 인정하고 사과를 하는 사람이 있는가 하면 자존심 때문에 사과를 하지 않은 사람도 있다. 그러나 의도했든 의도하지 않았든 잘못을 했다면 책임을 져야 한다. 사소한 일로 화를 냈을 때, 친구에 대해 나쁜 말을 했을 때 등 자신의 잘못된 행동으로 인해 상처를 받거나 피해를 입은 사람이 있을 때는 반드시 사과해야 한다.

물론 사과를 한다고 해서 반드시 용서를 받을 수 있는 것은 아니다. 그렇다고 해서 자신의 잘못에 대해 모르는 척하거나 사과를 하지 않는다면 관계는 더 나빠진다. 사과는 이러한 부정적인 가능성을 긍정적으로 바꿀 수 있는 좋은 기회이다. 진심으로 사과한다면 관계가 회복되기도 하고 때로는 이전보다 더 가까워지기도 한다. 사과를 계기로 서로 배려하고 신뢰하는 마음도 더 깊어질 것이다.

따라서 사과를 할 때는 먼저 변명하지 않고 자신의 잘못에 대해 인정하는 태도가 중요하다. 그런 잘못을 반복하지 않겠다는 다짐도 보여줘야 한다. 또 사과하기에 적절한 때를 놓치지 않도록 주의해야 한다. 고민하는 시간이 너무 길어지면 그 문제에 대해 다시 말하기가 어려워지고 반대로 그 시간이 너무 짧으면 신중하지 못하다는 인상을 줄 수 있기 때문이다. (632자)

3. N의 양면성
■ 단락 완성 PART 1   p.233

인터넷이 발달함에 따라 줄임말, 유행어와 같은 신조어가 많이 생기고 있다. 이러한 신조어를 사용하면 좋은 점이 많아 신조어를 사용하는 사람도 갈수록 늘고 있다. 먼저 신조어를 사용하면 쉽고 빠르게 소통할 수 있다. 가령 '아르바이트'를 '알바'로 줄여 쓰면 훨씬 간편하다. 또한 친근감을 줄 수 있다. 같은 유행어를 안다는 사실이 관계를 더욱 가깝게 만들어 주는데다가 유행어에 담긴 재치나 유머가 대화 분위기를 더욱 부드럽게 해 주기 때문이다.

반면 신조어를 사용하면 세대 간의 원활한 대화를 방해할 수 있다. 연령이 높아질수록 인터넷 사용률이 떨어져 신조어를 잘 모를 때가 많기 때문이다. 또한 사회적으로 신조어 사용이 흔한 일이 되면서 때와 장소에 맞지 않게 신조어를 사용하는 사람들이 늘고 있는 것도 문제이다. 그뿐만 아니라 신조어를 자주 사용하다 보니 국어 문법이나 철자법을 틀리는 경우도 많아지고 있다.

따라서 우리는 무분별하게 신조어를 사용하지 않도록 해야 한다. 예의를 갖추어야 하는 자리에서는 신조어 사용을 피해야 한다. 또한 신조어를 비판적으로 받아들일 필요가 있다. 신조어에는 사회에서 소외된 사람들에 대한 편견이 담겨 있는 경우도 있기 때문이다. 그러한 말을 가벼운 농담거리로 삼아 편견을 확산시키지 않도록 조심해야 할 것이다. (627자)

■ 단락 완성 PART 2 　　　　　　　　p.234

세계화 시대가 되면서 외국어 능력의 중요성이 갈수록 커지고 있다. 이로 인해 조기 외국어 교육을 하는 가정도 늘고 있다. 부모들은 외국어 교육을 일찍 시작하면 아이가 외국어를 더 유창하게 구사할 수 있게 될 것이라고 생각한다. 언어 공부는 이른 나이에 시작할수록 더욱 효과적이라고 알려져 있기 때문이다. 실제로 성인이 되어 외국어를 배우면 원어민과 같은 발음과 억양으로 말을 하기가 쉽지 않다.

반면에 단점도 있다. 조기 외국어 교육은 오히려 아이의 언어 능력을 떨어뜨릴 수 있다. 아이가 모국어도 잘하지 못하는 상황에서 외국어까지 공부하게 되면 심한 스트레스를 받기 때문이다. 그래서 학습에 흥미를 잃는 것은 물론이고 모국어 습득에도 문제가 생길 수 있다. 또한 조기 외국어 교육을 하는 가정이 많아지면 사회적으로 사교육비 문제가 커질 수 있다. 아이가 경쟁에서 뒤처질 것을 걱정해 무리해서라도 학원에 보내려고 하는 부모가 많아질 것이기 때문이다.

이러한 점을 고려할 때, 나는 조기 외국어 교육에 반대한다. 일찍부터 아이에게 학습에 대한 부담감을 줄 필요는 없다고 보기 때문이다. 물론 어린 나이에 외국어를 배우면 실력이 더 좋아질지도 모른다. 그러나 중요한 것은 시기가 아니라 노력이므로 동기가 생겼을 때 아이가 스스로 공부해도 결코 늦지 않다. 어릴 때는 그 대신 놀이나 운동 등을 통해 잠재적인 능력을 찾고 키우는 것이 바람직하다. (697자)

■ 700자 쓰기 　　　　　　　　p.235

• 현대 사회에서는 미디어의 발달로 대중문화가 쉽게 생산되고 확산된다. 스마트폰만 있으면 인터넷을 통해 언제 어디서든지 영화를 보고 음악을 들을 수 있으며 콘텐츠 제작에 직접 참여할 수도 있다. 덕분에 누구나 즐길 수 있고 누구나 대중문화의 주인공이 될 수도 있는 시대가 된 것이다. 그래서 사람들은 더 다양한 문화를 접하고 대중문화를 통해 교류하며 좋아하는 것들을 공유하게 되었다.

그러나 대중문화의 발달이 사회에 긍정적인 영향만 미치는 것은 아니다. 대중문화 콘텐츠를 제작하는 사람들이 사람들의 관심을 끌어 높은 수익을 얻기 위해 드라마, 노랫말 등에 자극적인 내용을 담는 경우가 늘고 있기 때문이다. 즉 대중문화에는 폭력적이고 선정적인 내용이 많이 포함되어 있을 수 있다. 이는 성장하는 아이들에게 특히 나쁜 영향을 미친다.

따라서 대중문화의 장점을 살리면서 단점을 최소화하려면 대중문화를 비판적으로 수용할 줄 알아야 한다. 대중문화 속의 질 높은 콘텐츠와 질 낮은 콘텐츠를 구별하고 질 낮은 콘텐츠는 가능하면 피하려고 노력할 필요가 있다. 또한 상업성이 강한 대중문화는 유행을 확산시키고 소비를 조장하는 경향이 있기 때문에 우리는 그에 휩쓸리지 않도록 경계해야 한다. (605자)

• 오늘날 많은 나라들이 관광 산업 활성화에 힘쓰고 있다. 교통과 통신 기술의 발달, 문화 교류의 확대로 관광 산업이 성장할 수 있는 여건이 만들어진데다가 관광 산업이 성장하면 좋은 점도 많기 때문이다. 먼저 관광 산업은 지역 경제 발전에 큰 도움을 준다. 관광객이 많아지면 관련 일자리가 늘고 지역 주민의 소득도 증가할 것이다. 또한 관광 산업이 발달하면 홍보 효과가 생겨서 아름다운 문화나 자연을 세계적으로 알릴 수도 있다. 이를 통해 그 나라에 대한 좋은 인상을 심어 줄 수 있게 된다.

반면 관광 산업은 부정적인 영향을 미치기도 한다. 관광객이 늘면 그곳에 거주하는 주민들의 일상생활이 불편해질 수 있기 때문이다. 소음이나 쓰레기 문제가 대표적인 예이다. 또한 관광 산업을 위한 무리한 개발로 환경이 파괴되기도 한다. 관광객이 많아지면 숙박 및 편의 시설, 도로 개발 등이 필요해지기 때문이다. 그 외에도 관광 산업이 지나치게 상업적으로 발달해서 그 지역의 고유한 아름다움이 사라져 버리는 결과를 가져올 때도 있다.

따라서 관광 산업의 부작용을 막기 위해서는 먼저 지역 주민들과 충분한 소통이 이루어져야 한다. 지역 주민들의 삶에 피해가 가지 않도록 그들의 의견에 먼저 귀를 기울여야 할 것이다. 또한 무분별한 개발이 이루어지지 않도록 해야 한다. 이는 생태계를 파괴할뿐더러 그곳만의 특별함을 잃게 만들기 때문이다.(693자)

• 대도시일수록 대중교통이 발달해 있어 많은 시민들이 편리하게 대중교통을 이용할 수 있다. 대중교통을 이용하는 사람들이 늘면 무엇보다 대기오염을 줄일 수 있다. 자동차 매연이 공기의 질을 크게 떨어뜨리기 때문에 삼십 명의 사람이 삼십 대의 자동차를 타는 것보다 한 대의 버스나 지하철을 타는 것이 환경에는 더 이롭다. 대중교통을 이용하면 대도시의 교통체증과 주차난 해소에도 도움이 된다.

이렇듯 대중교통 이용에는 장점이 많지만, 여전히 대중교통보다는 개인 자동차나 오토바이 이용을 선호하는 사람들이 많다. 우선 출퇴근 시간에는 지하철이나 버스가 무척 붐벼서 이용하기 불편하기 때문이다. 사람들이 많이 타다 보니 제시간에 도착하지 못하고 출발 시간이 지연될 때도 있다. 더욱이 최근에는 전염병이 사회 문제가 되어 다른 사람과 접촉을 피하고자 대중교통 이용을 기피하는 경향이 생겨났다.

그렇다면 대중교통 이용률을 높이기 위해서는 어떻게 해야 할까? 먼저 사람들이 몰리는 역과 정거장, 시간대를 점검해서 운행하는 지하철이나 버스를 늘릴 필요가 있다. 요금을 조금 올리더라도 너무 붐비지 않도록 운행 차량을 늘려 시민들이 좀 더 편안하게 대중교통을 이용할 수 있게 도와야 한다. 또한 독감이나 전염병이 확산되지 않도록 공중위생에도 신경을 써야 한다. 시설을 깨끗하게 유지하고 자주 소독을 해서 시민들에게 대중교통이 안전하다는 믿음을 줘야 한다. (693)

4. N의 문제점
■ 단락 완성 PART 1   p.239

현대 사회에서는 갈수록 경쟁이 치열해지고 있다. 좋은 자원은 한정되어 있는데 인구 증가와 교육 수준의 향상으로 인해 그것을 원하는 사람들은 더욱 많아지고 있기 때문이다. 가령 근무 조건이 좋은 기업의 경우, 채용 인원은 적은데 지원하는 사람이 많으면 경쟁률이 높아질 수밖에 없다. 또한 세계화의 영향으로 경쟁의 무대가 더 넓어졌기 때문이다. 개인이든 기업이든 세계 시장에서 활동해야 하므로 비교 대상이 많아져서 경쟁이 더욱 치열해진 것이다.

이로 인해 생길 수 있는 문제점은 사람들 사이에 불신이 쌓일 수 있다는 것이다. 상대방을 협력의 대상이 아닌 경쟁의 대상으로만 보고 믿지 못하게 되는 것이다. 이러한 태도는 일을 할 때도 팀워크를 악화시켜서 일의 효율성을 떨어뜨릴 수 있다. 그리고 과정보다 결과만 중시하는 사회가 될 수 있다는 것도 문제이다. 경쟁에서 이기는 것만이 중요해지기 때문이다. 그래서 결과만 좋으면 된다는 생각 때문에 사람들은 공정하지 못한 방법을 쓰고 싶은 유혹을 받게 된다.

그러므로 이러한 부작용을 막기 위해서는 먼저 상대방을 경쟁자로만 생각해서는 안 된다. 협력의 대상으로 보고 서로 도울 줄 알아야 일의 능률도 높아진다. 또한 정부와 기업에서 좋은 일자리를 창출할 수 있도록 노력하고 불확실한 미래에 대해 사람들이 불안감을 덜 느끼도록 사회 복지 혜택을 늘려야 할 것이다. (680자)

■ 단락 완성 PART 2   p.240

지구 온난화가 시간이 갈수록 점점 더 심각해지고 있다. 산업화, 도시화로 인해 숲이 너무 많이 파괴되었기 때문이다. 사막화 현상은 이미 세계 곳곳에서 나타나고 있다. 석유, 석탄과 같은 화석 연료를 지나치게 많이 사용한 것도 그 원인으로 들 수 있다. 화석 연료를 사용하면 이산화탄소가 많이 나와서 지구의 기온은 더욱 올라가게 된다. 또한 사람들이 자원을 낭비하여 쓰레기가 많아진 것도 지구 온난화가 심해지는데 영향을 미쳤을 것이다.

이러한 지구 온난화는 세계적으로 이상 기후 현상을 일으키고 있다. 이로 인해 홍수, 태풍과 같은 자연 재해가 심해지고 평균 기온이 상승하면서 경제적 피해를 입는 농민들도 늘고 있다. 이러한 현상이 이어진다면 새로운 질병이 생길 뿐만 아니라 앞으로 사라지는 동물도 늘게 될 것이다. 가령 북극곰은 지구 온난화로 얼음이 녹으면 살 곳을 잃게 되고 먹이를 구하기도 어려워진다.

따라서 지구 온난화를 막기 위해서 생활 속에서 실천할 수 있는 방법은 에너지를 절약하고 자원을 낭비하지 않는 것이다. 예를 들어 적당한 실내 온도를 유지하고 에너지 효율이 높은 제품을 사용해야 한다. 일회용품 사용을 줄이고 재활용을 하는 것도 좋은 방법이다. 그리고 정부에서는 친환경 에너지 개발에 투자해야 한다. 태양열, 풍력 에너지와 같이 환경을 오염시키지 않는 에너지 사용을 늘려갈 수 있도록 적극적으로 나서야 할 것이다. (698자)

■ 700자 쓰기   p.241

• 갈수록 돈이 많으면 더 행복해질 수 있다고 믿는 사람이 늘고 있다. 이처럼 황금만능주의에 빠진 사람들은 돈을 생활의 편리를 위한 수단이 아니라 목적으로 생각한다. 그 결과 윤리 의식이 약해질 수 있다. 돈을 벌기 위해서라면 무엇이든지 할 수 있게 되기 때문이다. 그래서 돈 때문에 서로 다투고 심지어는 살인까지 저지르곤 한다. 또한 명품 소비 등 과소비를 하는 사람이 많아질 수 있다. 돈이 최우선의 가치이므로 물질의 풍요로움을 과시하려고 할 것이기 때문이다.

그렇다면 이처럼 황금만능주의가 심해진 원인은 무엇인가? 대중문화와 광고의 영향이 크다. 매체의 발달로 사람들은 하루에도 수많은 광고를 접하고 언제든지 쉽게 드라마를 볼 수 있게 되었는데, 그러한 광고나 드라마는 온갖 신상품들을 보여주면서 관심을 끈다. 특히 상품 판매가 목적인 광고의 경우 사람들의 소비를 부추겨서 더 많은 돈을 원하게 만든다.

따라서 이를 극복하기 위해서는 다음과 같은 노력이 필요하다. 무엇보다도 정신적 가치의 중요성을 알고 내면의 아름다움을 볼 수 있도록 노력해야 한다. 물론 돈이 없으면 생활에 불편을 겪게 되므로 돈 역시 없어서는 안 되는 것이다. 그러나 돈이 전부가 아님을 알고 물질적 풍요로움이 주는 편안함에만 빠지는 일을 경계할 필요가 있다. 이를 위해 학교에서 윤리 교육 및 인문학 교육을 강화하는 것도 도움이 될 수 있다. (684자)

• 사회 변화가 빨라질수록 세대 간의 갈등도 커지고 있다. 그 결과 청년 세대는 노인을 공경하지 않고 노인은 청년 세대를 존중하지 않는다. 이는 정신적 피로감을 높이고 결과적으로는 사회 발전에도 방해가 될 수 있다. 예를 들어 어떤 문제에 대해 견해의 차이로 서로 대립만 하다 보면 해결이 늦어진다. 또 그러한 세대 갈등을 정치적으로 이용하려는 사람들까지 생길 수 있다. 이러한 정치인들은 권력을 갖기 위해 세대 갈등을 해결하려고 노력하기는커녕 더 크게 만들기도 한다.

그렇다면 세대 갈등이 발생하는 원인은 무엇일까? 우선 정치적 상황이 달라지고 문화적 취향이 바뀌면서 생각에 차이가 많이 생겼기 때문이다. 그러나 환경의 변화에 따른 세대 차이는 피할 수 없는 일이기도 하다. 더 큰 요인은 1인 가구가 증가하면서 가정 내에서도 소통의 기회가 많이 줄었다는 것이다. 최근에는 경제가 어려워지고 노인 인구가 많아진 데에도 원인이 있다. 한정된 일자리를 놓고 경쟁하게 된데다가 청년 세대는 노인 부양을 위한 세금 부담이 늘어 불만이 커졌기 때문이다.

따라서 이를 해결하기 위해서는 서로 존중하는 자세를 가지고 소통하려는 노력이 필요하다. 상대방의 의견을 잘 듣지 않으면 갈등만 커질 뿐이다. 또한 사회적으로도 청년 세대가 노인 부양 부담을 줄이고 기성세대와 일자리 경쟁을 벌이지 않도록 일자리를 많이 창출하고 복지 제도를 강화할 필요가 있다. (694자)

• 사람은 누구나 차별 받지 않을 권리가 있다.그러나 실제로는 차별을 당하는 사람이 많다. 그 원인에는 편견이나 선입견이 있다. 여자는 남자보다 감정적이라는 편견, 학력이 낮으면 실력이 부족할 것이라는 편견 등이 그 예이다. 차별은 이런 편견을 가지고 사람을 판단할 때 쉽게 발생할 수 있다. 또한 어떤 사람들은 차별을 통해 다른 사람에게 불이익을 줌으

로써 자신의 힘을 키우기도 한다. 가령 출신 학교로 차별 대우를 하고 같은 출신 학교 사람들과 더 가까운 관계를 만드는 식이다.

이러한 차별은 여러 문제점을 가져온다. 개인적으로는 상처를 줄 수 있다. 가령 직장에서 능력이 아니라 결혼 여부나 정치 성향 등에 의해 차별을 당한다면 좌절감이 매우 클 것이다. 사회적으로도 불평등이 심해질 수 있다. 주로 성별, 학력 등의 측면에서 좀 더 유리한 사람이 다른 사람을 차별하게 되다 보니 불리한 사람은 더 불리해진다. 즉 기회가 공평하게 주어지지 않아서 더 불평등해지는 것이다.

따라서 이런 문제를 극복하려면 편견을 버리고 다름을 존중할 줄 알아야 한다. 잘 알아보기도 전에 타인을 판단해 버리고 다름을 이유로 차별해서는 안 된다. 서로 입장을 바꿔 생각해보는 '역지사지'를 통해 그것이 얼마나 상대방에게 상처를 줄 수 있는지 느낄 필요가 있다. 또 차별을 금지하는 법을 만드는 것도 이 문제를 해결할 수 있는 방법이 될 것이다. (698자)

5. 기타 – 의견
■ 단락 완성

대부분의 사람들은 돈을 버는 방법이나 절약하는 방법에 관심을 가진다. 그러나 돈을 어떻게 쓰느냐에 관심을 가지는 사람은 그리 많지 않다. 지금까지는 주로 저렴한 가격에 고품질의 제품을 구매하는 것을 중시하는 합리적 소비를 지향하는 사람이 많았다. 그러나 바람직한 소비란 단순히 가격만 고려하는 것이 아니라 자신의 소비가 사회에 미치는 영향까지 고려하는 것을 의미한다고 할 수 있다.

그 이유는 이러한 소비를 하면 자연스럽게 사회 활동에도 동참할 수 있기 때문이다. 예를 들어 동물을 아끼는 사람이라면 동물 실험을 하지 않는 기업의 제품을 구매함으로써 동물 보호 운동에 참여할 수 있다. 이러한 사람이 늘면 더 많은 기업들이 이에 동참하게 될 수도 있다. 이렇듯 바람직한 소비는 자신이 옳다고 생각하는 방향으로 사회에 영향을 미칠 수 있다는 점에서 단순히 이익을 고려한 소비보다 더욱 의미가 있다고 생각된다.

따라서 이러한 소비를 하기 위해서는 다음과 같은 노력이 필요하다. 먼저 자신이 무엇을 가장 가치 있게 생각하는지를 알아야 한다. 그래야 물건을 구매할 때 그것을 기준 삼아 선택할 수 있기 때문이다. 그리고 기업과 제품에 대한 정보를 꼼꼼하게 살피는 소비자가 되어야 한다. 기업이 올바른 정보를 제공하고 있는지 등을 잘 확인해야 바람직한 소비를 하려는 자신의 노력이 헛되지 않을 것이다. (674자)

5. 기타 – 조건

■ 단락 완성 p.246

직업은 우리 삶에서 아주 중요한 의미를 지닌다. 우선 직업이 있어야 돈을 벌어 생계를 유지할 수 있기 때문이다. 직업이 없으면 당장 생활에 어려움을 겪게 되므로 중요하기도 하지만 단순히 돈 때문에 직업을 가지는 것은 아니다. 직업을 통해 자신의 능력을 더 키울 수도 있고, 그 과정에서 느끼는 즐거움과 보람도 크다.

따라서 직업을 잘 선택하기 위해서는 첫째 적성을 생각해야 한다. 무엇을 좋아하고 잘하는지에 대해 고려하고 이 두 가지가 다를 때는 무엇을 우선시할지 결정해야 하는 것이다. 둘째, 그 직업의 전망을 고려해야 한다. 가령 회계사, 약사와 같은 직업은 인공 지능 기술의 발달로 미래에는 사라질지도 모른다. 셋째, 보수도 중요하다. 적절한 보수가 없으면 일에 대한 의욕도 떨어지고 불만이 쌓이게 된다.

그러므로 원하는 직업을 가지기 위해서는 그 직업에서 요구하는 능력이 무엇인지 파악하고 미리 준비해야 한다. 만일 영화 감독이 되고 싶다면 평소 영화를 자주 분석하고 영상 편집 기술을 배워야 할 것이다. 또한 관련 분야에서 다양한 경험을 해 볼 필요가 있다. 경험해 보지 않으면 그 직업이 적성에 맞는지 잘 알기 어렵고, 직장에서는 경험자를 선호할 때가 많기 때문에 직업을 구할 때도 유리해진다. (626자)

5. 기타 – 역할

■ 단락 완성 p.248

수많은 사건과 갈등이 존재하는 현대 사회에서는 신문의 역할이 아주 중요하다. 신문은 사람들의 의견을 모으고 이끌어가는 역할을 하기 때문이다. 기자들이 신문을 통해 사람들의 의견을 전달하고 전문가들도 신문에 글을 실어서 자신의 목소리를 낸다. 이렇게 해서 어떤 문제가 사회적 관심을 끌도록 한다. 이뿐만 아니라 신문은 잘못된 일을 찾아 보도하고 비판하는 역할도 한다. 사회가 도덕적으로 부패되지 않도록 감시하는 것이다.

신문이 이러한 역할을 잘 수행하기 위해서는 다음과 같은 조건이 필요하다. 먼저, 신문은 공정성과 객관성을 가져야 한다. 신문이 어떤 문제에 대해 무조건 좋게 말하거나 나쁘게만 보도한다면 사람들의 신뢰를 잃게 될 것이다. 또한 윤리성을 가져야 한다. 정확하지 않은 사실에 대한 성급한 보도, 호기심만 자극하는 기사, 특정 집단의 이익을 대변하는 기사가 많아진다면 신문이 제 역할을 하기는 어려울 것이다.

따라서 우리는 신문이 바람직하게 기능할 수 있도록 감시하는 역할을 해야 한다. 신문이 어떤 일에 대해 객관적으로 보도하는지, 특정 집단의 이익을 대신하고 있지 않은지 등에 대해 꾸준히 관심을 가지지 않으면 안 된다. 또한 신문을 비판적으로 수용할 줄 알아야 한다. 보도된 내용을 모두 진실로 믿고 성급하게 판단하거나 행동해서는 안 될 것이다. (658자)

■ 700자 쓰기 p.249

• 현대 사회에서는 의학 기술의 발달로 평균 수명이 연장되면서 이전에 비해 노년기가 길어졌다. 그런데 늙는다는 것은 신체적, 심리적인 변화를 크게 일으키는 경험 중의 하나이다. 우선 신체 기능이 떨어져서 여러 가지 활동에 제약이 생긴다. 또한 은퇴 후 사회 활동이 줄기 때문에 심리적으로도 위축되기 쉽다. 일에 큰 가치를 두고 살아온 사람일수록 공허감이 클 수 있다. 더 큰 문제는 수입이 줄고 새 직장을 찾기가 힘들어져서 경제적으로도 어려워질 수 있다는 것이다. 이런 점에서 행복한 노후 생활을 위해 미리 준비할 필요가 있다.

그렇다면 행복한 노후 생활을 위해서 필요한 조건은 무엇일까? 첫째, 건강해야 한다. 건강을 잃으면 모든 것을 잃는 것이나 다름없다. 병든 신체에서 오는 고통, 죽음에 대한 공포 등으로 여유가 사라지고 할 수 없는 일도 늘기 때문이다. 둘째, 경제적 여유가 필요하다. 나이가 들면 몸이 약해져서 병원비도 적지 않게 들기 때문이다. 또 바빠서 못했던 여행도 가고 문화생활도 하려면 돈이 없으면 안 된다.

따라서 이를 위해서는 젊을 때부터 노후를 미리 준비할 필요가 있다. 꾸준한 운동과 식단 관리로 건강을 지켜야 한다. 젊다고 해서 건강을 소홀히 하면 나이가 들어 고생하기 마련이다. 또한 경제적인 여유를 위해서 저축을 많이 해야 한다. 각종 사고나 질병에 대비해 보험을 들어놓는 것도 좋은 방법이 될 수 있다. (696자)

• 예로부터 교육자는 사회적으로 존경 받아 왔다. 교육자가 하는 역할이 아주 중요하기 때문이다. 먼저 교육자는 지식과 사회 규범을 전달하는 역할을 한다. 사람이 살아가는 데 꼭 필요한 것들을 가르쳐 주는 것이다. 그러나 교육자는 단순히 지식 전달자에 머무르지 않고 학생들의 인성 발달을 돕는 역할도 한다. 적절한 칭찬과 훈육을 통해 잘못한 일은 고치고 잘한 일은 더 잘할 수 있도록 학생들을 이끌어 준다.

교육자가 이러한 역할을 잘해 내기 위해서는 첫째, 윤리 의식이 있어야 한다. 교육자는 학생들의 가치관 정립에 영향을 미치므로 바른말과 행동으로 모범을 보여야 한다. 둘째 전문성이 있어야 한다. 전문 지식을 잘 전달할 수 있어야 학생들의 능력을 키워줄 수 있기 때문이다. 셋째, 인내심이 있어야 한다. 교육자는 다양한 학생들을 만나기 마련인데, 그 가운데는 성적이 부진한 학생이 있는가 하면 태도가 불량한 학생도 있다. 그런데 사람은 하루아침에 바뀌는 것이 아니므로 그들을 도울 수 있으려면 인내심이 필수적이다.

이 가운데 가장 중요한 요건은 윤리 의식이라고 생각한다. 그렇지 않으면 개인적인 편견을 사실인 듯 이야기하거나 교사와 학생 간의 예절을 지키지 않는 등의 문제를 일으키기 쉽다. 또 윤리 의식이 없으면 불행에 빠진 학생들을 모른 척하거나 포기하게 될 수도 있다. 자신의 편리를 우선시하게 될 가능성이 크기 때문이다. (695자)

• 언제부터인지 취미로 영화 감상을 이야기하는 사람들이 많아졌다. 영상 매체가 발달함에 따라 쉽게 영화를 볼 수 있게 된 영향이 크다. 그래서 사람들은 심심할 때, 스트레스가 쌓였을 때, 데이트를 할 때 보고 싶은 영화를 본다. 또 좋아하는 배우를 보고 싶을 때, 기분전환을 하고 싶을 때도 보고 자신의 관심사에 대해 좀 더 알고 싶을 때에도 관련 영화를 보고 지식을 얻는다.

그런데 영화의 종류는 아주 다양하고 사람마다 선호하는 영화 취향도 다르다. 나는 좋은 영화란 한 인물의 삶을 생생하게 보여줌으로써 감동을 줄 수 있어야 한다고 생각한다. 왜냐하면 재미는 있지만 감동은 없는 영화도 많이 있고 그런 영화를 보고 나면 시간이 아깝게 느껴질 때도 있기 때문이다. 그렇지만 좋은 영화는 단순히 즐거움을 주는 데 그치지 않고 사람에 대해 더 잘 알게 해 주고 깊은 감동도 준다.

이러한 영화를 많이 보면 사람에 대한 이해를 넓힐 수 있다. 영화에는 현실에서는 잘 만날 수 없고 알 수 없는 사람들에 대한 이야기가 많기 때문이다. 우리는 직장을 얻고 나면 거의 늘 비슷한 환경에서 살아가기 때문에 경험에 한계가 생기기 쉬운데 영화가 이를 보완해 준다. 실제로 만났더라도 자세히 알 수 없는 사람들의 속마음과 상황도 영화에는 잘 그려져 있다. 그래서 이런 영화를 보면 그 사람들의 마음을 잘 느낄 수 있게 되어서 공감 능력도 기를 수 있게 된다. (693자)

1회

p.252~253

51. ㉠ 참여하실 수 있습니다 / 참여할 수 있습니다　　㉡ 신청서를 내야[접수해야] 합니다

52. ㉠ 고운 말을 한다는 뜻이다[의미이다]　　㉡ 나빴던 관계가 좋아지기도 한다.

53.

	농	림	식	품	부	에	서		1	인	당		식	품		소	비	량	에
대	한		조	사	를		실	시	했	다	.		조	사		결	과	에		따
르	면		곡	물	류	의		경	우		20	13	년	에	는			69	kg	에
달	했	지	만		20	15	년	에	는		65	kg	,		20	18	년	에	는
61	kg	로		계	속		감	소	했	다	.		반	면	에		육	류	는
20	13	년	에	는		41	kg	에		불	과	했	지	만		20	15	년	에
는		45	kg	,		20	18	년	에	는		49	kg	에		이	르	렀	다	.
이	처	럼		곡	물	류		소	비	가		감	소	하	고		육	류	
소	비	가		증	가	한		원	인	으	로	는		식	습	관	의		서
구	화	와		외	식		비	율	의		증	가	를		들		수		있
다	.	이	러	한		현	상	이		계	속	된	다	면		20	25	년	에
는		곡	물	류	가		54	kg	로		감	소	하	고		육	류	는	
59	kg	로		증	가	할		것	으	로		전	망	된	다	.			

54.

	우	리		사	회	에	는		많	은		사	람	들	이		함	께
살	아	가	고		있	다	.	그	래	서		다	른		사	람	을		배
려	하	며		살	아	가	야		하	는	데	,		이	때		지	켜	야
할		것	이		바	로		공	공	장	소		예	절	이	다	.		예	를

들면 지하철이나 버스를 이용할 때 노약자석에 앉지 않는 것, 영화관에서 큰 소리로 통화하지 않는 것 등이 있다. 이러한 예절을 지키지 않으면 다른 사람에게 불쾌감을 주고 피해를 끼칠 수 있다. 따라서 여러 사람이 함께 있는 곳에서는 반드시 예절을 지켜야 한다.

그럼에도 공공장소 예절을 안 지키는 사람이 많은 이유는 가정 내에서 교육이 부족하기 때문이다. 어려서부터 예절을 지키는 일이 습관이 되도록 각 가정에서 교육에 신경을 써야 하는데 이를 소홀히 한 탓이다. 식당에서 뛰어다니는 아이들을 야단치지 않는 부모가 많고, 심지어는 이런 아이의 행동을 감싸는 부모도 있다. 이렇게 하면 아이들도 자신의 입장만 생각하고 다른 사람의 불편함은 생각하지 않는 무책임한 태도를 갖게 되어 공공장소 예절에 둔감해질 수 있다.

그러므로 사람들이 공공장소 예절을 잘 지키게 하려면 가정과 학교에서 이

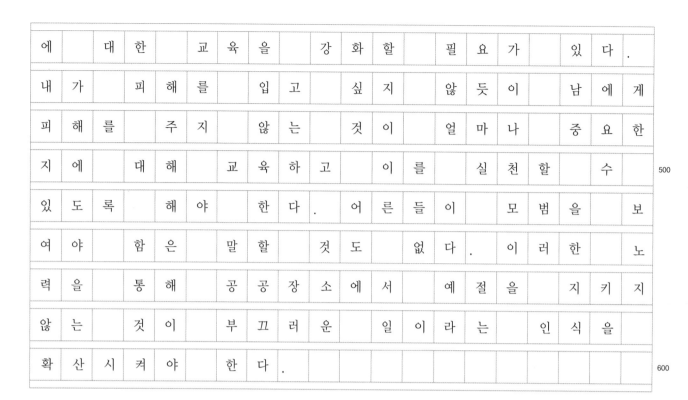

에		대	한		교	육	을		강	화	할		필	요	가		있	다	.

에 대한 교육을 강화할 필요가 있다. 내가 피해를 입고 싶지 않듯이 남에게 피해를 주지 않는 것이 얼마나 중요한지에 대해 교육하고 이를 실천할 수 있도록 해야 한다. 어른들이 모범을 보여야 함은 말할 것도 없다. 이러한 노력을 통해 공공장소에서 예절을 지키지 않는 것이 부끄러운 일이라는 인식을 확산시켜야 한다.

2회

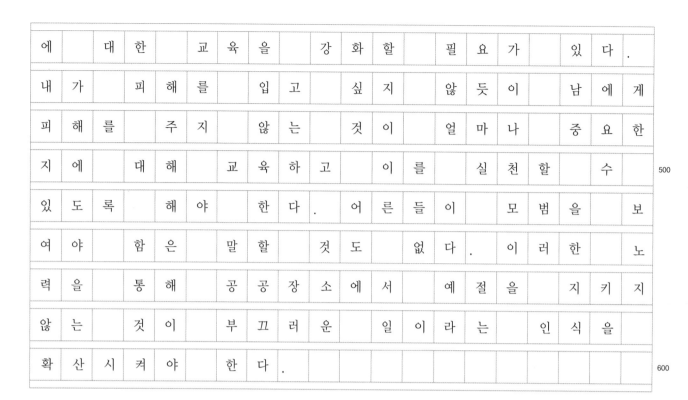

p.254~255

51. ㉠ 한국어를 가르쳐 주실 수 있으십니까? / 한국어를 가르쳐 주실 수 있습니까?
　　㉡ 낼 수 있습니다

52. ㉠ 익숙한 길을 가려고 한다　　　㉡ 성공할 수 없었을 것이다

53.

경제연구소에서 업종별 예약부도율에 대한 조사를 실시했다. 조사 결과에 따르면 음식점의 경우 20%로 예약부도율이 가장 높게 나타났다. 이어서 병원 18%, 미용실 15%의 순으로 나타났다. 이로 인해 매출 피해는 5조 원에 이르고 고용 피해도 11만 명에 달했다. 따라서 이러한 문제를 해결하기 위해서는 다음과 같은 방안이 필요하다. 첫째 결

제 방식을 바꿀 필요가 있다. 둘째 이용자의 의식을 개선해야 한다. 마지막으로 바른 예약문화 캠페인을 실시할 필요가 있다.

54.

　말은 의사소통의 기본 수단이다. 그래서 우리는 소통하기 위해 많은 말을 하게 되고 그 말들은 자기 자신은 물론 다른 사람에게도 적지 않은 영향을 미친다. 칭찬은 힘과 용기를 주어서 더 노력하고 잘하게 만들지만 비난은 상처를 주고 좌절하게 만든다. 비난의 말을 자주 내뱉거나 듣는 사람은 자신도 모르는 사이에 부정적인 생각을 하고 자신감도 떨어지게 된다. 어떤 말을 하느냐가 한 사람의 생각과 태도를 바꿀 수 있는 것이다.

　이렇듯 말이 주는 힘은 생각보다 크다. 어렸을 때 말썽을 피우던 학생이 선생님의 따뜻한 말 한 마디에 마음을 바로잡고 살아갈 수 있었다는 일화는 이를 잘 보여준다. 또 아무리 작은 일

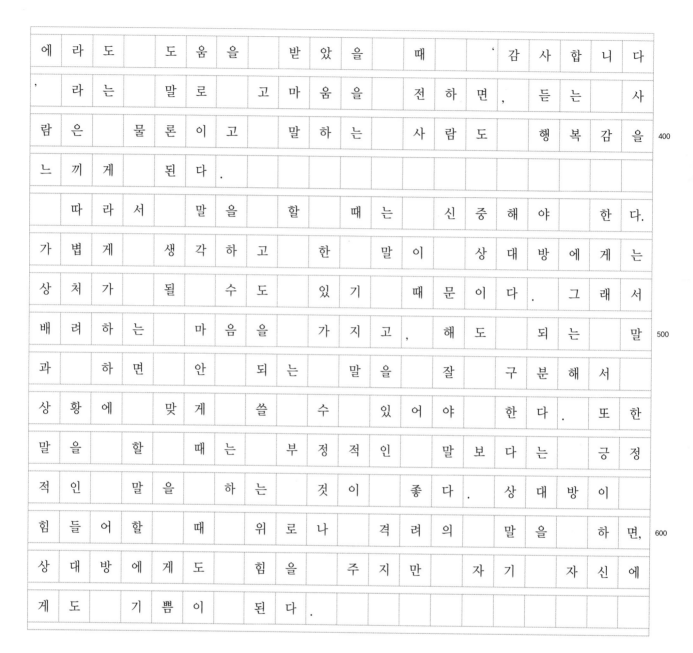

에	라	도		도	움	을		받	았	을		때		'	감	사	합	니	다
라	는			말	로		고	마	움	을		전	하	면	,	듣	는		사
람	은		물	론	이	고		말	하	는		사	람	도		행	복	감	을
느	끼	게		된	다	.													
	따	라	서		말	을		할		때	는		신	중	해	야		한	다 .
가	볍	게		생	각	하	고		한		말	이		상	대	방	에	게	는
상	처	가		될		수	도		있	기		때	문	이	다	.		그	래 서
배	려	하	는		마	음	을		가	지	고	,		해	도		되	는	말
과		하	면		안		되	는		말	을		잘		구	분	해	서	
상	황	에		맞	게		쓸		수		있	어	야		한	다	.		또 한
말	을		할		때	는		부	정	적	인		말	보	다	는		긍	정
적	인		말	을		하	는		것	이		좋	다	.		상	대	방	이
힘	들	어	할		때		위	로	나		격	려	의		말	을		하	면 ,
상	대	방	에	게	도		힘	을		주	지	만		자	기		자	신	에
게	도		기	쁨	이		된	다	.										

3회

p.256~257

51. ㉠ 좋다고 말씀해 주셨습니다 / 좋다고 칭찬해 주셨습니다 / 좋다고 하셨습니다
    ㉡ 바꿔도 괜찮습니까? / 바꿀 수 있습니까?

52. ㉠ 자외선 차단제를 발라야 한다   ㉡ 지우는 것도 중요하다 / 잘 지워야 한다

53.

	문	화	콘	텐	츠		진	흥	원	에	서		한	국		문	화		콘
텐	츠		수	출		산	업	에		대	한		조	사	를		실	시	했
다	.	조	사		결	과	에		따	르	면		20	13	년	에	는		49

억 달러였던 문화 콘텐츠 수출액이 2015년에는 56억 달러, 2017년에는 67억 달러로 지속적으로 증가했다. 그중에서 2017년의 수출 항목을 살펴보면 게임이 55%로 1위를 차지했고 캐릭터는 12%, 지식 정보가 9%로 그 뒤를 이었다. 이러한 현상의 배경으로는 먼저 한류 열풍을 들 수 있다. 그리고 게임 산업의 발달과 홍보 방식의 다양화도 이에 영향을 미쳤다고 볼 수 있다.

54.

오늘날 국제적 교류가 많아지면서 일상생활 속에서도 다른 문화적 배경을 가진 사람을 쉽게 만날 수 있다. 그런 사람들과 같이 살아가려면 원활한 소통이 필수적인데, 이때 그 문화에 대한 이해가 있어야 한다. 그 나라의 문화를 알아야 그 사람의 말과 행동 방식을 이해할 수 있기 때문이다. 그래서 다른 문화에 대한 이해가 없다면 상호 간의 소통이 어려워지고 오해가 생기기 쉬워서 갈등을 겪을 수밖에 없다. 그러나 문화를 이해한다는 것은 결코 쉬운 일이 아니다.

　그 원인으로는 다른 문화에 대한 편견과 선입견을 들 수 있다. 편견과 선입견은 그 문화에 대한 올바른 이해를 방해하고 열린 태도를 갖지 못하게 만든다. 이 때문에 서로 대화를 나눌 기회조차 갖지 못하게 된다. 문화 차이를 받아들이지 못하는 것도 원인 중의 하나이다. 자기 문화에 대한 우월감이 강하면 타인에게 자기 나라의 문화만 따르기를 강요하고 다른 나라의 문화는 무시할 때가 많다.

　따라서 다양한 문화를 잘 받아들이기 위해서는 우선 편견과 선입견을 버리는 것이 중요하다. 정확하지도 않은 사실과 근거 없는 이유로 다른 문화권에 속한 사람을 차별할 수 있기 때문이다. 또한 자기 문화 중심주의를 버리고 문화의 상대성과 다양성을 인정하고 존중할 필요가 있다. 그런 태도를 지닐 때 자신의 문화도 존중받을 수 있고, 다양한

문	화	권	의		사	람	들	이		한		사	회	에	서		공	존	할
수		있	게		될		것	이	다	.									

p.258~259

4회

51. ㉠ 비가 온다고 합니다   ㉡ 참석[참여]해 주시기 바랍니다 / 참석[참여]해 주십시오
52. ㉠ 소통이 잘 되는 것은 아니다   ㉡ 대화를 해야 한다 / 대화를 하는 것이 중요하다

53.

　　환경 정책 연구원에서 커피 전문점 20개를 대상으로 일회용 컵 회수율에 대한 조사를 실시했다. 조사 결과에 따르면 일회용품 컵 사용률은 2013년 6억 4200만 개에서 2016년 7억 6000만 개로 18%나 크게 증가했다. 반면에 같은 기간 일회용 컵 회수율은 78%에서 68%로 감소했다. 이처럼 회수율이 감소한 원인으로는 사용자들의 분리 배출 의지가 부족한 것을 들 수 있다. 그리고 재활용 업체가 감소한 것에도 원인이 있다. 따라서 회수율을 늘리기 위한 일회용 컵 보증금 제도를 실시하고 재활용 업체를 지원할 필요가 있다.

54.

　　오늘날에는 통신 기술의 발달로 학습의 방식에도 변화가 생겼다. 인터넷만

되면 언제 어디서든지 원하는 강의를 들을 수 있게 되었다. 그래서 바쁜 직장인들은 온라인 강의를 통해 자기 계발을 하고 교육 환경이 열악한 환경에 사는 학생들도 듣고 싶은 수업을 들을 수 있게 되었다. 그뿐만 아니라 온라인 강의는 비용도 저렴하다. 대학 등록금이 부담되어서 진학하지 못한 사람들도 비교적 저렴한 비용으로 세계 유명 대학의 강의를 들을 수 있게 된 것은 큰 장점이 아닐 수 없다.

그러나 온라인 강의에 장점만 있는 것은 아니다. 우선 기술적으로 인터넷이 잘 되지 않거나 컴퓨터 및 스마트폰과 같은 기기가 없을 경우에는 듣기가 어렵다. 그리고 온라인 강의는 강의실에서 수업을 들을 때보다 집중력이 떨어질 수 있다. 수업을 같이 듣는 사람들과의 직접적인 교류도 적어서 소속감을 느끼기 힘든 것도 단점 중의 하나로 꼽힌다.

따라서 이런 단점을 극복하기 위해서

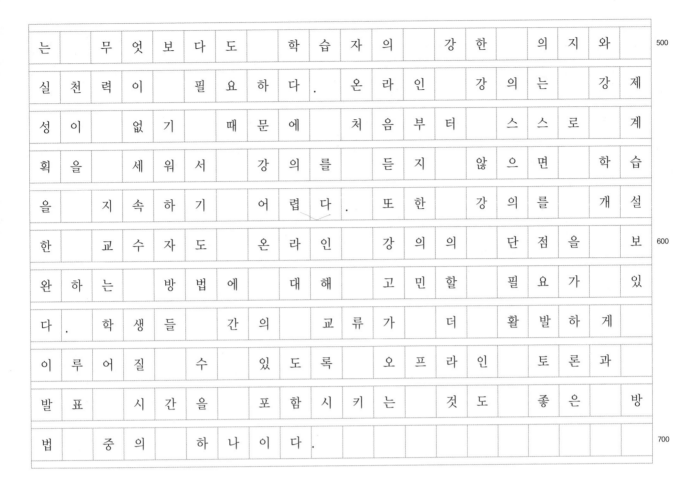

는		무	엇	보	다	도		학	습	자	의		강	한		의	지	와		
실	천	력	이		필	요	하	다	.		온	라	인		강	의	는		강	제
성	이		없	기		때	문	에		처	음	부	터		스	스	로			계
획	을		세	워	서		강	의	를		듣	지		않	으	면			학	습
을		지	속	하	기		어	렵	다	.		또	한		강	의	를		개	설
한		교	수	자	도		온	라	인		강	의	의		단	점	을		보	
완	하	는		방	법	에		대	해		고	민	할		필	요	가		있	
다	.		학	생	들		간	의		교	류	가		더		활	발	하	게	
이	루	어	질		수		있	도	록		오	프	라	인		토	론	과		
발	표		시	간	을		포	함	시	키	는		것	도		좋	은		방	
법		중	의		하	나	이	다	.											

5회

p.260~261

51. ㉠ 피우면 안 됩니다 / 피우지 마십시오 / 피우지 마시기 바랍니다 ㉡ 떨어져 있습니다

52. ㉠ 낮춘다고 한다 / 낮춰 준다고 한다 ㉡ 효과가 달라진다 / 효과가 다르다

53.

	건	강	관	리	본	부	에	서		직	장	인		10	,0	00	명	을	
대	상	으	로		아	침	식	사		결	식	률	에		대	한		설	문
조	사	를		실	시	했	다	.	조	사		결	과	에		따	르	면	
20	대	가		38	%	로		40	대		25	%	보	다		더		높	게
나	타	났	다	.	아	침	을		안		먹	는		이	유	로	는		20
대	는		더		자	고		싶	어	서	,	40	대	는		출	근		시
간		때	문	에	가		1	위	를		차	지	했	다	.	반	면	에	
20	대	는		식	사		준	비	가		번	거	로	워	서	,	40	대	는

습관이 되어서가 2위를 차지했다. 이렇듯 아침을 안 먹게 되면 활력이 저하되고 집중력이 감소할 수 있다. 그리고 폭식 가능성도 증가할 수 있다.

54.

　학교 교육은 우리 사회에서 중요한 역할을 담당해 왔다. 각종 지식뿐 아니라 사회 규범이나 문화를 가르침으로써 아이들이 사회의 구성원으로서 살아가는 데 도움을 준다. 그러나 바람직한 학교 교육이란 단순히 지식을 전달하는 것이 아니라 학생들이 올바른 인성을 갖출 수 있도록 도와주는 교육이라고 생각한다. 타인에게 공감하는 능력, 서로 배려하며 함께 살아가는 능력을 길러 주어야 한다.

　그런데 현실은 이와 다르다. 뉴스에 자주 등장하는 학교 폭력 문제, 친구 간의 왕따 문제 등은 학교 교육이 놓치고 있는 것이 무엇인가를 잘 보여준다. 이러한 문제들은 학교 교육이 무엇보다도 인성 교육을 소홀히 했기 때문에 발생한 것이다. 한 예로 현재 학교 교육이 대학 입시 위주로 이루어지다 보니 학생들은 좋은 대학에 들어가기 위해 치열한 경쟁을 하게 되고 스트레스도 더 심해졌다. 이러한 스트레스는 자신 혹은 다른 사람을 괴롭히는 행동으로 나타나기도 한다.

　따라서 학교에서는 인성 교육을 강화해야 한다. 수학이나 영어 등 대학 입시에 필요한 과목의 비중을 줄이고 음악, 미술과 같은 예술 교육, 자연 체험 학습, 윤리 교육을 강화할 필요가 있다. 대학 입학을 위한 무한 경쟁이 아니라 자신이 진정으로 원하는 것이 무엇인지 찾을 수 있도록 도와야 할 것이다. 그래서 경쟁보다는 서로의 꿈을 응원하고 도와주는 교육 환경을 만들어 나가야 할 것이다.